49가지 커뮤니케이션의 법칙

49가지

커뮤니케이션의 법칙

정연승, 김나연 지음

한스미디어

소비자와 브랜드를 연결하는
49가지 커뮤니케이션 키워드

최근 광고 전문가들의 입에서 심심찮게 TV 시대의 종말, 전통적인 광고 매체의 쇠퇴를 예언하는 메시지들이 흘러나오고 있다. 저자들도 광고 회사와 대학에서 각각 많은 마케팅 커뮤니케이션 현장을 경험하면서 지금처럼 광고하기가 힘든 세상을 맞이하기는 처음이다. 미디어 현실은 첨단 디지털 매체와 모바일 기기의 발전으로 하루가 다르게 변화하고 있고, 소비자는 X·Y·Z세대로 내려가면서 과거 세대와는 전혀 다른 생각과 성향을 나타내고 있으며, 기업 간 브랜드 간 무한 경쟁의 상황으로 몰려가고 있다. 이제는 정말 새롭고 참신한 마케팅 기법이 아니면 소비자들이 거들떠보지도 않는 마케팅 무감각의 시대에 접어든 것이다. 과연 광고의 미래는 있는 것일까?

도대체 광고와 마케팅을 어디에서부터 시작해서 무엇으로 마무리해야 할지에 대해 전통적인 이론과 원칙들은 전혀 도움도 해답도 주지 못하고 있다. 그렇다고 전통적으로 인정되던 광고의 금과옥조들이 이제는 현실을 따라가지 못하고 속수무책으로 당하고 있는 현실을 가만히 바라만 보고 있어야 하는가?

하지만 "새 술은 새 부대에 담아라"라는 격언처럼 급속하게 변모하는 광고 현장 속에서도 분명 새롭게 부상하고 있는 광고의 핵심적인 내용과 형식은 여전히 있기 마련이다. 이를 증명이라도 하듯 전통적인 커뮤니케이션 방식을 채택하지 않고도 오히려 소비자의 사랑을 받으며 승승장구하는 기업들은 나오고 있다. 애플, 키엘, 아우디, 코카콜라, 할리데이비슨 같은 브랜드들을 살펴보면 분명 경쟁 브랜드들과는 전혀 다른 커뮤니케이션 방식을 사용하면서도 효과성과 효율성 면에서 훨씬 나은 성과들을 보여주고 있다.

따라서 우리는 새 술(새로운 콘텐츠)을 새 부대(새로운 매체)에 담는 심정으로 이 책을 쓰기 시작했다. 여기서 새로운 콘텐츠는 바로 소비자가 매력 있게 빠져들 만한 내용, 즉 우리 브랜드가 녹아들어 가 있는 캠페인 테마나 주제를 말하며, 새로운 매체는 바로 새로운 콘텐츠가 소비자에게 전달될 수 있는 통로인 새로운 소비자 접점(contact point)을 이야기한다. 결국 우리 브랜드가 소비자와 더욱 특별한 관계를 형성할 기회를 만들기 위해서는 새로운 콘텐츠와 새로운 매체를 통해 현재와 미래의 소비자와 더욱 친밀하고 밀접한 관계들을 만들어나가야 한다.

최근 미래 유망 직종 리스트에 빠지지 않고 이름을 올리고 있는 직종으로 디지털 마케터, SNS 마케터, 온라인 게임 마케터 등이 있다. 새로운 디지털 매체, 게임, 스포츠 등 엔터테인먼트 산업이 발전하면서 이를 위한 전문적인 마케터의 수요는 급증하고 있다. 더불어 가장 중요한 직종으로 이러한 매체들을 활용할 수 있는 창의적인 콘텐츠를 기획해낼 수 있는 크리에이티브한 기획가들의 역할도 더욱 중요해지고 있다. 기술과 매체의 발전에도 불구하고 여전히 가장 중요한 것은 바로 소비자들이 공감하고 공유할 수 있는 스토리, 즉 콘텐츠이기 때문이다. 그런데 아마도 미래의 마케터에게는 이 두 가지 역량이 모두 요구될지도 모른다. 따라서 독자들은 이 책을 통해서 콘텐츠와 매체가 만들어내는 새로운 커뮤니케이션 트렌드와 기법들을 마음껏 경험하고 느낄 수 있었으면 좋겠다.

이 책이 나오기까지 많은 이들의 도움이 있었다. 먼저 이 책은 이노션에서 같이 근무한 인연으로 두 사람의 공동 작업으로 진행하였다. 실은 같은 대학에서 박사 공부를 같이한 선후배 사이이기도 하니 보통 인연은 아닌 셈이다. 어쨌든 학계와 업계를 넘나들며 같이 공부하고 실무 경험을 했던 것이 이번에 처음 결과로 나오게 되었다. 또 한스미디어의 모민원 팀장은 이 책의 실제적인 방향 제시와 실무적인 작업에 많은 도움을 주었다. 저술을 위한 첫 미팅에서부터 마지막 랩업 미팅까지 많은 아이디어와 지원에 감사를 드린다. 그리고 자료 조사 등에 많은 도움을 준 윤창민, 이우재, 박준영, 정소영 학생에게도 고마움을 전한다. 그 외에도 직간접적으로 도움을 준 많은 이들에게 지면을 빌려 감사를 드린다.

마지막으로, 커뮤니케이션의 법칙을 굳이 '49'가지로 정리한 까닭은 저자들이 좋아하는 숫자 중 하나가 바로 49이기 때문이다. 혹 미국의 프로 미식축구 리그 NFL의 명문 팀인 '샌프란시스코 포티나이너스(San Francisco 49ers)'를 들어본 적이 있는가? 실제 '49ers'는 '49년도의 사람들'이라는 뜻으로, 1849년 캘리포니아 주에서 금광이 발견되자 몰려든 사람들을 가리킨다. 49가지의 커뮤니케이션 법칙이 황금을 캐러 가는 사람들처럼 소비자의 마음을 훔치고 소비자의 사랑을 받는 도구가 되기를 진심으로 바란다. 샌프란시스코 포티나이너스는 NFL 역사상 가장 뛰어난 전설적인 쿼터백으로 1980년대에 4회의 슈퍼볼 우승을 이끌었던 '황금의 팔' 조 몬타나(Joe Montana)가 활약한 팀이다. 조 몬타나의 패스를 받아 수많은 터치다운이 이루어진 것처럼, 이 책에서 소개된 커뮤니케이션 법칙들을 자유자재로 활용할 수 있는 혁신적인 마케터들이 앞으로 우리나라에서 많이 나타났으면 좋겠다. 그래서 칸과 같은 세계적 광고제에서 한국의 마케터들이 수상을 독차지하는 그런 시대가 빨리 오기를 기대해본다.

지은이 정연승, 김나연

차례

PART 1

단순함을 이용한
커뮤니케이션의 법칙

Simplicity

PART 2

몰입을 이용한
커뮤니케이션의 법칙

Engagement

PART 3

진정성을 이용한
커뮤니케이션의 법칙

Authenticity

PART 4
재미를 이용한
커뮤니케이션의 법칙

Fun

PART 5

혁신을 이용한
커뮤니케이션의 법칙

Innovation

"오늘날의 마케팅은
볼링이 아닌 핀볼이다"

2011년 칸 국제 광고제에서 디아지오의 CMO 앤디 펜넬(Andy Fennell)은 과거의 마케팅이 공을 굴려 여러 사람을 맞추는 볼링과 같았다면 이 시대의 마케팅은 기업이 일방적으로 전달하는 메시지가 아닌 수많은 사람과의 상호작용을 통해 끊임없이 움직이는 핀볼 같은 것이라고 하였다. 이제 커뮤니케이션의 무게 중심이 기업이 아닌 소비자에 맞춰져야 하는 시대가 된 것이다.

스마트폰의 확산과 소셜미디어가 빠른 속도로 성장하기 시작한 2010년은 커뮤니케이션 전략에서도 많은 변화가 시작된 해이다. 그동안 기업들이 TV, 신문 등의 매체(Paid Media)에 비용을 지불하여 자신이 전달하고 싶은 메시지를 커뮤니케이션하거나, 기업이 보유하고 있는 자산(Owned Media)인 웹사이트, 매장 등을 통해서 소비자와 커뮤니케이션하려는 노력을 해왔다면, 2010년 이후로는 기업이 직접 메시지를 관리하거나 통제할 수 없지만 메시지의 신뢰도가 가장 높은 소비자들의 퍼스널미디어(Earned Media)에 더욱 많은 관심을 기울이게 되었기 때문이다.

ATL이라 일컬어지는 기존의 4대 매체를 이용한 광고에 집중하던 과거와 달리 소셜미디어의 시대가 본격적으로 시작된 몇 년 전부터 많은 기업이 소비자와 직접 커뮤니케이션 할 수 있는 프로모션이나 디지털 기반의 소셜 마케팅 등 BTL 커뮤니케이션에 대한 관심이 높아졌으며, 그 결과 마케팅 활동과 커뮤니케이션 전략의 초점이 달라졌다.

과거에는 기업이 자사 제품과 서비스의 특징이나 강점을 더욱 멋지게 '보여주는' 것 중심이었다면, 이제는 소비자들이 공감할 수 있는 스토리로 소비자와 함께 '나누는' 것에 초점을 맞추고 있다. 스마트폰과 유튜브, 페이스북 등 새로운 매체의 등장으로 소비자들에게 다가가는 방법이 훨씬 더 다양해진 것처럼 보이지만, 실제 기업의 입장에서는 과거보다 더 소비자와 커뮤니케이션하기 어려운 세상이 되었다. 이제 캠페인의 성공은 마케터의 기발한 아이디어가 아니라 소비자의 반응에 따라 좌우된다고 해도 과언이 아니다. 아무리 독특하고 놀라운 아이디어라 하더라도 소비자들의 마음을 울리지 못하면 많은 사람에게 회자되는 성공한 캠페인이라 할 수 없기 때문이다.

이 책에서는 최근 성공한 캠페인 사례를 중심으로 소셜미디어 시대에 소비자들이 공감하고 공유하고 싶은 커뮤니케이션의 법칙들을 정리하였다. 솔직히 이야기하면 이 책에 나오는 49개의 법칙은 커뮤니케이션에서 불변의 법칙이 아니다. 우리가 예상하지 못했던 새로운 매체가 또다시 등장하거나 첨단 기술의 발달로 앞으로 달라질 가능성이 있다. 과거에 비교 광고를 엄격히 규제하고, 간접 광고와 중간 광고 등이 허용되지 않았던 시절에 오늘날 PPL의 홍수 속에 살게 될 것이라 예상하지 못했던 것처럼 2014년에 정리된 49개의 커뮤니케이션 법칙은 현재 시점에는 유용한 툴이 될 수 있지만, 시대가 바뀌고 나면 충분히 변화될 여지가 있다. 하지만 우리는 이 49개의 법칙을 시대가 변하고 커뮤니케이션의 환경이 달라진다 하더라도 변하지 않을 커뮤니케이션 전략의 5가지 핵심 요소들로 분류하여 정리하였다. 이 5가지 요소들 자체가 기업의 커뮤니케이션 전략을 차별화시킨다거나 매력도를 높여주는 것은 아니지만, 효과적인 커뮤니케이션 전략을 수립하는 데 반드시 기억해야 할 필수 조건이라고 해도 과언이 아니다.

첫 번째 카테고리인 단순함(Simplicity)은 커뮤니케이션에서의 일관성을 의미한다. 하나로 집중된 메시지는 물론 메시지의 톤앤매너(Tone and Manner)와 시청각적인 자극의 일관성 등은 커뮤니케이션이 장기간 지속됨에 따라 고유의 연상을 형성하고 누적 효과를 유발할 수 있는 강력한 요소가 된다. 많은 기업이 하나의 슬로건을 지속해서 활용한다거나 하나의 USP에 집중한다거나 커뮤니케이션 가이드를 만드는 등의 방식으로 일관성을 지키기 위한 노력을 계속해온 것은 소비자들의 인식 상 하나의 강력한 이미지를 형성하기 위함이다. 커뮤니케이션의 일관성을 유지한다는 것은 그동안 수없이 강조되어 왔고, 앞으로도 커뮤니케이션의 효율성과 효과를 극대화하기 위해 가장 중요한 전략 방향성이 될 것이다.

두 번째 핵심 요소는 몰입(Engagement)이다. 크로스 미디어나 360도 커뮤니케이션 같은 과거의 마케팅이 소비자가 접하는 모든 매체에 상호 보완되는 통합된 메시지를 전달하는 것에 초점을 맞추었다면, 이 시대의 마케팅은 소비자의 다양한 브랜드 경험 속에 메시지들이 유기적으로 연계되는 것에 초점을 맞춘다. 2014년 발간된 장대련·장동련 교수의 『트랜드 시대의 트랜드 브랜딩』에서는 이처럼 유기적으로 연결된 미디어를 '트랜스 미디어(Trans Media)'라고 명명하였다. 트랜스 미디어의 시대에는 기업과 소비자, 소비자와 소비자 간의 상호작용을 통한 진화된 브랜드 경험이 가능하다. 기업의 의도를 드러내지 않고 게임이나 오감을 활용한 마케팅 등을 통해 소비자들이 자연스럽게 브랜드를 체험하게 될 때 브랜드 커뮤니케이션의 효과 또한 커질 수 있다.

세 번째 핵심 요소는 진정성(Authenticity)이다. 『Authenticity』의 저자인 조셉 파인(Joseph Pine)은 2004년 TED 강연에서 다음과 같은 진정성을 위한 세 가지 원칙을 말했다.

"첫째, 진짜 진정하지 않다면 당신이 진정성 있다고 말하지 마라. 둘째, 만약 당신이 진정하다고 말하지 않는다면, 진정하게 되는 것은 쉽다. 셋째, 만약 당신이 진정하다고 말했다면, 당신은 정말로 진정성이 있어야 한다."

"Don't say you're authentic, unless you really are authentic. It is easier to be authentic, if you don't say you're authentic. If you say you're authentic, you better be authentic."

즉 진정성이란 말로 표현되는 것이 아니라 행동과 태도에서 자연스럽게 나타나야 하는 것이다. 소셜미디어 시대에는 그 어느 때보다 진정성의 중요성이 강조되고 있다. 본질적으로 기업은 이윤을 남기는 것을 목적으로 하지만 더 나은 세상을 위해 공생하는 기업 시민으로서의 모습을 보여주거나, 소비자들에게 과장이나 거짓이 아닌 있는 그대로의 진실한 모습을 보여주고자 하는 시도 등은 브랜드와의 관계를 형성하는 가장 든든한 밑거름이 될 수 있다.

　네 번째 핵심 요소는 재미(Fun)다. 요즘 시대의 소비자들은 진지하고 무거운 이야기보다 가볍고 유쾌한 이야기에 더욱 쉽게 반응한다. 기본적으로 소비자의 관심을 끌기 위해서 재미 요소는 필수라 해도 과언이 아니다. 최근 국내에서 인기를 끌고 있는 키치 광고, 가볍게 브랜드를 부각하는 비교 광고, 웃음과 재미를 주는 유머 광고, WOW 효과가 있는 광고 등은 소비자들에게 빠르게 구전될 수 있기 때문에 캠페인의 확산에 원동력이 될 수 있다.

　마지막 핵심 요소는 혁신(Innovation)이다. 기술의 발달로 커뮤니케이션에도 많은 변화가 생기고 있다. 전통 매체에 디지털과 같은 첨단 기술을 결합하여 소비자들에게 새로운 경험을 제공하는 등 소비자에게 다가가는 수단으로 기술을 활용하는 것이 최근 커뮤니케이션의 트렌드가 되

커뮤니케이션 전략의 5가지 핵심 요소

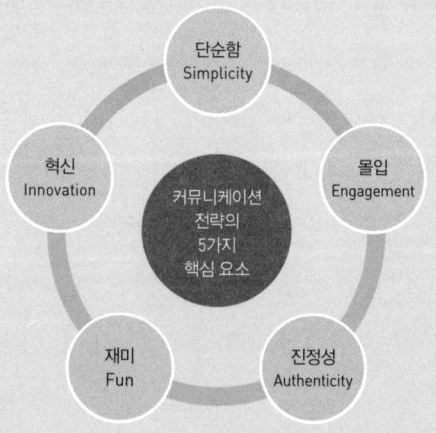

고 있기 때문이다. 이처럼 기술을 이용한 커뮤니케이션뿐 아니라 기존의 관습과 고정 관념에서 벗어나 새로운 시도를 하는 형태로 표현되는 커뮤니케이션의 혁신도 점차 눈에 띈다. 기술의 표준화로 제품 차원에서의 혁신이 어려워지면서 소비자에게 커뮤니케이션하는 방식에서 혁신을 통해 기업 고유의 차별적 위상을 형성하고자 하기 때문이다.

　이상의 5가지 핵심 요소에 기초한 49가지의 커뮤니케이션 법칙은 학문적인 커뮤니케이션 이론보다는 실제 현장에서 활용 가능한 다양한 커뮤니케이션의 전략 방향들을 사례 중심으로 설명하였다. 따라서 각각의 법칙은 수없이 다양한 매체에서 쏟아져 나오는 메시지의 홍수 속에서 소비자의 주목도를 높이고 캠페인의 효과를 극대화할 수 있는 작은 이정표가 되어줄 것이다. 또한 각 법칙에 등장하는 최신 칸 국제 광고제 수상작 등 다양한 캠페인 사례들은 브랜드 커뮤니케이션 전략 수립에 벤치마킹할 수 있는 기반이 될 것이라 믿는다. 치열한 마케팅 환경에서 브랜드 가치를 높이고 소비자에게 가까이 다가가는 커뮤니케이션을 기획하는 데 이 책이 작게나마 도움이 되기를 바란다.

PART 1

단순함을 이용한
커뮤니케이션의 법칙
Simplicity

49가지
커뮤니케이션의
법칙

소비자에게는 독특한
한 가지만 팔아라
■ USP의 법칙 ① ■

　　김성진 씨는 TV에서 한 가전제품 광고를 보다가 이상한 생각이 들었다. 광고 시간 내내 그 제품이 튼튼하다는 이야기만을 반복해서 했기 때문이었다. 그 제품은 자신도 써보았는데 기능도 다양하고 디자인도 좋다. 장점이 꽤 많은데 유독 튼튼하다는 이야기만 계속 늘어놓을까?

　　그러다 다른 광고들도 대체로 그렇다는 사실을 알게 되었다. '빠르다', '쉽다' '값이 싸다' '세련되었다' 등 하나의 장점에만 집중하고 있었다. 김성진 씨는 비싼 돈을 쓰면서 광고하는 회사들이 왜 모든 장점을 자세히 설명하지 않고 한 가지 메시지만 전하려고 하는지가 궁금했다.

1950년대 미국에서는 제품 판매 광고가 주류를 이루었다. 수요가 공급을 초과하는 시대였으므로 기존 제품과 약간 차별성 있는 제품만 만들어내면 이를 광고하여 충분히 소비자의 구매 행동을 일으킬 수 있었기 때문이다. 이런 배경에서 미국의 광고대행사 베이츠(Bates)는 제품의 특성과 편익을 추출하여 이를 소비자에게 주로 전달하는 초기 개념의 USP(Unique Selling Proposition) 기법을 창안해내었다. 결국, USP는 시장에서 성공할 수 있는 광고의 전략적 아이디어의 집합체라고 할 수 있었다.

그런데 시간이 지나면서 산업화가 고도화되고 기술이 점차 발전하면서 제품 간의 품질 균등화 현상이 나타나기 시작했다. 그리고 타사 제품을 마구잡이로 모방하는 소위 미투(Me-Too) 제품들이 범람하면서 점차 제품상의 실질적인 USP가 사라지게 되었다. 더는 제품 간의 뚜렷한 차별적인 특징과 편익이 존재하지 않게 된 것이다.

이렇게 되자 베이츠 사는 USP 개념을 재해석하게 된다. 즉 이제는 제품 간의 아주 작은 물리적 차이라도 존재한다면 소비자들이 이것을 현저한 심리적·인식적 차이로 느끼도록 만드는 일이 필요하게 되었음을 알았다. 이것이 현재의 USP 개념으로 정착됐다. 이런 USP 개념을 세계적인 광고대행사인 사치앤사치(Saatchi & Saatchi)는 SMP(Single Minded Proposition)라고도 부르고 있다. 이는 100개의 우수한 점이 있더라도 가장 중요한 한 가지의 약속만 하라는 단일 집약적 제안을 의미한다.

앱솔루트, 세련된 병 모양과 일관된 슬로건을 USP로

USP를 가장 잘 활용한 마케팅 성공 사례로 보드카 브랜드인 앱솔루

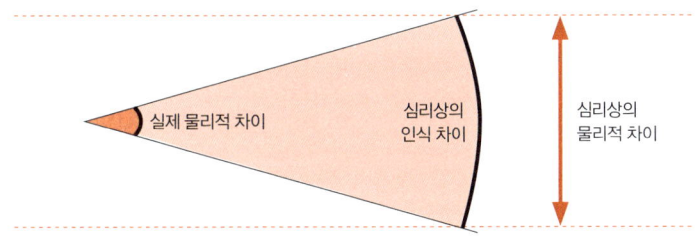

트(Absolut)를 들 수 있다. 보드카 하면 러시아제가 가장 좋은 것으로 일반적으로 알려졌지만, 사실 앱솔루트는 러시아가 아닌 스웨덴 산(産)이다. 앱솔루트는 스웨덴 내수 시장에서 판매가 저조하자 미국 시장에 진출하게 되는데, 이때 고급 브랜드로 포지셔닝하기 위해 특별한 마케팅 전략을 준비했다. 보드카의 정통성 및 프리미엄 이미지 확보를 위해 'ABSOLUT'라는 단어를 사용하면서 러시아산 보드카와는 다른 브랜드 가치를 확보하고자 했다.

이때 집중한 부분이 바로 병 모양이었다. 1980년대부터 최근까지 TBWA라는 단일 광고대행사에서만 광고를 수행하면서 일관성 있게 앱솔루트의 투명한 병 모양을 광고에 등장시켰다. 그러면서도 시대적 흐름과 지역적 특성에 맞게 광고의 내용을 변화시켜 나갔다. 즉 앱솔루트 광고의 경쟁력은 큰 흐름의 일관성은 유지하되 전체 광고를 10여 개의 테마로 나눌 수 있을 정도로 다양한 변화의 스펙트럼을 형성한 데 있었다.

오랫동안 앱솔루트 보드카의 광고를 담당해온 AE 리차드 루이스는 앱솔루트의 광고를 "결코 변하지 않으면서 늘 변하는 캠페인(Neverchanging/Always-changing Campaign)"이라고 지적했다.

좀 더 구체적으로 살펴보면 20여 년 동안 금과옥조와 같은 두 가지의 규칙을 지켜왔다. 하나는 앱솔루트 병이 광고의 주인공이 된다는 점이다. 또 하나는 'ABSOLUT+○○○' 형태의 두 단어로 구성된 카피를 활용한다는 점이다. 바로 이 두 가지가 앱솔루트가 견지해온 표현 전략이자 철학이었다. 즉 브랜드 전략의 요체였던 것이다.

이런 앱솔루트 광고에 대한 소비자들의 반응은 상상을 초월했다. 대학생들은 마치 우표 수집을 하듯 광고를 모으고 서로 교환하기도 했다. 일부 가판대에선 잡지에서 광고를 오려내어 2~3달러에 팔기도 했고, 도서관에 비치된 잡지에서 이 브랜드의 광고를 오려가지 못하도록 직원들이 불침번을 서는 해프닝이 벌어질 정도였다고 한다.

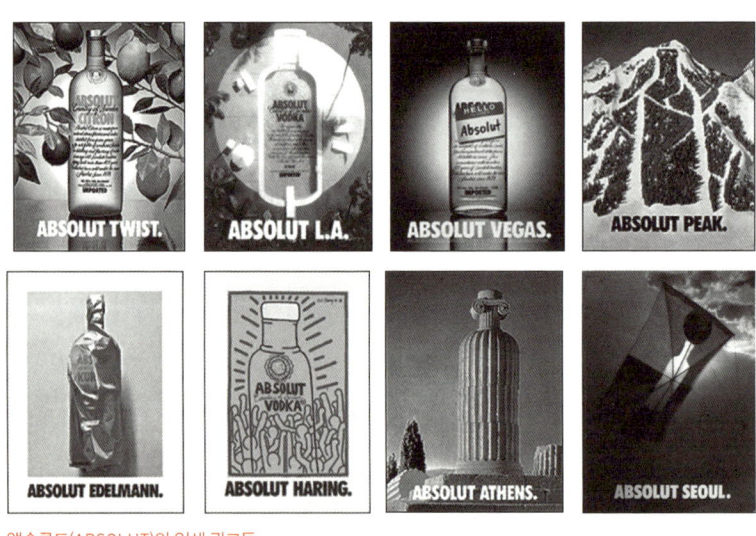

앱솔루트(ABSOLUT)의 인쇄 광고들

야성적 남성성을 USP로 선택한 말보로

USP로 성공한 또 하나의 사례로 담배 브랜드 말보로(Marlboro)가 있다. 사실 말보로는 처음에는 여성용 담배로 출시되었다. 1925년 필터가 붙은 담배라는 콘셉트로 출시하면서 여성용 담배로 포지셔닝을 시도했다. 그 당시의 광고를 보면 미모의 여성이 등장해 필터에 묻은 립스틱의 아름다움을 강조하는 장면을 볼 수 있다. 하지만 이는 실패로 끝나고 말았다.

그러자 광고대행사 레오버넷은 철저한 소비자 조사를 바탕으로 말보로의 리포지셔닝 전략을 검토했다. 결국, 말보로의 고객을 여성에서 남성으로 바꾸는 180도 이미지 변경을 시도했다. 즉 우그러들지 않는 갑형, 쉽게 열 수 있는 플립톱 박스, 레드 루프(Red Roof) 등을 적용하면서 말

말보로의 야성적이고 남성적인 이미지의 광고들

보로를 그야말로 남자들의 담배로 둔갑시킨 것이다. 이후 말보로는 일관되고 지속적인 광고 전략을 펼치며 전 세계 광고 시장에서 부동의 자리를 지켜오고 있다.

말보로 광고 전략에는 핵심 원칙이 있다. 남성적인 분위기의 광고 배경을 바탕으로 카우보이와 말이 등장한다. 만약 말이 등장하지 못할 경우만 소가 등장하게 할 정도다. 이처럼 엄격하게 원칙을 고수했다. 말보로에 얽힌 에피소드 중 대표적인 것이 남자의 로맨스에 관한 것들이다. 말보로를 "Man always remember love because of romance over"라는 말로 풀어 설명하면서 한결같이 남성성을 강조하고 있다.

우유의 맛을 강조한 갓밀크

소비자 입장에서의 제품 효익을 USP로 기가 막히게 응용한 사례로 갓밀크(Gotmilk)가 있다. 미국에서는 1970년대 이후부터 우유 소비가 점차 감소하기 시작했다. 1983년 1인당 98리터였던 것이 1993년 93리터로 5퍼센트나 감소했다. 그리고 우유가 자칫 영양을 과다 공급하여 비만해질 수 있다는 잘못된 정보가 시중에 확산되었다. 또한, 우유는 시리얼과 같이 먹는 시리얼의 보완재에 불과하다는 인식이 형성되어 있었다. 여기에 저지방 우유에 대한 불신도 존재했다. 이와 함께 우유 업계의 신제품 개발 광고나 프로모션이 많이 부족했다. 우유는 점차 탄산음료와 주스의 인기에 밀리는 지경이었다. 언론에서조차 굼뜬 우유 관련 업계에 대해 연일 부정적인 보도를 하고 있었다. 우유 업계는 정말 사면초가(四面楚歌)에 놓여 있었다.

이런 상황에서 기존의 우유 광고들은 대부분 우유가 미용과 건강에 좋다는 점만 부각하고 있었다. 예를 들어, 에어로빅하는 여성이나 날씬하고 매혹적인 모델을 보여주면서 우유는 미용과 건강에 좋은 음료라는 장황한 표현을 하는 식이었다. 우유 마시는 장면이 과다 노출된 이런 식의 광고는 소비자에게 설득력 있게 다가가지 못했다.

이런 위기 상황에서 분위기를 완전히 반전시킬 획기적 아이디어를 모색하던 미국의 내셔널우유가공판촉위원회는 기발한 아이디어를 개발하게 되었다. 미용과 건강에 좋기 때문에 마시는 제품이라는 다소 지루하고 의무적인 동기 차원을 극복하려 했다. 그 대신 우유가 정말 맛있어서 안 마시고는 못 배긴다는 강렬하고도 본능적인 차원의 광고 소구를 시작했다. 그래서 만들어진 USP 포인트는 바로 우유를 매우 맛있게 마시고 나면 입가에 남는 '우유 수염(Milk mustache)'이었다. 약간은 우스꽝스러운 모습일 수 있었다. 하지만 우유를 열정적으로 마신 후 입가의 흔적을 보여줌으로써, 먹는 제품으로서의 우유에 대한 강렬한 욕망을 자극했다. 또한, 그 당시의 유명인들을 등장시켜 증언형 광고 형태를 취함으로써 매우 대중적이고 흥미로운 캠페인으로 성공할 수 있었다.

갓밀크(Gotmilk)의 〈우유 수염(Milk mustache)〉 광고들

소비자는 한 브랜드에 대해 지나치게 다양하거나 변화무쌍한 이미지에 주목하기 어렵다. 제대로 기억하기도 쉽지 않다. 따라서 다소 지루하고 부족해 보이더라도 차별적인 하나의 이미지 콘셉트를 한결같이 강조하는 것이 매우 효과적인 커뮤니케이션이 될 수 있다. 단 조심해야 할 점은 너무 똑같은 이미지를 아무런 변화 없이 유지해서는 안 된다는 것이다. 일관된 콘셉트 하에서도 시대와 상황에 맞는 소재와 내용을 다양하게 활용하여 융통성 있는 브랜드가 되어야 한다. 소비자들은 늘 한결같으면서도 새롭게 다가가는 브랜드를 좋아하기 마련이다.

02

대중 브랜드에서 프리미엄 브랜드로 가는 비법

■ USP의 법칙 ② ■

> ❝ 박동수 씨는 70대 후반의 재미교포다. 이번에 손녀가 결혼하게 되어서 냉장고를 선물하고 싶은 마음에 가전제품 판매점에 들렀다. 그는 점원에게 최고급 브랜드 제품을 보여달라고 했다. 점원이 이끌고 간 곳에는 삼성전자와 LG전자 제품이 즐비했다. '세상이 참 많이 변했구나' 하는 생각이 절로 들었다. 박동수 씨는 자신이 젊은 시절 최고이던 브랜드들을 찾아보았다. 가격 할인 이벤트를 하는 곳에 그 제품들이 초라하게 자리 잡고 있었다. 한 번 고급품이나 저가품이 되면 그 이미지가 오래가는데 어쩌다 이렇게 되었을까? 삼성전자와 LG전자는 어떻게 세계 시장에서 고급 제품 이미지를 얻을 수 있었을까? ❞

처음에 대중적 브랜드로 시작한 기업이 중간에 프리미엄 혹은 럭셔리 브랜드로 바뀌는 경우는 매우 드물다. 소비자들의 인식 속에 한 브랜드는 대략 한 가지 이미지로 고정되기 때문이다. 개그맨으로 연예인 생활을 시작한 사람이 중간에 영화배우나 탤런트로 직종을 바꾸어도 좀처럼 예전의 웃기는 이미지에서 벗어나기 힘든 것도 바로 이 때문이다. 그만큼 소비자들은 어떤 대상에 대해 가지고 있는 기존의 고정적 인식을 바꾸기 싫어한다.

그런데 오랫동안 대중적인 브랜드로 성장해왔던 기업이 어느 순간 프리미엄이나 럭셔리 브랜드로 이미지 전환에 성공하는 경우를 가끔 볼 수 있다. 그러한 기업 중에 대표적인 사례가 바로 삼성전자와 아우디다. 과연 이들은 어떤 방법으로 성공할 수 있었을까? 그 사례를 분석해보면 그러한 성공의 배후를 알아낼 수 있다. 거기에는 철저한 브랜드 아이덴티티(브랜드 정체성) 전략과 함께 이를 중장기에 걸쳐 단계별로 소비자에게 전달하는 USP 전략이 숨어 있다. 즉 기업이 고객에게 인식되기 원하는 브랜드 아이덴티티를 확실하게 정하고 이를 장기간에 걸쳐 계획적이고 한결같이 전달한 것이다.

삼성전자의 단계별 브랜드 커뮤니케이션 전략

삼성전자는 글로벌 전자 업계의 최고 브랜드로 성장했다. 하지만 삼성전자는 1990년대 중반만 해도 글로벌 전자 업계에서 평범하다 못해 2류 브랜드로 취급받고 있었다. 그 당시 IOC 위원으로 활동하던 이건희 회장이 세계 무대에서 삼성이 푸대접받는 것을 직접 목격하고 한국에 돌아와 강력한 브랜드 전략을 수립하도록 지시한 것은 유명한 일화이다. 이때부터 삼성은 강력한 브랜드 전략과 커뮤니케이션 전략을 추진하게 된다.

삼성은 원하는 브랜드 이미지 목표를 수립하고 이를 2단계로 나누어 실천했다. 이때 1기 전략에서는 주로 삼성이라는 브랜드의 친숙도를 높이기 위해 인지도 상승에 주력했다. 뒤이어 2기에서는 브랜드 선호도와 충성도를 높이는 쪽에 집중했다. 즉 프리미엄 브랜드로 바로 갈 수 없다는 것을 인식한 삼성이 1단계로 대중의 인지도를 높이는 것에 주력한 뒤 2단계에서 집중적으로 프리미엄을 강화하는 전략을 구사한 것이다. 이를 위해 1기와 2기의 브랜드 타깃을 변화시켰다. 1기에서는 기술과 기능을 강조하며 합리적인 고객을 타깃으로 잡았다. 하지만 2기에서는 감성적·정서적 측면을 강조하며 의견 선도자(opinion leader) 그룹을 직접 타깃으로 삼아 커뮤니케이션을 전개했다. 이런 과정을 거치며 브랜드의 프리미엄 전략을 달성할 수 있었다.

삼성은 특히 2기로 넘어가면서 소비자와 기업 간의 감성적 유대를 강

삼성전자의 브랜드 타깃 변화(1기→2기)

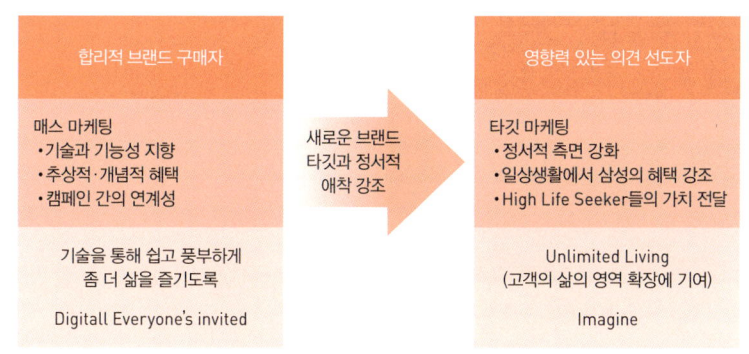

화하고 브랜드에 대한 선호도와 충성도를 높여 프리미엄 브랜드로 올라가는 데 주력했다. 이를 위해 제품에서 광고에 이르는 모든 커뮤니케이션 수단들을 프리미엄과 감성화에 집중했다. 먼저 제품 디자인 측면을 보면 삼성의 브랜드 가치와 디자인 및 기술 아이덴티티가 고스란히 반영된 제품을 개발했다. TV 광고에서는 〈이매진(Imagine)〉이라는 캠페인을 통해 새로운 라이프스타일 제공자로서 삼성의 고급 이미지를 강화하고자 했다. 이 당시의 삼성 광고들을 보면 고객과 더욱 따뜻하면서도 감성적인 관계를 맺는 내용이 주류를 이루었다.

위부터 삼성전자의 첼시 후원, 뉴욕 체험관, CSR 행사 장면

인쇄 광고에서는 세계 유명 패션과 인테리어 등을 다룬 프리미엄 잡지와 기내지에 〈Imagine Making Fantasy Reality〉를 주제로 팀 버튼 감독과 작업했다. 그 외에 스포츠 마케팅 활동으로는 영국의 명문 프로축구팀인 첼시를 후원함으로써 보수적인 유럽 시장에 명문 그룹의 프리미엄 이미지를 심어줄 수 있었다. 실제 첼시 후원 마케팅은 브랜드 선호도 증가에 결정적 역할을 했다고 한다. 또 트렌드

의 중심인 뉴욕 맨해튼의 삼성 체험관을 통해 브랜드 이미지를 높이고 고가의 디지털 기기를 구매하기 전에 체험을 중시하는 타깃의 니즈에 부응했다. 그리고 북미 지역에서만 100만 달러 이상을 기부하는 〈Four seasons of hope〉라는 사회 공헌(CSR) 활동을 통해 미국 주류 사회의 마음을 사로잡는 명품 브랜드로 성장할 수 있었다.

아우디, 기술과 감성의 브랜드 아이덴티티

전자 업계에서 삼성의 약진이 있었다면 자동차 업계에는 아우디(Audi)가 있다. 2000년대 이후 가장 급성장한 자동차 브랜드가 바로 아우디다. 아우디는 2015년까지 세계 최고의 프리미엄 자동차가 된다는 비전을 가지고 있으며, 2015년 150만 대 판매를 목표로 하고 있다. 과거 평범한 브랜드에 가까웠던 아우디가 벤츠, BMW 등과 어깨를 나란히 하는 프리미엄 브랜드로 성장한 비결은 과연 무엇일까?

요약하자면 프리미엄 브랜드를 목표로 한 아우디는 기술 및 감성의 USP를 브랜드 아이덴티티에 적용하여 혁신적 프리미엄 이미지를 성공적으로 확립하고 구현할 수 있었다. 아우디가 기술 중심의 브랜드 전략을 추진할 수 있었던 배경에는 세계 '최초'의 다양한 기술적 기록 보유가 있다. 최초의 4륜구동(Quattro) 승용 차량 출시, 최초의 측면 충돌 테스트로 안정성 확보, 1937년 Auto Union Streamliner로 400km 돌파 등 다수의 '최초' 기록을 보유하고 있었다. 아우디는 이런 기술적 배경을 바탕으로 먼저 기술적 USP로 3가지 포인트를 내세웠다. 바로 Quattro System(최초의 4WD 승용 차량), TDI 엔진(효율적인 디젤 엔진), ASF(Audi

아우디의 핵심 USP 요소인 기술과 감성 혁신

기술 혁신
차의 주행 성능 및 경제성 상승

TDI 엔진

'세계 최초'로 직분사 디젤 엔진인 TDI를 승용차에 장착

Quattro System 도입

'세계 최초'로 4WD 승용차 양산

Audi Space Frame

'세계 최초'로 알루미늄 합금을 차체 프레임에 적용

이 외에도 아우디는 기술 및 감성 혁신을 지속적으로 꾀하고 있음

감성 혁신
디자인, 촉감, 차의 냄새 등 다양한 분야에서의 개선

인간 감성 센터

감성적인 자동차를 만들기 위한 지속적 노력

Space Frame, 알루미늄 합금을 사용한 프레임 제작)이다. 아우디는 이 3가지 기술적 USP를 전 세계 모든 광고에 똑같이 사용하고 있다. 다음으로 아

위에서부터 아우디의 로고, 〈아이언맨2〉에 등장한 아우디 R8, TDI 엔진을 강조하는 아우디의 광고

우디는 '인간 감성 센터'를 통한 감성 혁신으로 감성적 USP를 개발했다. 후각, 감촉, 소음 3개의 팀으로 이루어진 연구팀에서 개발한 감성적 요소는 다시 기술적 요소와 결합하여 아우디만의 독특하고 우아한 브랜드 아이덴티티로 완성될 수 있었다.

아우디는 이렇게 개발된 기술과 감성의 USP를 고객 커뮤니케

이션에 적용했다. 그리고 다양한 도구를 통해 완벽하게 실행에 옮겼다. 즉 제품 디자인, ATL 광고, PPL, 스폰서십 마케팅 등 전통적 커뮤니케이션 툴에 적용했을 뿐만 아니라 다양한 IT 기업들과의 협업, 공간 체험 등의 새로운 커뮤니케이션도 활발히 활용했다.

프리미엄 브랜드는 한순간에 만들어지는 것이 아니다. 오랜 시간에 걸쳐 소비자들에게 인정과 사랑을 받은 후에야 가능하다. 약장사들처럼 이것저것 자랑하기보다는 남들이 알아주든 알아주지 않든 자신만이 가진 강점을 일관되고 진실하게 전달하는 일이 무엇보다 중요하다. 사실 누구나 프리미엄 시장에 들어오고 싶어 한다. 그래서 들어가기가 더욱 어렵다. 여기에 특별한 비법이란 존재하지 않는다. 자신의 강점과 특징을 압축·요약하고 이를 진실하고 한결같이 끈기를 가지고 전달하는 것이 바로 비법이다.

03

유무형 자산으로 확실하게 브랜드를 기억시켜라

■ 각인 효과 ■

> 청량음료라면 왠지 몸에 나쁠 것 같아 멀리하던 김수정 씨. 신사역을 지나가다가 우연히 코카콜라가 진행한 이벤트에 참여하게 되었다. 예상치 못한 이벤트에 참여하여 스스로 제작한 "김수정", "화이팅"이라는 문구가 새겨진 코카콜라 병을 손에 들고 난 후 김수정 씨는 음료를 주문할 때 별 거부감 없이 코카콜라를 선택하는 자신을 발견하게 되었다. 어느새 코카콜라가 몸에 나쁜 시커먼 탄산음료라는 생각보다 이벤트에 참여했던 소중한 경험과 그때의 즐거웠던 기억이 먼저 떠오르게 된 것이다.

코카콜라 대형 자판기
(자료: 코카콜라 블로그)

2014년 1월 17일부터 19일까지 신사역에 56미터 대형 코카콜라 자판기가 등장했다. 건물 외벽에 대형 빔을 쏘아 건물 자체를 스크린으로 활용하는 최첨단 미디어 파사드 기법이 도입된 이 자판기는 소비자들이 참여할 수 있는 인터랙티브 미디어로 소비자들이 가로세로 3미터의 대형 키보드에 동작으로 글자를 입력하면 그 글자가 대형 스크린에 입력되도록 설계되었다. 그뿐만 아니라 자기가 입력한 글자가 인쇄된 코카콜라를 가질 수 있다.

자판기를 통해 행복을 전달하는 코카콜라

코카콜라는 2010년 미국의 한 대학가에서 자판기를 이용한 판촉 행사를 진행한 것을 시작으로 현재까지 전 세계적으로 자동판매기를 이용한 소비자 참여형 프로모션을 벌이고 있다. 콜라와 함께 대형 피자 등이 나오는 깜짝 이벤트, 동전 투입구 위치를 3미터 높이에 만들어 동전

자동판매기를 이용한 코카콜라의 다양한 마케팅 활동

을 넣기 위해 친구끼리 안아 올리거나 목말을 태우게 하고 여기에 참여한 사람들에게 1+1 방식으로 콜라를 제공하는 우정 머신, 동작 인식 센서가 설치되어 자판기 앞에서 포옹하면 자동으로 콜라가 나오는 허그 머신 등 다양한 머신 프로젝트를 통해 소비자가 참여할 수 있는 이벤트를 제공함으로써 코카콜라가 지속적으로 커뮤니케이션하고 있는 'Happiness'의 가치를 전달하고 있다.

코카콜라는 때로는 최첨단 기술로, 때로는 도심 속 코카콜라 공원 같은 전혀 예상치 못했던 소재로 소비자들이 새로운 경험을 하도록 제공했다. 그리고 이를 바이럴 필름으로 제작하여 유튜브에 올림으로써 소비자들이 자신이 직간접적으로 체험한 캠페인을 자신의 페이스북이나 트위터, 블로그 등과 같은 소셜미디어를 통해 쉽게 확산시킬 수 있게 한다. 코카콜라의 이런 마케팅 활동은 자동판매기가 코카콜라만의 자산이 아님에도 소비자들에게 행복을 전달하는 코카콜라의 대표적인 자산으로 인식되게 했다.

지속적인 유무형 자산의 활용으로 생기는 각인 효과

코카콜라는 왜 몇 년째 지속적으로 자판기를 이용한 프로모션을 전개하고 있는 것일까? 자판기를 통한 판매 비중이 압도적으로 높지 않음에도 코카콜라가 다른 매체가 아닌 자판기를 계속해서 활용하고 있는 이유가 있다. 자판기를 행복을 주는 기계로 인식시킴으로써 '코카콜라=행복'의 연상을 강화시키고자 함이다. 이렇게 초기 경험이 특정한 이미지를 형성하고 지속적인 반복을 통해 무의식의 수준에서 연상이 형성되는 것을 각인 효과(imprinting effect)라고 한다.

각인 효과는 오스트리아의 생물학자 로렌츠(Konrad Lorenz)가 인공부화로 갓 태어난 새끼오리들이 태어나는 순간에 처음 본 움직이는 대상, 즉 로렌츠 자신을 마치 어미 오리처럼 졸졸 따라다니는 것을 발견하고 생후 초기에 나타나는 이런 본능적인 행동을 명명한 개념이다. 최근에 확산되어 심리학, 교육학 등에서 사람들의 심리를 이해하는 용어로 많이 사용되고 있다.

시장 내 수많은 브랜드의 난립으로 경쟁이 치열한 상황이다. 그래서 많은 마케터가 소비자들에게 브랜드의 강력한 연상을 각인시키기 위해 다양한 소재들을 활용하고 있다. 커뮤니케이션 소재의 일관성 차원이 아니라 브랜드 연상을 강화시킬 수 있는 유무형의 자산을 적극 활용하는 것이다. 예를 들자면 힐튼 계열의 더블트리호텔은 항상 체크인하는 사람들에게 더블트리만의 레시피로 구운 따뜻한 웰컴 쿠키를 제공

각인 효과(Imprinting effect)

주로 동물들에게서 관찰되는 학습 행동으로, 태어난 직후에 습득한 행동 양식을 의미한다. 하지만 최근에는 특정 경험이 소비자의 기억 속에 강하게 자리 잡게 되는 것을 비유적으로 표현하는 개념으로 사용되고 있다.

한다. 처음 더블트리를 방문하여 쿠키를 선물 받은 사람들은 특이한 경험을 기억하게 된다. 그리고 이런 경험이 방문할 때마다 반복되면서 더블트리는 자연스럽게 타 호텔과는 차별적인 연상을 가질 수 있게 된다. 또한 이러한 웰컴 쿠키가 사람들 사이에 입소문을 타고 전파됨으로써 비슷한 조건의 여러 호텔 중 하나의 호텔을 선택할 기회가 생기면 차별화된 서비스를 제공받기 위해 더블트리를 선택하는 사람들도 생겨나고 있다.

미국의 의류 브랜드인 아베크롬비 앤드 피치는 브랜드 고유의 향을 개발했다. 그리고 전 세계 모든 매장은 물론 매장 안에 디스플레이 된 옷에서도 똑같은 향을 느낄 수 있게 하고 있다. 매장 근처에서부터 맡을 수 있는 진한 향기는 소비자들에게 무의식적으로 아베크롬비 앤드 피치 브랜드의 연상을 강화시켜 주고 있다. 이 향은 '피어스(Fierce)'라는 이름의 향수로도 인기리에 판매되고 있다.

이 시대에는 전통 매체의 위상이 약해지고 기업이 송신하는 커뮤니케이션 메시지에 대한 신뢰 또한 나날이 낮아지고 있다. 이럴 때 기업이 가지고 있는 자산을 이용하여 소비자에게 다가가는 것이 더 효과적일 수 있다.

앞서 살펴본 코카콜라의 사례에서 코카콜라는 소비자들에게 전달하고자 하는 가치인 'Happiness'나 'Open Happiness' 슬로건을 직접 알리기 위해 광고를 집행하지 않았다. 코카콜라의 다양한 자산 중 하나인 자판기, 트럭 등이 'Happiness machine', 'Happiness Truck'으로 인식될 수 있도록 자산을 이용한 마케팅 활동을 전개했다. 소비자들이 직접 브랜드가 지향하는 가치를 느끼고 이를 자발적으로 확산시키게 하는 것이다.

이처럼 체험을 통해 각인된 브랜드 연상은 소비자들의 인식 상에서 자연스럽게 차별적인 포지셔닝이 가능하게 하며 브랜드에 대한 호감도를 높이는 기회가 된다.

국내에서 진행되고 있는 많은 캠페인 사례들을 보면 코카콜라나 더블트리처럼 하나의 자산을 지속적으로 이용하여 커뮤니케이션하기보다는 끊임없이 새로운 캠페인 소재를 찾아 소비자들에게 알리고 그 효과를 계량적으로 측정하는 데 초점이 맞춰져 있는 것 같다. 소비자들이 식상해하지 않도록 끊임없이 새로운 캠페인과 소재를 개발하는 것도 중요하다. 하지만 중장기적인 브랜드 관리의 관점에서 보면 그러한 소재를 담을 수 있는 기업의 유무형 자산을 개발하고 이를 통해 소비자와 만나는 것이 더 중요하다.

코카콜라가 전 세계적으로 만 3년 이상 자판기를 이용한 프로모션을 진행하고 있지만 지루하다는 생각이 들지 않는다. 오히려 이번엔 어떤 행복을 줄 것인가에 대한 호기심이 먼저 생긴다. 그 이유는 코카콜라가 그동안 행복을 주는 브랜드로서 우리 머릿속에 강력하게 각인되었기 때문이 아닐까?

코카콜라 〈스몰 월드 머신(Small World Machine)〉

2013년 칸 국제 광고제 다이렉트(Direct) 부문 금상

국경 분쟁으로 대립 중인 인도와 파키스탄의 국민이 잠시나마 분쟁을 잊고 소소한 행복을 찾을 수 있도록 기획된 이벤트.

두 국가에 각각 맥박과 체온 등을 감지할 수 있는 코카콜라 자판기를 설치하고 이 두 국가의 국민이 각각 코카콜라 자판기에 설치된 카메라를 통해 상대 국가의 사람을 마주 보고 기계에 손을 대고 미션을 달성하면 코카콜라를 선물로 받을 수 있다.

비록 코카콜라라는 작은 선물이 제공되었지만, 이를 통해 두 국가의 국민은 잠시 긴장을 풀고 세상에서의 작은 행복을 느낄 수 있는 경험을 할 수 있었다.

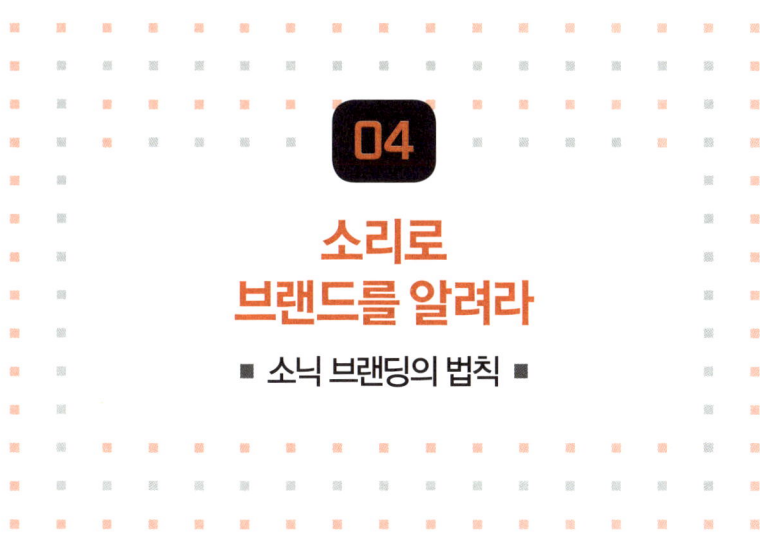

04

소리로
브랜드를 알려라
■ 소닉 브랜딩의 법칙 ■

❝ 오랜만에 맥도날드에 들른 서현수 씨. 빅맥을 주문하고 햄버거가 나올 때까지 기다리는 동안 혼자 흥얼흥얼 "참깨 빵 위에 순쇠고기 패티 두 장……." 노래를 부르고 있는 자신을 발견하고 깜짝 놀랐다. 작년에 친구가 링크를 보내서 우연히 유튜브를 통해 빅맥송 영상을 보았는데, 유행가 가사도 아니고 평소 맥도날드를 많이 좋아하는 것도 아닌데도 불구하고 이미 1년이나 지난 브랜드송이 무의식적으로 떠오르다니……. 이처럼 중독성 있는 멜로디와 가사를 만들어낸 맥도날드의 마케팅이 신기하다는 생각이 들었다. ❞

맥도날드의 빅맥송이 처음으로 등장한 것은 1974년이다. 빅맥 광고에 "Two all beef patties special sauce lettuce cheese pickles onions on a sesame seed bun"이라는 문구가 사용되었는데, 앨라배마의 한 매장에서 이 문구를 4초 이내에 암송한 고객에게 빅맥을 무료로 제공하는 이벤트를 진행한 것이 오늘날 빅맥송 컨테스트의 시작이라고 알려졌다. 이후 한국과 호주, 일본 등 여러 나라에서 빅맥송이 광고 또는 이벤트 소재로 활용되고 있다.

징글을 사용함으로써 브랜드 연상을 강화하는 맥도날드

맥도날드는 빅맥송뿐만 아니라 "빠라빠빠밤"으로 끝나는 사운드를 광고의 엔딩 요소로 오랫동안 전 세계 공통으로 사용하고 있다. 이처럼 광고에서 로고와 함께 소리를 들려주는 것을 '소닉 로고(sonic logo)'라고 하며, 그중 대표적인 것이 징글(Jingle)이다.

2003년 9월 미국의 저스틴 팀버레이크가 부른 〈I'm loving it〉 브랜드송으로 시작된 맥도날드의 징글은 멜로디를 넣은 슬로건과 함께 사용되다가 2005년 이후로는 〈I'm loving it〉에 대한 멜로디 없이 징글만 사용

징글(Jingle)
브랜드를 쉽게 기억할 수 있게 하고, 브랜드 연상을 강화하기 위해 사용하는 짧은 멜로디 또는 단일한 음(音)이다. 최초의 징글은 1830년대 한 부동산 개발 업자가 사용한 멜로디를 곁들인 슬로건으로 알려졌다.

되고 있다. 하지만 많은 사람이 'I'm loving it'이라는 슬로건을 보면 글자 그대로 읽는 것이 아니라 멜로디를 연상하게 되고 동시에 자연스럽게 10년 이상 유지되어 온 징글을 떠올릴 수 있다.

맥도날드 징글에는 한 가지 특이한 점이 있다. 가장 대표적인 징글로 잘 알려진 인텔의 징글처럼 하나의 사운드를 계속해서 사용하지 않고

맥도날드 〈빅맥송 컨테스트(Big Mac Song Contest)〉

2012년 칸 국제 광고제 최고 지역 캠페인(Best Localized Campaign) 부문 동상

소셜미디어의 성장과 UCC 제작 붐이 일던 2012년 맥도날드 코리아는 빅맥의 재료를 이용하여 만든 빅맥송을 통한 UCC 컨테스트를 개최하여 큰 인기를 끌었다. 친구, 가족, 동료와 함께 창의적인 방법으로 빅맥송을 불러 캠페인 사이트에 올리면 투표를 통해 재미있는 영상을 선정하였고, 이 영상들이 TV뿐만 아니라 온라인, 옥외 광고 등에서 보이게 함으로써 적극적인 참여를 유도했다. 그 결과 1만 3,000명 이상의 소비자들이 참여하는 기록을 세웠다.

노래 부르기를 좋아하는 문화적 성향과 오디션 열풍 등 한국 소비자들의 인사이트를 반영하여 성공한 캠페인이라는 평가를 받은 빅맥송 컨테스트는 2013년 〈빅맥송 시즌 2〉로 또 한 번 소비자들의 관심과 사랑을 받았다.

멜로디를 유지하면서도 광고의 톤에 맞게 다양한 리듬과 사운드 효과를 사용하고 있다는 것이다.

BMW, 아우디, 현대·기아차 등 많은 자동차 브랜드들과 삼성전자, LG전자 등 다양한 산업군에서 징글을 사용하고 있다. 그러나 대부분은 광고의 톤앤매너(Tone and Manner)와 상관없이 똑같은 징글을 사용하고 있어 가끔은 광고 메시지와 이질적인 느낌이 들 때가 있다. 하지만 맥도날드는 광고의 분위기에 따라 박자의 변화까지도 주기 때문에 훨씬 더 익숙하고 편안하게 소비자들이 징글을 받아들일 수 있다.

브랜드를 오랫동안 기억할 수 있게 하는 힘, 소닉 브랜딩

늘 새로운 메시지로 소비자들에게 브랜드를 각인시켜야 하는 광고에서 이렇게 장기간 동안 징글을 사용하는 이유는 무엇일까? 소리라는 것이 예로부터 사람들의 감정을 변화시켜 두려움을 없애주거나 믿음을 강화하거나 기분을 좋게 만들어주는 역할을 해오고 있으며, 과거 경험과의 연상을 강화시켜 오래도록 기억될 수 있게 만들기 때문이다.

예를 들어 우리가 어린 시절에 배웠던 알파벳송이나 광고에서 보고 들었던 새우깡, 브라보콘, 투게더 같은 브랜드들의 브랜드송이 오래도록 기억에 남는 것은 메시지가 소리로 전달되었기 때문이라고 볼 수 있다.

이처럼 소리를 통해 브랜드 아이덴티티 강화를 지원하는 것을 소닉 브랜딩(Sonic Branding)이라고 한다. 잭슨(Jackson)은 자신의 저서 『Sonic Branding』(2004)에서 "소닉 브랜딩이란 소리를 통해 차별적이고 기억하기 쉽고 유연하고 정직한 브랜드 아이덴티티와 경험을 지속적으로 창조하고 관리하는 것"이라고 정의했다.

　소닉 브랜딩에는 앞서 언급한 브랜드송이나 징글 이외에도 광고의 배경음악과 성우의 나레이션 목소리 등으로 표현되는 브랜드 보이스(Brand Voice), 그리고 엔진 시동음이나 가전제품의 파워 사운드 같은 제품 고유의 소리 등도 포함된다.

　국가별로 성우는 다르지만 전 세계적으로 비슷한 분위기가 느껴지는 애플 아이폰 광고의 목소리 역시 일관성 있는 브랜드 보이스를 개발함으로써 브랜드 연상을 강화하고자 하는 소닉 브랜딩 관점에서 계획된 것이다. 광고의 나레이션이나 배경음악은 현지 언어와 문화에 맞춰 현지화하여 사용하는 것이 일반적이지만, 징글이나 제품 고유의 사운드는 글로벌 공통으로 사용할 수 있기 때문에 많은 기업이 브랜드 자산으로 만들고자 한다.

　그러나 잭슨(Jackson)(2006)의 연구에 의하면 90퍼센트의 소비자가 소리를 친숙하게 느낀다 하더라도 정확하게 브랜드를 인지하는 사람은 38퍼센트에 지나지 않는 것으로 나타났다. 가장 중요한 것은 소닉 브랜딩을 개발하여 활용하는 것 자체가 아니라 다른 브랜드와 명확하게 구별될 수 있는 브랜드 고유의 소리를 개발하는 것이다.

소닉 브랜딩(Sonic Branding)
징글, 제품 사운드, 브랜드송 등 브랜드 고유의 소리를 통해 커뮤니케이션 활동을 지원하고 궁극적으로는 브랜드 연상을 강화하기 위한 활동.

SK텔레콤의 경우 '생각대로 T'라는 슬로건과 함께 SKT의 휴대전화 시작 음을 징글로 사용했다. 삼성전자도 TV 전원이 켜지는 소리를 징글로 제작, 전 세계 공통으로 사용하고 있다. 이처럼 제품 사운드로 징글을 만들면 제품 사용자들에게는 자연스럽게 징글이 각인될 수 있어 광고 주목도가 상대적으로 높아질 수 있다. 또한, 더욱 쉽게 브랜드가 각인되는 효과가 있다.

그러나 이런 브랜드처럼 제품 고유의 소리를 활용할 수 없는 경우라면, 기존의 브랜드와 확실하게 차별화될 수 있고 브랜드 연상을 강화할 수 있는 소리를 개발하여 인텔처럼 장기간 계속해서 사용하는 것이 효과를 높일 수 있을 것으로 보인다.

05

톤앤매너의 일관성을 유지하라

■ 예측 가능성의 법칙 ■

> 애플에서 신제품이 나오면 반드시 사야 하는 애플 마니아로 아이폰 6를 애타게 기다리던 한성진 씨. 인터넷을 검색하다가 '아이폰 6 광고 유출'이란 검색어를 보고 얼른 클릭해보았다. 늘 루머가 많은 아이폰이지만, 배철수 씨의 목소리가 나레이션으로 등장하는 영상을 보고 나니 이번엔 진짜 아이폰 6 광고인 것 같은 생각이 들었다. 어떻게 이런 광고가 유출될 수 있을까 싶으면서도, 외국 버전과 국내 더빙 버전이 나란히 있는 것을 보고 정말 아이폰 6가 출시되는 것은 아닌지 기대감이 높아졌다. 하지만 며칠 뒤 그것이 아이폰 광고를 패러디한 〈슈퍼스타 K6〉의 광고였다는 것을 알고 허탈한 웃음을 짓고 말았다.

6
0306

아이폰 6라고 오해하게 만든 영상.

〈슈퍼스타 K 시즌 6〉 티저 공개

2014년 2월 6일, '아이폰 6 광고 유출'이라는 제목의 동영상이 유튜브에 올라왔다. 익숙한 아이폰 광고의 분위기와 나레이션, 그리고 아이폰 6의 론칭을 티징하는 듯한 엔딩 때문에 소비자들 사이에서 아이폰 6 광고로 입소문이 나기 시작했다. 더욱이 외국 버전도 있어서 광고의 진위에 대한 논란과 함께 아이폰 6가 3월 출시되는 것 같다는 루머도 빠르게 확산되었다. 짜깁기라는 의견이 더 많았지만, 조회 수는 빠른 속도로 증가했고, 포털 사이트 IT 부문 뉴스로도 소개되기에 이르렀다. 그리고 닷새 뒤, 이 광고 영상은 아이폰 6가 아니라 Mnet의 〈슈퍼스타 K 시즌 6〉의 티징 영상으로 밝혀져 아이폰 6를 기다리는 많은 애플 팬들을 김새게 했다.

전 세계적으로 비슷한 톤앤매너를 유지하는 Apple

수많은 사람이 가짜인 것 같다고 이야기했음에도 왜 많은 사람이 아이폰 6가 출시되는 것은 아닌지 궁금해했을까? 그건 바로 이 영상이 그동안 나왔던 아이폰 광고와 유사한 톤으로 제작되었고, 나레이션도 그동안 애플 광고에서 익숙하게 듣던 목소리였기 때문이다. 외국 편과 국내 편 모두 그간의 애플 광고와 같은 포맷, 같은 분위기를 가지고 있었기에 사람들은 '설마 아니겠지.' 하면서도 '혹시 진짜일까?' 하는 의심을 품게 된 것이다.

2011년 이후 전 세계적으로 집행된 애플 광고를 보면 같은 소재를 사용하고 유사한 느낌의 목소리로 나레이션이 되어 언제 어디서 봐도 비슷한 톤앤매너를 느낄 수 있다. 한 국가에서 단 한 명의 성우를 사용하지는 않지만 비슷한 분위기를 낼 수 있는 성우들을 활용하여 차분하고 편안하지만 독특한 애플의 감성을 느낄 수 있게 함으로써 젊고 혁신적인 브랜드 이미지를 이어가고 있다.

국내에서는 신뢰도가 높은 가수이자 DJ인 배철수, 재즈 뮤지션 남궁연, 영화배우 김갑수 등의 목소리가 아이폰과 아이패드의 광고에 사용되고 있다. 애플은 이런 목소리의 일관성뿐만 아니라 광고 메시지의 톤앤매너를 장기간 유지하여 애플의 광고라는 것을 쉽게 인식하게 한다.

아이폰 출시 이후 광고들의 공통점은 모두 아이폰의 기능을 쉽고 직관적으로 알 수 있게 전달하고 있다는 것이다. 아이폰 3G가 시장에 처음 등장하고, 스마트폰이 소비자들에게 익숙해지기 전까지만 하더라도 화면에 아이폰 하나만 등장시켜 직관적으로 기능을 알 수 있도록 설명했다. 하지만 최근 광고들은 일상생활에서의 아이폰 사용 경험에 초점을 맞춰 소비자들에게 감성적으로 다가가고 있다. 기능이나 특징에 대한 설명 없이 전 세계의 다양한 인종, 다양한 연령대의 사람들이 다양한 상황에서 아이폰으로 음악을 듣고, 사진을 찍는 등의 모습을 보여주는 것만으로도 많은 소비자는 쉽게 아이폰 광고라는 것을 인지하고 애플의 혁신을 체감할 수 있다.

일관성을 유지하기 위해 크리에이티브 가이드라인 중요

가장 창의적인 마케팅 활동인 광고가 어떻게 이처럼 일관성을 유지할 수 있을까? 과연 이렇게 일관성을 유지하는 것이 광고의 주목도를 높이는 데 효과적일까?

일반적으로 30초 이내의 짧은 시간 동안 소비자들에게 메시지를 전달해야 하는 광고는 소비자들의 시선을 끌기 위해 다양한 크리에이티브 전략과 소구를 사용한다. 예를 들면 그 시대에 가장 인기 있는 스타를 활용하기도 하고, 인기 드라마나 개그 프로그램 등을 패러디하거나, 과장된 유머 소구를 사용하기도 한다. 이런 접근은 주로 단기적인 캠페인을 위해 활용되는 경우가 많다.

그러나 이렇게 캠페인이 전개되는 경우 단기적으로는 시선을 끌 수도 있지만 장기적인 브랜드 관리 차원에서는 도움이 되지 않을 수 있다. 그래서 장기적인 브랜드 관리를 중시하는 기업들은 광고의 크리에이티브가 기업이 지향하는 브랜드 방향에서 벗어나지 않고 장기적인 일관성을 유지할 수 있도록 '크리에이티브 가이드라인'을 제작한다.

크리에이티브 가이드라인은 인쇄 광고나 옥외 광고 집행 시의 레이아웃 규정뿐만 아니라, 광고 제작 시 고려해야 할 것들에 관한 규정들이 담겨 있는 것이 일반적이다. 광고 업계에서 크리에이티브 가이드라인을 제작할 때 가장 많이 참고하는 것이 2000년대 초반 영국의 위든 케네디 (Wieden+Kennedy)에서 제작한 혼다의 『The Book of Dreams』이다. 『The

Book of Dreams』에는 소비자들에게 무엇을 이야기할 것인가에 대한 'what to say'와 혼다의 브랜드 철학과 정신을 어떻게 표현할 것인가, 즉 'how to say'가 잘 나타났다. 딱딱한 형식으로 'dos & don'ts'를 규정한 것이 아니라 'The power of dreams'라는 혼다의 브랜드 정신을 창의적으로 표현할 수 있는 이미지들을 많이 활용하여 아이디어 발상에 도움을 주었다. 또한, 이 가이드라인은 TV, 인쇄 등 매체를 통한 광고뿐 아니라 웹사이트, 매장 디스플레이에까지 영향을 미쳐 소비자들이 혼다 브랜드에 대해 일관성 있는 체험을 할 수 있도록 했다.

이처럼 크리에이티브 가이드라인에 기초하여 광고의 톤앤매너를 관리한다면 소비자들은 광고 모델이 달라지거나 캠페인의 테마가 달라진다 하더라도 광고를 쉽게 떠올릴 수 있고, 장기적으로 일관된 브랜드 이

혼다 『The Book of Dreams』 중 일부

미지를 형성할 수 있다. 때로는 아주 짧은 순간에 자신이 좋아하는 브랜드의 광고임을 인지하고 무심코 지나치던 광고에 눈을 돌려 관심을 기울이게 될 수도 있다.

하지만 이런 가이드라인 없이 단발적인 캠페인 전략하에 광고가 제작될 때는 똑같은 테마라 하더라도 전혀 다른 톤앤매너의 광고가 나올 수도 있어 캠페인의 효과를 떨어뜨리거나 최악의 경우 브랜드 이미지에 치명적인 영향을 미칠 수 있다.

TV 광고뿐만 아니라 매장 인테리어, BTL 활동 등 소비자의 모든 접점에서 일관된 톤앤매너를 유지하여 소비자들 스스로 어떤 브랜드의 캠페인인지 직관적으로 예측할 수 있다면 그 브랜드는 분명 경쟁 브랜드와 비교하여 확실하게 차별적인 이미지 포지션을 형성했다고 보아도 된다.

49가지 커뮤니케이션의 법칙

고유의 폰트로 브랜드 아이덴티티를 표현하라

■ 전용 서체의 힘 ■

      TV 광고를 보던 한유리 씨는 광고 자막에 나오는 글자체만으로 '현대카드 광고구나'라는 생각을 했다. 이전에 본 광고도 아닌데 자기 생각이 맞았다는 것을 깨닫고 어떻게 자신이 광고를 맞춘 것인지 스스로 신기하다고 생각했다. 그러다가 우연히 현대카드 고지서를 보고 자신이 왜 현대카드 광고를 맞출 수 있었는지 깨달았다. 그것은 바로 현대카드 전용 서체 때문이었던 것이다.

    언젠가부터 국내 기업들 사이에서 전용 서체를 개발하는 것이 유행처럼 퍼지고 있다. 외국에서는 아주 오래전부터 도시 전용 서체가 개발되는 등 서체에 관심을 두기 시작했으나 국내에서는 기업과 지방자치단체가 서체에 대해 큰 관심을 기울이지 않았었다. 본격적으로 전용 서체를 만들기 시작한 것은 2003년 현대카드가 CI 작업과 함께 전용 서체인 유앤아이(Youandi) 서체를 개발하여 광고는 물론 신용카드와 고지서, 내부 문서에까지 전용 서체를 사용함으로써 세련되고 현대적인 이미지를 형성하기 시작한 이후라고 해도 과언이 아니다.

현대카드 서체의 성공으로 국내에서도 많은 기업이 서체 개발에 관심을 기울이게 되었다. 최근까지 Olleh KT(올레체), 현대자동차(모던 H), 아모레퍼시픽(아리따체), 하나은행(하나체), 신한카드(신한세빛체), 롯데마트(통큰서체) 등 일반 기업은 물론 서울시에서도 한강체와 남산체를 개발하여 전용 서체를 사용하고 있다.

전용 서체의 활용

전용 서체는 일반적으로 CI(corporate identity) 작업과 동시에 진행되는 경우가 많다. 서체의 개발만으로는 소비자가 시각적인 변화를 쉽게 인지하기 어렵지만, 기업 로고 등과 함께 바꾼다면 그 효과가 더 커질 수 있다. 전용 서체는 보통 다음과 같은 용도로 사용된다.

첫째, 기업명, 매장 간판, 상품 패키지, 웹사이트, 광고·홍보 브로셔 등 소비자들이 시각적으로 접하는 기업의 모든 자산에 사용된다. 현대차는 전국에 있는 수많은 판매 지점의 디자인은 물론 간판 서체와 매장에서 소비자들에게 전달하는 모든 브로셔, 내부 문서, 직원들의 명함 등에도 같은 서체를 사용함으로써 일관성 있는 시각적 효과를 만들어내

가나다라마바사아자차카타파하
abcdefghijklmnopqrstuvwxyz
ABCDEFGHIJKLMNOPQRSTUVWXYZ
1234567890
!@#$%^&*()?/⟨⟩,.:;"'{}[]~`|₩_=-+

가나다라마바사아자차카타파하
abcdefghijklmnopqrstuvwxyz
ABCDEFGHIJKLMNOPQRSTUVWXYZ
1234567890
!@#$%^&*()?/⟨⟩,.:;'"{}[]~`|₩_=-+

나눔고딕체와 나눔손글씨펜체

고 있다.

둘째, TV·인쇄·온라인·옥외 광고 등에서도 사용된다. TV 광고의 자막, 신문과 잡지 광고 등의 메시지 등에 같은 서체를 사용함으로써 무의식적인 브랜드 인지도를 높이고 일관된 기업 이미지 형성에 이바지할 수 있다.

기업이 개발하는 서체는 대부분 기업 내부의 자산으로 저작권의 보호를 받는다. 하지만 일부 기업에서는 소비자들에게 서체를 무료로 공개함으로써 더욱 쉽게 소비자들 사이에서 서체가 확산될 수 있게 만들고 있다. 세계 최초의 기업 서체라고 할 수 있는 영국의 〈The Times〉 서체는 견고하고 사무적인 느낌으로 디자인되어 가독성은 물론 신뢰성을 높이는 데 한몫했다. Times 서체는 개발 후 1년만 독점 사용권을 가진 후 일반에 공개되어 널리 보급되기에 이르렀다.

국내에서도 네이버가 나눔글꼴을 제작해 무료로 배포함으로써 책이나 광고 간판 등에서도 아무런 제약 없이 사용할 수 있게 했다. 네이버의 서체는 이런 과정에서 빠르게 확산되었다.

전용 서체의 효과

많은 국내 기업이 앞다투어 고유의 서체를 만들고, 브랜드의 지향점이 담긴 서체명을 정하여 소비자들에게 공개하고 있다. 처음에 현대카드가 전용 서체를 본격적으로 사용하던 당시만 해도 기업 고유의 서체가 거의 없었기 때문에 로고와 함께 쓰인 현대카드의 서체는 소비자들의 관심을 끌기에 충분했다. 하지만 최근에는 서체의 종류가 다양해짐에 따라 특징적인 글자가 있지 않다면 한 서체가 소비자들에게 강하게 인식되기는 쉽지 않다. 그럼에도 기업들이 앞다투어 서체를 개발하는 것은 다음과 같은 이유 때문이다.

첫째, 기업의 아이덴티티를 쉽게 전달할 수 있다. 앞서 언급했던 아모레퍼시픽의 아리따체는 『시경詩經』의 '아리따운 아가씨 요조숙녀窈窕淑女'에서 따온 사랑스럽고 아리따운 여성이라는 의미다. 이는 내·외면의 아름다움을 소중하게 생각하는 기업의 정신을 담은 글꼴 이름이라고도 해석할 수 있다. 현대카드의 유앤아이 서체는 신용카드를 모티브로 활용함으로써 기업의 본질이 서체에서 느껴질 수 있게 했다. 이처럼 기업의 서체는 어렵고 복잡한 설명적인 과정을 거치지 않더라도 직관적으로 브랜드가 지향하는 바를 느낄 수 있게 한다.

둘째, 기업의 일관성 있는 이미지를 형성하기에 유리하다. 기업들이 서체를 개발하면 기업의 로고뿐만 아니라 광고, 간판, 포장 디자인, 웹사이트, 홍보 브로셔 등 기업에서 생산하는 모든 제작물에 같은 서체를 적용한다. 올레체를 개발해 사용하고 있는 KT 역시 제품 패키지는 물론 전국의 대리점, 판촉물, 모바일 기기 애플리케이션 등에 올레체를 적용하여 소비자들에게 통일감 있고 일관성 있는 시각적 자극을 제공하고 있다.

셋째, 내부 고객의 소속감과 자긍심을 높일 수 있다. 일반적으로 전용 서체가 개발되면 기업 내 모든 문서 작성에 전용 서체를 활용하게 된다. 기업의 종업원들은 전용 서체를 사용하는 과정에서 무의식적으로 소속 감이 높아질 수 있으며, 다른 기업과 차별화된 고유한 가치로 디자인된 서체에 대한 자긍심이 높아질 수 있다.

넷째, 나눔의 가치를 실천할 수 있다. 초기에는 기업들이 배타적으로 기업의 차별적인 이미지를 제공하기 위해 저작권의 보호를 철저하게 받 고 서체를 공개하지 않는 경향이 많았다. 하지만 최근에는 개인이 서체 를 내려받아 자유롭게 사용할 수 있도록 하는 기업이 늘고 있다. 물론 서 체를 공개한 많은 기업이 상업적으로 사용하는 것을 제한하고 서체의 출처를 명기하는 조건을 붙이기도 하지만, 서체를 공유한다는 것 자체 로도 기업 자산의 사회 환원 활동으로 평가할 수 있다.

전용 서체 개발 시 고려할 사항

기업들의 전용 서체가 늘어나면서 기업들이 브랜딩 차원에서 고려해 야 할 요소들이 증가하고 있다. 첫 번째는 명확하게 차별화되는 포인트 가 있어야 한다는 것이다. 기업 내부에서는 분명 차별적인 세리프(글자 획의 시작과 끝 부분의 장식적인 요소) 등을 이용하여 서체를 개발하지만, 소 비자가 보기에 명확하게 차이가 드러나지 않는다면 기업 고유의 서체로 인식하기 어렵기 때문이다. 현대자동차는 영문 N을 U자를 뒤집은 모양

현대자동차 서체   KT의 올레체

으로 제작함으로써 확실히 차별화되는 디자인적 속성을 가지며, KT의 올레체의 경우에도 동그라미 모양에 특징을 부여함으로써 소비자들이 직관적으로 올레체를 인식할 수 있게 하고 있다. 특히 올레체는 한국타이포그래픽학회에서 주관한 기업 서체 관련 조사에서 '가장 기억나는 서체', '가장 사용하고 싶은 서체', '기업 이미지를 잘 표현한 서체' 부문에서 1위를 차지할 정도로 소비자들에게 강력하게 각인된 것으로 나타났다.

두 번째, 공개 여부에 대한 기업의 지침을 정해야 한다. 앞서 언급한 것처럼 사회 환원 활동의 하나로 서체를 공개할 수 있지만 이럴 때 기업의 이미지에 맞지 않는 장소나 목적으로 서체가 활용될 수 있다는 것을 꼭 명심해야 한다. 기업이 아무리 서체를 활용하여 일관성 있고 긍정적인 이미지를 형성하고자 하더라도 서체가 일반인들에게 개방되면 기업이 통제할 수 없는 상황에서 사용될 수 있기 때문이다.

세 번째, 기업 고유의 스토리를 담을 수 있어야 한다. 소비자들에게 시각적으로 일관된 자극을 줄 수 있는 전용 서체에 기업 고유의 철학이 담겨 있다면 소비자들은 더 쉽고 직관적으로 브랜드가 지향하는 바를 떠올리고 브랜드 연상을 강화할 수 있는 강점이 있다.

가장 차별화될 수 있는
고유 가치를 커뮤니케이션하라
■ 가치 우위의 법칙 ■

" 차를 바꾸려고 고민 중이던 이승혁 씨는 올해 초 강원도 홍천의 대명 비발디 스키월드에 갔다가 BMW 〈Snow Driving Performance〉를 보고 BMW를 사기로 결심했다. 그동안 타 브랜드의 4륜구동 자동차에 좀 더 마음이 끌리고 있었지만, 이번 행사를 보고, 스키장 내에 운영하는 〈xDrive 빌리지(village)〉에 들러 BMW의 다양한 모델들을 확인한 후 진정한 운전의 재미를 느끼기 위해서는 BMW가 더 낫다고 생각하게 된 것이다. "

BMW 빌리지 모습
자료: BMW Korea 웹사이트(www.bmw.co.kr)

2014년 1월 10일부터 29일까지 사흘간, BMW는 강원도 홍천 대명 비발디 스키월드에서 〈BMW xDrive 빌리지〉를 운영했다. 이곳은 누구나 방문하여 휴식을 취할 수 있는 라운지를 비롯해 다양한 모델 전시, 겨울철 안전 운행을 위한 기술 소개 등의 프로그램으로 구성되었다. BMW의 오리지널 액세서리 라이프스타일 제품도 판매했다. 매주 금·토요일 오후 5시 30분부터는 520d xDrive, 640d xDrive 그란쿠페, X5 M50d 등 xDrive 차종을 이용하여 스키 슬로프에서 군무를 선보임으로써 소비자의 시선을 사로잡았다.

운전의 즐거움을 새로운 방식으로 전달하는 BMW

오랫동안 지역에 따라 'Ultimate driving machine' 또는 'Sheer driving pleasure'를 슬로건으로 사용해오고 있는 BMW가 2009년부터 브랜드의 코어 에센스(core essence)인 'Joy'를 테마로 한 캠페인을 전개하고 있다. 2001년 〈Hire〉와 같은 단편 영화를 제작하는 등 다른 브랜드들보다 훨씬 앞선 혁신적인 마케팅을 시도해온 BMW는 〈Joy〉 캠페인 론칭 이후에는 전 세계적으로 소비자들과 더욱 쉽고 직관적으로 감성적

BMW의 옥외 광고

인 교감을 할 수 있도록 다양하고 재미있는 마케팅 활동을 벌이고 있다.

예를 들어 2010년에는 싱가포르에서 첨단 기술을 이용한 3D 빌딩 프로젝션 매핑을 진행했으며 2011년에는 독일의 함부르크 공항 내에 대형 라이트 월을 설치했다. 상하 좌우 대칭되는 알파벳의 반만 광고판에 배치하고 남은 반은 빛이 바닥에 반사되게 하는 색다른 옥외 광고를 제작한 것이다. 이처럼 BMW는 성능과 기술을 강조하거나 차를 타고 달리며 만족스러워하는 운전자의 모습을 표현하기보다는 새로운 방식으로 운전의 즐거움을 경험하게 하고 있다.

속성과 기능적 혜택이 아닌 감성적 가치로 차별적 위상 형성

메르세데스-벤츠(Mercedes Benz), 아우디와 더불어 3대 독일 자동차 브랜드로 손꼽히는 BMW는 첨단 기술력 그 자체를 강조하는 아우디, 그리고 100년 이상의 헤리티지와 명성을 강조하는 메르세데스-벤츠와 달리 즐거움이라는 인간의 감성을 다루고 있다. 최고의 기술력과 딱딱한 승차감을 자랑하는 남성적인 이미지에서 운전의 즐거움을 주는 감성적인 브랜드로 이미지가 바뀌게 되었으며, 그 결과 젊은 층과 여성들까지

지지층이 확대되고 있다.

커뮤니케이션 전략을 수립하다 보면, 차별적인 속성(features & attributes)을 직접 부각하거나 이 속성이 주는 기능적·감성적 혜택(benefits)에 초점을 맞추는 경우가 있다. 2000년 스콧 데이비스(Scott Davis)는 그의 저서 『브랜드 자산 경영(Brand asset management)』에서 '브랜드 밸류 피라미드(brand value pyramid)'라는 개념을 도입했다. 여기에서 피라미드 하단으로 내려갈수록 소비자들에게 전달하기는 쉬우나 타 브랜드가 모방하기 쉽고, 상단으로 올라갈수록 소비자들에게 전달하기는 어렵지만 타 브랜드가 모방하기 또한 어렵기에 브랜드의 파워가 커진다고 설명했다.

예를 들자면 신차의 차별적인 속성, 즉 첨단 사양이나 기능이 있음을 직접 커뮤니케이션한다면, 타 브랜드에서 더 나은 사양을 추가하여 출시할 때 소비자들에게 금방 잊히기 쉽다. 하지만 똑같은 기능과 사양이라 하더라도 이를 브랜드가 전달하고자 하는 신념이나 가치, 또는 감성

스콧 데이비스의 브랜드 밸류 피라미드

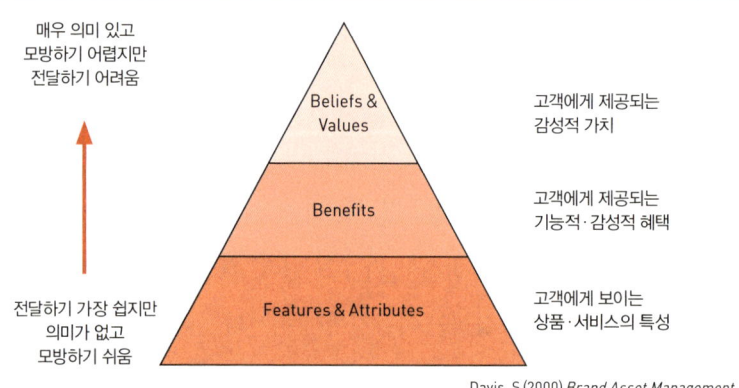

Davis, S.(2000) *Brand Asset Management*

적인 혜택에 초점을 맞춰 커뮤니케이션하게 되면, 타 브랜드와 확실하게 차별적인 이미지를 형성할 수 있다. 많은 소비자가 '볼보=안전'이라는 가치를 떠올리지만, 구체적으로 어떤 안전 사양이 있는지 질문해보면 정확하게 답하지 못하는 사람들도 많을 것이다. 그럼에도 '볼보=가장 안전한 차'라고 떠올릴 수 있는 이유는 특정 사양의 특성이나 기능적인 혜택이 아닌 볼보가 추구하고 있는 '안전'이라는 가치를 중심으로 커뮤니케이션했기 때문이다.

소비자들에게 감성적인 가치와 혜택을 제공하는 국내 브랜드의 대표적인 사례로 오리온 초코파이를 들 수 있다. 오리온 초코파이는 수많은 유사 상품의 도전 속에서도 1989년부터 시작한 〈정(情)〉 캠페인을 현재까지 이어오면서 다른 브랜드가 모방할 수 없는 차별적인 위상을 형성하고 있다.

대표적인 친환경 화장품 브랜드인 바디샵도 비슷한 사례다. 소비자들은 바디샵의 각 제품이 얼마나 많은 친환경 원료를 사용하고 있으며, 타 브랜드 제품에 비해 기능적인 측면에서 어떠한 차별적인 혜택이 있는지를 세세하게 알지 못한다. 그러나 바디샵이 꾸준히 해온 동물실험 반대나 재활용 운동 등을 통해 바디샵의 철학이 환경보호임을 감성적으로 느끼게 된다. 그리고 이에 동조하는 소비자들은 타 브랜드보다 비용을 더 내더라도 기꺼이 바디샵의 제품을 구매하게 되는 것이다.

BMW의 'Joy', 초코파이의 '정', 바디샵의 '환경보호', 코카콜라의 'Happiness'와 같이 기업의 신념이나 지향하는 가치를 기초로 오랫동안 일관성 있게 커뮤니케이션해온 브랜드들이 가지는 경쟁력은 상품 ·

서비스의 특성이나 그로 인한 기능적 혜택을 USP로 내세우는 브랜드와는 비교할 수 없을 정도로 크다. 또한, 큰 사건이나 사고가 발생하지 않는 한 쉽게 무너지지 않는다. 하루가 다르게 기술이 표준화되고 제품 간의 차별적인 속성이 줄어드는 요즘과 같은 시대에, 소비자들에게 사랑받는 브랜드가 되기 위해서는 우리 브랜드가 소비자들에게 어떠한 가치를 전달할 것인지 깊이 고민해봐야 한다.

BMW 〈세계에서 가장 빠른 크리스마스 캐롤 (The Fastest Christmas Song in the World)〉

– 2013년 칸 국제 광고제 다이렉트(Direct) 부문 동상

BMW 스위스가 M135i의 빠른 스피드를 알리기 위해 제작한 바이럴 영상. BMW의 DTM 드라이버가 운전하는 M135i에 탄 스위스의 아카펠라 그룹이 차가 너무 빨라 음정과 박자를 제대로 지키지 못하며 노래하는 모습을 담은 영상을 공개했다. 이 영상은 열흘 만에 약 120만 명이 조회하고 6만 5,000개의 e카드가 199개국으로 전송되는 등 큰 인기를 끌었다.

누울 자리를 보고
각을 잡고 덤벼라

■ 카운터 포지셔닝의 법칙 ■

> 최은영 씨는 회사 앞에 있는 식당에 희한한 현수막이 걸린 것을 보았다. 거기에는 "우리 집에서 식사하시려면 한 시간을 기다리셔야 합니다"라고 쓰여 있었다. 요즘 같이 바쁜 세상에 한 끼 먹자고 오래 기다리는 게 무슨 자랑이라고 그런 글귀를 자랑스럽게 붙여놓았는지 의구심이 들었다.

그런데 사무실 동료들의 이야기를 들어보니 사정이 달랐다. 그 식당은 주메뉴뿐만 아니라 밑반찬, 음식의 조리 상태까지 세세하게 주문을 받은 후 조리를 시작하고 유기농 재료를 써서 천천히 요리하기 때문에 기다리는 시간이 길다고 한다. 가격이 훨씬 비싼데도 그곳을 찾는 손님이 많다고 한다.

최은영 씨는 일반적으로 단점이라고 생각하는 것을 강점으로 삼을 수 있다는 사실이 각별하게 느껴졌다. 이런 마케팅도 가능할까?"

시장을 가장 먼저 개척한 브랜드는 많은 경우 나중에 진입하는 브랜드보다 유리한 위치에 서게 된다. 딤채는 김치냉장고라는 새로운 가전 카테고리를 개척하면서 시장에 가장 먼저 진입했다. 그래서 아직도 삼성, LG 등 국내 대형 가전 업체들의 공세를 물리치며 시장 리딩 업체로서 입지를 유지하고 있다. 소비자들이 시장 선도자로서의 딤채를 매우 강렬하게 기억하고 있기 때문에 후발 업체들이 이 자리를 넘보기가 쉽지 않았다. 이렇게 시장 선도 업체가 강력한 지위를 가지고 있을 때 후발 업체들이 선택할 수 있는 가장 효율적인 전략은 무엇일까? 그 대안 중 하나가 바로 카운터 포지셔닝(counter positioning)이다.

카운터 포지셔닝이란 기업이 포지셔닝 전략을 수립할 때 상대 기업을 염두에 두고 이들과 대비되는 대칭적인 포지셔닝을 선택하는 것을 말한다. 카운터 포지셔닝은 후발 업체로 하여금 현재 자신의 위치를 유지하거나 강화하는 데 도움을 줄 수 있다. 1990년대 국내 휴대폰 시장은 모토로라가 70퍼센트 이상의 시장점유율을 차지하고 있었다. 그러나 애니콜이 '한국 지형에 강한 휴대폰'이라는 콘셉트로 카운터 포지셔닝함으로써 리딩 업체로 부상하여 입지를 공고히 하였다. 이는 카운터 포지셔닝을 활용해 역전에 성공한 사례로 볼 수 있다.

2인자 포지셔닝 전략을 선택한 에이비스

에이비스(Avis)는 시장에서 열세인 위치를 역이용하여 성공한 대표적 사례다. 1960~70년대 미국의 렌터카 시장은 허츠(Hertz)라는 기업이 독보적 1위를 지키고 있었다. 반면 에이비스는 시장 2위였지만 계속 적자에 시달리고 있었으며 3, 4위에게도 자리를 위협받는 상황이었다. 이때 에이비스는 유례없이 기발한 광고를 개발해냈다. 바로 2인자 전략이었다. 에이비스는 자신이 시장에서 2등임을 인정하고 그래서 더욱 노력하겠다고 솔직하게 광고했다. 무조건 자신이 최고라고 강조하는 기존 광고들과는 확연히 다른 스타일로 나간 것이다. 그런데 이 광고가 시행된 이후 에이비스는 시장점유율을 20퍼센트 이상 끌어올리면서 명실상부한 2위가 되었다. 심지어 허츠를 턱밑까지 추격하는 단계까지 이르렀다. 왜 이런 결과가 발생한 것일까? 먼저 소비자들의 심리 상태에서 그 이유를 찾아볼 수 있다. 대표적인 이론으로 언더독 효과(underdog effect)라는 것이 있다. 이것은 시장 1위 기업이 너무 독주한다고 인식하는 다수의 소비자가 존재할 경우, 조금 부족하지만 1위 기업을 위협할 만한 기업이 있을 때 오히려 이 기업을 대안으로 선택하는 사례가 늘어나는 현상을 말

언더독 효과(underdog effect)
개싸움에서 밑에 깔린 개(underdog)가 이겨주기를 바라는 것처럼 경쟁에서 뒤지는 사람에게 동정표가 몰리는 현상을 말한다. 1948년 미국 대선 때 여론조사 예측에서 뒤지던 해리 트루먼이 4.4%포인트 차이로 토머스 두이 후보를 물리치고 당선되자 언론들이 처음 이 말을 쓰기 시작했다.

Avis is only No.2 in rent a cars. So why go with us?

We try damned hard. (When you're not the biggest, you have to.)

We just can't afford dirty ash-trays. Or half-empty gas tanks. Or worn wipers. Or unwashed cars. Or low tires. Or anything less than seat-adjusters that adjust. Heaters that heat. Defrost-ers that defrost.

Obviously, the thing we try hardest for is just to be nice. To start you out right with a new car, like a lively, super-torque Ford, and a pleasant smile. To know, say, where you get a good pastrami sandwich in Duluth. Why?

Because we can't afford to take you for granted. Go with us next time. The line at our counter is shorter.

에이비스의 2인자 포지션 광고

한다. 실제 그 당시 허츠는 시장 1위 업체이긴 하지만 상대적으로 고가였다. 소비자 입장에서는 더 저렴하면서 믿을 수 있는 서비스, 즉 언더독이 필요했다. 이때 에이비스가 그 역할을 한 것이다.

다음으로는 2인자로 자신을 규정지음으로써 기업이 최고의 노력을 하게 되었다. 특히 종업원들은 이 광고를 보고 스스로 독려하고 노력하게 되었다. 즉 말이 곧 실행이 된 것이다. 사실 자신을 열등한 위치로 인정하고 광고하는 것은 쉬운 일이 아니다. 자신의 약점을 드러내는 일이고, 자칫하면 소비자들이 과민반응을 일으켜 부정적으로 바라볼 수도 있기 때문이다. 하지만 에이비스는 시장 상황을 종합적으로 고려하여 1위 업체에 대한 대안이 필요하다는 점을 명확히 인식했다. 2인자 포지셔닝을 과감히 채택함으로써 1위를 넘보는 2인자가 될 수 있었다. 이처럼 2인자 카운터 포지셔닝은 시장을 방어하고 어떤 경우에는 1등의 자리도 넘볼 수 있는 매력적인 대안이 될 수 있다.

강력한 경쟁자 포지션을 선택한 기아차

기아차의 사례 역시 2인자 포지션으로 볼 수도 있다. 하지만 한편으로는 강력한 라이벌로 포지셔닝하는 경우라 할 수 있다. 즉 수직적 포지션이라기보다는 수평적 포지션에 가까운 경우다. 코카콜라와 펩시, 맥도날드와 버거킹의 경우에서처럼 사실 강력한 경쟁자의 존재는 기업에 위협이자 자극이 될 수 있다. IMF 당시 기아차가 현대차그룹에 인수되었을 때 내부적으로는 한 그룹 내에서 두 개의 자동차 기업이 같이 존재한다는 것이 상당히 어렵고도 힘든 과제였다. 외부에서는 시너지가 상당할 것으로 전망했지만, 실제 시장에서는 두 브랜드 간에 시장을 잠식하는 소위 시장 잠식 효과(Cannibalization Effect)가 나타나고 있어 위기감이 감돌고 있었다.

이때 현대차그룹에서는 기아차를 과감하게 현대차의 라이벌 포지션으로 정하고 대대적으로 커뮤니케이션하기 시작했다. 즉 현대차의 목표이미지를 '세련되고 확신에 찬(refined & confident)'으로 설정했다면, 기아차의 목표 이미지를 '활기차고 능력 있는(exciting & enabling)'으로 정하고 브랜드 간 확실한 대칭적 포지셔닝을 가져간 것이다. 이런 전략은 기업 브랜드에서 그치지 않고 모든 제품 세그먼트에서도 똑같이 실행했다. 예를들어 쏘나타가 보수적이고 세련된 자동차 이미지로 어필했다면, 동급의 K5는 역동적이고 스포티한 이미지로 포지셔닝했다.

그리고 2000년대 중반 이후 기아차는 피터 슈라이어라는 독일 출신 디자이너를 영입하면서 다시 한 번 포지셔닝 전략을 업그레이드했다. 즉 기아차는 젊고 역동적인 이

현대와 기아의 2000년대 브랜드 로고와 슬로건

기아차의 〈디자인〉 캠페인

미지를 더욱 강화하기 위해 '디자인(design)'이라는 소테마를 적극 활용하기 시작한 것이다. 쏘울이나 K 시리즈 같은 대표 차종들을 내세우며 디자인 테마를 십분 발휘함으로써, 한때 기아차는 1위인 현대차를 위협하는 수준까지 성장하기도 했다. 이처럼 시장의 경쟁자 포지셔닝은 시장 내 마이너 기업들의 성장을 효과적으로 방해하고 선두 업체들의 독과점적 지위를 보장해주는 강력한 커뮤니케이션 도구로 활용되고 있다.

고정관념에 대항하는 역포지셔닝: 바나나는 원래 하얗다

국내 바나나 우유 시장은 빙그레의 '바나나맛 우유'가 오랜 기간 주도하고 있었다. 이렇다 할 2위가 보이지 않는 그야말로 독점 시장이었다. 이때 매일유업에서 '바나나는 원래 하얗다'라는 제품을 선보였다. 광고 또한 독특했다. 광고 속에서 마케터로 나오는 백 부장은 "바나나는 원래 하얗다"고 주장하지만, 회사에서 조롱을 받는다는 내용의 다큐멘터리 형식으로 제작해 보여주었다. 그동안 당연한 것으로 인식되던 '바나나 우유는 노랗다'는 고정관념을 과감히 깨부수는 용감한 광고였다. 즉 강력한 기존 제품의 속성에 대항하는 역포지셔닝을 시도한 것이다.

결국 '바나나는 원래 하얗다'는 시장점유율 측면에서 아직은 선두 제품에 미치지는 못한다. 하지만 브랜드를 확실히 각인시키는 데 성공하며 시장에 없던 새로운 콘셉트를 창출하는 성과를 거둘 수 있었다. 또한, 이 광고는 시장에서 고정관념으로 통용되던 것도 진실에 기반을 둔 지속적인 커뮤니케이션으로 충분히 뒤집을 수 있음을 잘 보여주었다. 고정관념을 비트는 광고는 단순히 호기심을 유발하는 데에서 그칠 수 있다. 하지만 '바나나는 원래 하얗다'는 중요한 사실이지만 그동안 시장이 미처 몰랐던 부분을 정확히 파악해서 이를 기발하고도 의외성 있는 광고로 전달함으로써 새로운 가치를 창출할 수 있었다.

　카운터 포지셔닝은 시장의 1위 기업이나 강자에 대항해 자신의 경쟁적 포지션을 잡는 매우 현실적인 방식이다. 왜냐하면 소비자 입장에서는 믿을 만한 선두 기업에 대비한 강점을 가진 업체를 차선책으로 선택할 수 있어서 좋고, 또 한 가지 제품만 계속 사용하다 보면 싫증도 나기 때문이다. 하지만 한 가지 명심할 점은 시장의 경쟁 구도는 늘 변한다는 사실이다. 1등 기업이 아래를 압박하기도 하고 또 밑에서 치고 올라올 수도 있다. 즉 시장에서 강자와 약자의 관계는 시간의 흐름에 따라 달라지기에 카운터 포지셔닝도 영원할 수는 없다. 따라서 항상 시장의 흐름

역포지셔닝(reverse positioning)
아주 독특한 아이디어를 통해 소비자들의 기대와는 전혀 다른 방향으로 나아가기로 결단을 내린 아이디어 브랜드들의 포지셔닝 전략을 말한다. 남들이 다 "예"라고 대답할 때 "아니오"라고 대답하는 경우이며, 남들이 눈여겨보지 못한 부분을 찾아내거나 혁신적인 조합으로 새로운 가치를 제안하는 경우 등을 말한다.

〈바나나는 원래 하얗다〉 광고 장면

과 경쟁 관계의 변화를 주목하고 이에 발맞추어 자신의 포지셔닝 전략
을 다이내믹하게 바꾸어 나가는 순발력이 중요함을 명심해야 하겠다.

PART 2

몰입을 이용한
커뮤니케이션의 법칙
Engagement

49 가지
커뮤니케이션의
법칙

IMC를 넘어
인게이지먼트의 시대로

■ 몰입의 법칙 ■

" 나재혁 씨는 스마트폰 열풍이 부는 와중에서도 스마트폰에 대해 심드렁했다. 전화와 문자만 잘되면 그뿐이지 뭐가 더 필요하냐는 게 그의 생각이었다. 특히 혁신의 아이콘이라 불리는 아이폰조차도 그저 예쁘기만 한 '어른들의 장난감' 정도로만 여겨졌다. 그러다 그의 생각이 완전히 뒤집히는 일이 일어났다. 아이폰만으로 영화를 찍는 프로젝트가 진행되었기 때문이다. 그는 반신반의하면서도 언론을 통해 그 과정을 흥미롭게 지켜보았다. 그리고 마침내 영화가 개봉되었을 때 나재혁 씨도 어느새 아이폰 마니아로 변해 있었다. "

광고 커뮤니케이션의 존재 목표는 바로 브랜드와 소비자 간의 공통 부분이나 공감 영역을 찾아내 제시함으로써 브랜드와 소비자를 연결하는 것이다. 그런데 최근 마케팅 현장을 살펴보면 광고 정보에 무관심한 똑똑한 소비자, 급변하는 매체 환경, 그리고 트렌드를 따라가기 벅찬 광고회사 등의 요인 때문에 기업이 좀처럼 원하는 광고 효과를 내기가 힘들다.

최근 《LA타임즈》와 《AdvertisingAge》 등 전문 매체들에서도 전통적인 광고의 종말을 경고하는 기사들이 심심찮게 등장하고 있다. 무엇이 문제이고 무엇이 변했는가? 무엇보다도 기술의 발달로 소비자는 그들이 보고 듣는 것을 그 어느 때보다 더 통제할 수 있게 된 점을 들 수 있다. 오늘날, 소비자는 소위 '방해받는' 아이디어에 시간을 뺏기고 싶어 하지 않는다. 오히려 그들은 멋지고 재미있는 아이디어(big populist ideas)에는 적극 참여하고 시간을 할애한다. 이제는 무엇을 어떻게 알릴 것인가가 중요한 게 아니라 무엇으로 어떻게 그들의 시간을 뺏을 것인가가 중요한 시대로 접어들고 있다.

인게이지먼트(Engagement)란 사람들이 함께하고 싶어 하는 재미있고 감동적인 아이디어의 창조·실행·관리를 위한 통합적인 마케팅 솔루션을 의미한다. 즉 인게이지먼트는 소비자와 브랜드가 상호작용하고, 즐겁게 관계 맺을 수 있는 마케팅이다. 이것은 다음의 2가지 전략을 통해 실현될 수 있다. 첫 번째는 소비자 접점(contact point)이다. 온미디어(on-media) 되어 있는 소비자를 어떤 장소와 시간을 통해서 만날 것인가를 결정하는 것이다. 두 번째는 소비자가 매력 있게 빠져들 만한 콘텐츠 즉, 우리 브랜드

가 녹아 있는 캠페인 테마를 준비하는 것이다. 결국, 인게이지먼트 전략
은 자사 브랜드 메시지의 수동적 노출에서 끝나는 전통적 IMC가 아니
라 자사 브랜드와 소비자 간의 능동적 관계 형성으로의 변화를 의미하
는 미래 지향적 커뮤니케이션 개념으로 볼 수 있다.

타깃에 맞는 접점(시부야 역)과 콘텐츠(키워드)의 구닷컴

2003년 12월 일본의 통신회사 NTT의 지식검색 사이트인 구닷컴(goo.
com)은 사이트 홍보를 위해 기발한 접점 마케팅을 기획했다. 일본의 젊은
이들이 가장 많이 모이는 시부야 역으로 1,000여 명의 지원자를 불러 모
은 뒤, 특별한 티셔츠를 입혀 시부야 역 일대를 돌아다니게 했다. 이 흰색
티셔츠의 앞면에는 검색 사이트에서 가장 많이 검색하는 주요 키워드를
적어 놓았으며, 뒷면에는 '최강→검색→Goo'라는 문구가 적혀 있었다.
그리고 지원자들은 각자가 가진 키워드가 의미하는 공간이나 행동을 하
면서 시부야 역 일대를 종일 돌아다녔다. 물론 이날 시부야 역 근처에 있
는 대형 전광판에서도 '검색'이라는 글자가 계속해서 나오고 있었다. 예
를 들면 '친구'라는 키워드를 적은 티셔츠를 입은 두 사람은 서로 나란히
손을 잡고 걸어 다녔고, '광학 섬유'라는 키워드를 가진 사람은 계속해서
뛰어다녔으며, 명품 매장 앞에서 서성거리는 사람의 티셔츠에는 '대출'이
라는 키워드가 적혀 있었다. 또 '주가(株價)'라는 키워드를 가진 사람은 에
스컬레이터를 타고 오르락내리락했으며, '조지 부시'와 '사담 후세인'이
라는 키워드를 가진 두 사람은 온종일 같이 붙어 다녔으며, '스시'를 붙인
지원자는 하루 내내 백화점 식당가 스시 매장 앞을 서성거렸다.

구닷컴의 시부야역 이벤트 전개 모습

이 특별한 이벤트는 전 일본의 매스컴을 통해 소개되었으며 많은 사람의 입을 통해 전달되었다. 결국 구닷컴(goo.com)의 이벤트 사례는 소비자 접점으로 구닷컴의 메인 타깃인 일본의 젊은 세대가 가장 많이 모이는 장소인 시부야 역을 선택했고, 다시 유효 접점별 메시지로 검색 사이트의 키워드를 사용함으로써 인게이지먼트 효과를 극대화할 수 있었다.

광고가 아닌 영화로 승부한 아이폰

구닷컴이 소비자 접점을 전략적으로 선택한 사례라면, 아이폰 프로젝트는 차원이 다른 콘텐츠를 개발한 사례로 볼 수 있다. 2010년 9월 〈KT 아이폰 필름 프로젝트〉는 '차이가 아닌 차원이 다른 스마트폰으로서의 아이폰4를 어떻게 보여줄 수 있을까?'라는 물음으로 시작되었다.

　세계적인 거장 박찬욱 감독과 그의 친동생인 미디어 아티스트 박찬경이 함께 이 프로젝트의 총감독을 맡았다. 먼저 캠페인을 알리기 위한 TV 광고가 제작되었다. 이 또한 아이폰4로 촬영되었다. 그 후 2010년 11월 10일 크랭크인하여 최고의 배우와 스태프 그리고 10대의 아이폰4을 투입해 2개월의 제작 기간을 거친 후 2011년 1월 10일 〈파란만장〉이 공개되었다. 한국의 메이저 언론과 외국 유수 언론에서는 이 독특한 광고를 앞다투어 보도했다. 그리고 이 소식은 유튜브와 SNS를 통해 전 세계로 퍼져 나갔다.

　2011년 1월 27일 마침내 CGV에서 세계 최초로 아이폰으로 찍은 영화가 실제로 개봉되었다. 사람들은 아이폰4를 이용한 새로운 시도에 놀라움을 금할 수 없었다. 그리고 이 영화는 2011년 2월 19일 베를린 국제 영화제 단편 부문 최고상인 황금곰상을 수상했고, 세계 최고의 광고제인 칸에서도 새롭고 독특한 광고로 상을 받았다. 또 부산 국제 광고제에서도 열렬한 환영을 받기도 했다. 하지만 〈파란만장〉의 진짜 기적은 단순히 새로운 시도의 영화라는 사실이 아니라, 놀라운 광고 효과를 만들어냈다는 것이다.

　이 영화의 도전부터 과정 그리고 놀라운 결과까지 이 모든 것이 지금까지 시도된 적이 없었던 새로운 광고 캠페인이었다. 박찬욱 감독은 "이제 누구든지 영화를 만들 수 있다는 거 그게 중요한 거죠"라고 말했다. 아이폰4로 영화를 찍는 노하우는 웹사이트, 블로그, 책, 강좌를 통해 대중에게 확산되었다. 처음으로 열린 스마트폰 영화제에는 한 달 동안

영화 〈파란만장〉 포스터

500여 편의 작품이 출품되었다. 또한, 전주 국제 영화제에서도 처음으로 〈JIFF 폰 필름 페스티벌〉을 열고 작품을 공모했다. 차원이 다른 아이폰4를 직접 체험할 수 있도록 한 KT의 이 독특한 광고 캠페인은 경쟁 제품과의 비교를 넘어 사회를 바꿀 힘을 보여준 놀랍고 참신한 시도였다.

또 다른 사례로는 미국 스포츠음료 게토레이(Gatorade)의 〈리플레이(Replay)〉 캠페인이 있다. 이 캠페인은 2009년부터 시작하여 시즌제로 운영했다. 게토레이는 미국 30대 남성의 70퍼센트가 운동량 부족이라는 설문 조사를 토대로 캠페인을 시작했다. 이 문제를 해결하기 위해 미국 남성들이 공감할 만한 스포츠 이벤트라는 콘텐츠를 통해 소비자와 브랜드 간 연결고리를 찾아냈다. 스포츠음료가 미국 남성들의 운동량과 상관관계가 깊다는 것을 재빨리 간파한 것이다. 이 캠페인 시즌 1의 주인공은 미국 동부 펜실베이니아의 이스튼 고교와 뉴저지의 필립스버그 고교였다. 이 두 학교는 풋볼 라이벌로 1905년부터 매년 추수감사절마다 경기를 치르는 전통의 맞수다. 게토레이는 1993년 두 학교가 정기 경기에서 7:7 무승부를 기록한 경기를 리플레이(Replay)하기로 했다. 이들은 재경기를 위해 그때 당시의 선수들과 치어리더들을 섭외했고,

49가지 커뮤니케이션의 법칙

IN 1993, TWO HIGH SCHOOL FOOTBALL TEAMS BATTLED TO A TIE. IN 2009, THE ORIGINAL PLAYERS RETURNED TO SETTLE THE SCORE.

게토레이 〈리플레이〉 캠페인에 참여한 선수들의 1993년과 2009년 얼굴 모습

프로 선수들의 코치를 지원했다. 이 캠페인은 미국인들에게 친근한 풋볼을 소재로 했기 때문에 많은 관심을 받을 수 있었고, 실제 재경기 티켓 1만 5,000장이 순식간에 매진되는 기록을 세웠다. 이 오프라인 캠페인은 SNS를 통해 확산되었으며, 폭스(FOX) TV를 통해 다큐멘터리 시리즈로 제작되었다. 이 경기를 통해 게토레이는 판매량이 63퍼센트 증가했다. 또한, 22만 5,000달러의 후원 비용을 투자해 341만 4,255달러의 미디어 노출 효과를 달성했다고 한다.

　마케팅 커뮤니케이션 전략은 과거에 단순히 그 수단들을 모아만 놓았던 마케팅 믹스(marketing mix) 수준에서 출발하여 마케팅 커뮤니케이션 수단들의 통일성과 일관성을 강조한 IMC 전략을 넘어서 이제는 소비자의 참여와 몰입을 강조하는 인게이지먼트의 시대로 접어들고 있다. 우리 기업의 마케팅 커뮤니케이션이 과연 얼마나 소비자의 참여와 몰입을 유도하고 있는가를 점검해보고 더욱 효과적인 인게이지먼트가 일어날 수 있도록 캠페인의 전체적인 전략과 구도를 짜야 할 것이다.

10

소비자와 함께 만들어가라

■ 공동 창조(co-creating)의 힘 ■

> 조현석 씨는 2013년 12월 31일 친구들과 강남역에서 만났다. 2012년 12월 31일 우연히 강남역을 지나다가 현대자동차가 준비한 브릴리언트 카운트다운과 콘서트를 보며 맞이한 새해의 감동을 또 한 번 느끼기 위해서였다. 2012년 추운 겨울날 야외에서 열린 발달장애 피아니스트 김민수 군의 연주회를 보며 남다르게 시작했던 2013년의 멋진 첫날을 기억하고 있었기에 이번에는 자신도 현대자동차에서 진행하는 이벤트에 직접 참여하여 누군가를 응원하기로 마음먹었다. 현대차의 브릴리언트 카운트다운과 함께 진행한 응원 이벤트는 발달장애 피아니스트 김남걸 군의 연주회와 화가 김태호 씨의 전시회였다. 조현석 씨는 이

들의 연주회와 전시회가 성공적으로 진행될 수 있도록 응원의 메시지를 작성했다. 그리고 12월 31일 친구들과 현대차의 브릴리언트 카운트다운 이벤트에 참여해서 현대차가 기획한 공연과 레이저쇼를 관람하면서 새해를 맞이했다. **"**

현대자동차의 소비자 참여형 새해 카운트다운 이벤트

2011년 1월 새로운 슬로건과 기업 브랜드 방향을 선포한 현대자동차는 소비자들에게 특별한 경험을 전달하기 위해 다양한 시도를 했다. 2011년 12월 시작된 브릴리언트 카운트다운도 그중 하나다. 새해는 보신각 타종과 함께 시작되는 것이 당연하게 느껴지던 한국에서 강남역에서의 카운트다운이라는 이벤트를 기획한 것이다. 보신각에서 유명 인사들이 타종하고 일반 시민은 그 광경을 관람하는 수동적인 방식과는 달리 현대차의 카운트다운은 시민의 참여를 이끌어낸다. 12월 초부터 강남역에 설치된 60개의 대형 위시볼을 통해 시민 스스로 참여하여 자신의 소원을 적게 하고 새해가 되면 이 위시볼을 하늘로 띄워 시민의 소원이 이루어지는 희망찬 새해가 되기를 기원한다.

12월 31일에는 카운트다운과 함께 공연과 이벤트 등이 진행되는데 특이한 점은 위시볼과 마찬가지로 소비자의 직접 참여가 이루어지는 것이다. 참여 결과에 따라 발달장애아 등 소외되었지만 재능 있는 예술가들의 공연이나 전시가 진행된다. 2013년에는 좋아하기(2리터), 응원하기(5리터), 공유하기(10리터) 중 하나를 선택해 응원의 메시지를 남기는 위시 리터 이벤트를 진행했다. 응원 메시지가 14만 리터 채워지면 예술가

현대자동차 브릴리언트 카운트다운

들이 대중들 앞에서 공연하거나 전시회를 개최할 수 있다. 2013년 역시 2012년에 이어 공연과 전시가 성공적으로 이루어져 현장에 있는 소비자들에게 잔잔한 감동을 주었다.

직접 참여하여 느끼는 긍정적 경험으로 브랜드 선호도 증대

인터넷이 생기기 이전에 소비자들은 길거리 행사나 우편으로 응모하는 이벤트에 참여하지 않으면 브랜드 마케팅 활동에 직접 참여하기 어려웠다. 사실 어떤 이벤트가 있는지 알 수조차 없었다. 하지만 인터넷이 발달하면서 소비자들은 더욱 편하게 온라인으로 브랜드의 활동들을 알고 공유할 수 있으며, 이벤트에도 더 쉽게 직접 참여할 수 있게 되었다.

이처럼 소비자들의 참여가 늘어나면서 많은 기업이 소비자에게 더 가까이 다가가고자 다양한 활동들을 기획하고 있다. 전통적인 소비자 참여 프로모션 활동인 경품 증정 이벤트나 콘테스트뿐만 아니라 더욱 적극적으로 소비자들에게 귀를 기울이며 그 목소리를 듣고 이를 제품에 반영하고자 하는 움직임들도 많아졌다. 예를 들면 스타벅스는 〈마이 스타벅스 아이디어〉라는 웹사이트를 개설하여 소비자들이 다양한 의견

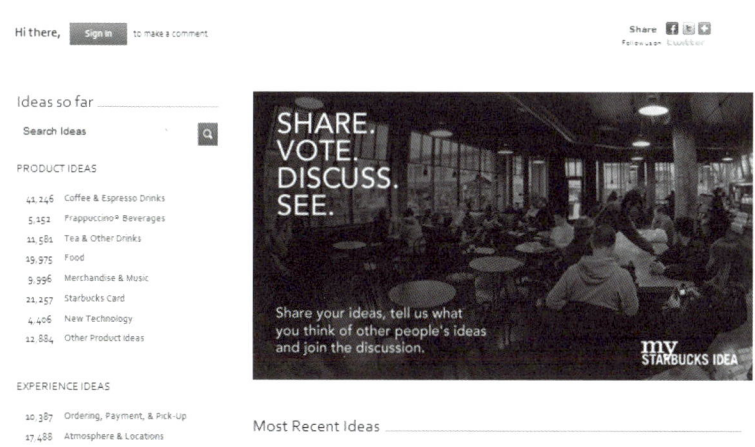

FAQ

My Starbucks Idea

GOT AN IDEA?   VIEW IDEAS   IDEAS IN ACTION

Hi there, Sign In to make a comment

Share
Follow us on Twitter

Ideas so far

Search Ideas

PRODUCT IDEAS

41,246 Coffee & Espresso Drinks
5,152 Frappuccino® Beverages
11,581 Tea & Other Drinks
19,975 Food
9,996 Merchandise & Music
21,257 Starbucks Card
4,406 New Technology
12,884 Other Product Ideas

EXPERIENCE IDEAS

10,387 Ordering, Payment, & Pick-Up
17,488 Atmosphere & Locations

SHARE.
VOTE.
DISCUSS.
SEE.

Share your ideas, tell us what
you think of other people's ideas
and join the discussion.

my STARBUCKS IDEA

Most Recent Ideas

스타벅스 아이디어 웹사이트
http://mystarbucksidea.force.com/

을 올리게 하고, 이를 소비자들이 서로 평가할 뿐 아니라 실행 가능성에 대해 댓글로 토론하게 했다. 그리고 그 결과 투표 수와 관심이 높았던 글은 관리자가 실행 가능성을 평가한 후 실제 실행에 옮기고 있다.

최근에는 소셜미디어의 등장으로 소비자들이 자발적으로 브랜드 활동에 참여하도록 하는 것이 더 쉬워졌다. 사진 공유 애플리케이션인 인스타그램의 사용자가 증가하고 소비자들이 음식 사진을 많이 찍어서 올린다는 것에서 인사이트를 얻어 소비자들이 찍은 사진으로 메뉴판을 구성하는 음식점이 생겼는가 하면, 렉서스는 동호회 회원 등 렉서스 팬을 초대하여 그들이 찍은 사진으로 광고를 만드는 이벤트를 마련하기도 했다.

이처럼 소비자들이 기업의 활동에 적극 참여해서 자신의 의견이 반영된 제품이나 서비스 등이 실제로 개발되어 시장에 나오거나 자신이 기업의 활동에 이바지했다는 생각이 들면 소비자들은 그만큼 브랜드에 대한 로열티가 높아질 수밖에 없다. 소비자들은 자신을 기업이 생산하는 서비스와 제품을 일방적으로 소비하는 존재가 아니라 브랜드를 함께 만들어가는 공동 창조자(co-creator)라고 생각하게 되기 때문이다.

최근에는 온라인 활동뿐만 아니라 오프라인에서도 직접 소비자들을 만나 소통하기 위한 다양한 참여 행사들이 기획되고 있다. 현대차의 브릴리언트 카운트다운처럼 개방된 공간에서 일반 시민이 자유롭게 참여할 수 있도록 하는 이벤트를 열 때도 있지만, 일정한 비용을 낸 소비자들의 참가 신청을 받는 행사도 있다. 예를 들면 나이키, 아디다스, 뉴발란스 등 스포츠 브랜드들은 매년 앞다투어 자체적으로 마라톤 행사를 진행하고 있다. 또한, 하이네켄은 〈센세이션〉이라는 음악 페스티벌을 후원하고 있다. 이 행사들은 적지 않은 비용을 내야 하는 이벤트임에도 매년 단시간에 매진될 정도로 큰 인기를 끌고 있다. 이런 이벤트에 참가한 소비자들은 같은 브랜드를 좋아하는 수많은 사람과 어울려 시간을 보내면서 브랜드의 철학과 지향점에 대해 직간접적으로 체험할 수 있으며, 궁극적으로는 브랜드에 대한 긍정적인 태도를 형성할 수 있다.

소비자 체험에 기초한 바이럴 영상은 높은 구전 효과를 유발

스마트폰이 전 세계적으로 확산되고, 언제 어디서나 소비자들이 정보를 접할 수 있게 됨에 따라 많은 기업이 바이럴 영상 제작에 관심을 기울이고 있다. 유튜브 사이트에 하루에도 수백 개의 영상이 올라오고 있는데, 그중 1만 건 이상의 조회 수를 기록하는 영상은 3퍼센트에 지나지 않는다고 한다. 최근 인기 있었던 바이럴 영상들을 살펴보면 데이비드 베컴처럼 유명 스타가 등장하여 팬들을 유인하는 영상들도 있지만, 〈몰래 카메라〉나 〈플래시몹〉처럼 소비자가 실제로 참여한 이벤트를 이용하여 제작한 영상들이 상당수를 차지함을 알 수 있다.

아무리 잘 만들어지고 품격이 높은 영상이라 하더라도 소비자들은 실제가 아닌 허구에 대해서는 크게 공감하지 못한다. 하지만 실제 자신과 같은 소비자들이 등장하여 특정 이벤트에 참여한 영상에는 더욱 쉽게 공감할 수 있고 확산도 더 쉽게 일어난다. 또한, 직접 체험한 사람들이 자신의 소셜미디어를 통해 확산시키는 정보량도 기업이 발신하는 매체량과는 비교할 수 없을 정도로 많다. 첨단 기술이 지배하는 시대에 가장 아날로그적인 이벤트가 주목을 받고 있는 이유는 바로 이것이다.

11

직접 가서
경험하게 하라

■ 체험의 법칙 ■

❝ 박경희 씨는 주말이면 가로수길을 아지트로 삼는다. 친구들과 맛있는 브런치를 먹고 거리를 돌아다니면서 예쁜 상점들을 구경하는 것이 어느새 주말의 일상이 되었다. 최근 가로수길에는 젊은 층을 타깃으로 한 팝업 스토어(pop-up store)를 쉽게 찾아볼 수 있는데, 주말마다 새로운 팝업 스토어를 방문해서 신상품을 체험해보기도 하고, 브랜드에 대한 새로운 경험을 하는 것 또한 그녀의 즐거움이 되었다. 2013년 그녀가 가로수길에서 가 본 팝업 스토어 중 가장 마음에 들었던 곳은 SK-II였다. 일본산 화장품의 방사능 이슈로 평소 좋아하던 SK-II 화장품을 사용하는 것이 왠지 꺼림칙했었는데, SK-II의 팝업 스토어를 방문하고 피부 테

2013년 2월부터 3월 말까지 49일간 가로수길에서는 SK-II 팝업 스토어가 문을 열었다. '피테라 에센스'의 효능을 홍보하기 위해 기획하여 〈피테라 하우스〉라는 이름을 붙인 이 팝업 스토어는 7주 동안 약 15,000명이 방문하는 성공을 거두었다. 이후 SK-II는 가로수길은 물론 삼청동과 부산에도 팝업 스토어를 열어 소비자들에게 직접 체험의 기회를 제공하고 소비자들과 소통의 기회를 만들었다.

SK-II 팝업 스토어는 피테라 에센스에 대한 정보는 물론 SK-II의 독자적인 피부 측정 장치를 이용한 무료 피부 테스트와 그 결과에 기초한 샘플 증정, 베스트 상품에 대한 체험과 가격 프로모션 등 다양한 주제로 구성되었다. 또한, 소비자들이 즐길 수 있는 콘서트와 이벤트, 편하게 쉴 수 있는 카페테리아 등의 공간을 구성함으로써 소비자들의 매장 내 체류 시간을 높였다.

SK-II 팝업 스토어
자료: SK-II 홈페이지

브랜드 직접 체험 공간, 플래그십 스토어와 팝업 스토어

2000년대 초 체험 마케팅이 확산되면서 오감으로 브랜드를 체험할 수 있는 브랜드 체험 공간을 플래그십 스토어(flagship store) 형태로 만드는 것이 유행했다. 이에 대한 벤치마킹 사례로 가장 많이 등장하는 곳이 뉴욕의 애플 스토어다. 애플 스토어에서는 소비자들이 애플의 다양한 제품들을 직접 체험해보고 구매할 수 있을 뿐만 아니라, 스토어 내에서 근무하는 지니어스를 통해 제품 수리와 문제 해결 등의 서비스도 받을 수 있다. 즉 단순히 제품 홍보와 판매를 위한 매장이 아니라 제품과 서비스 등 다양한 측면으로 브랜드를 체험하는 공간이다. 애플 스토어는 3개월 동안 1억 명 방문, 1인당 평균 45달러 소비라는 기록을 세웠으며 다른 플래그십 스토어와 비교하여 엄청난 매출 기록을 세웠다.

애플 스토어와 같은 플래그십 스토어는 기업이 높은 비용을 투자해서 한 장소에 매장을 만들고, 브랜드 전략에 기초하여 인테리어를 꾸미고 장기간 운영하기 때문에 입지 선정이 무엇보다도 중요하다. 소비자들이 쉽게 접근할 수 없어서 작정하고 찾아가야 하는 곳이라면 비용 대비 효과를 보기 어렵기 때문이다. 또한, 자주 매장 콘셉트나 인테리어를 바꿀 수 없으므로 유연성의 한계가 존재한다.

이런 한계를 극복하기 위해 최근 많이 활용되는 것이 팝업 스토어다. 팝업 스토어는 1999년 미국의 사업가 러스 밀러(Russ Miller)가 일본 도쿄 여행 중 사람들이 희귀한 한정판 상품을 사기 위해 길게 줄을 서 있는 것을 보고 아이디어를 얻어 시작되었다. 고정된 공간에 장기간 상점을 유지하는 것이 아니라 상품이 매진될 때까지만 문을 열고 다른 지역으로 이동하는 게릴라 스토어 콘셉트로 소매점과 전시장을 결합한 공간을 구성하기 시작한 것이다.

기업 브랜드가 시도한 최초의 팝업 스토어는 2002년 미국의 대형 소매 업체인 타깃(Target)이 뉴욕의 첼시 피어(Chelsea Pier)에 문을 연 타깃 보트(Target Boat)다. 타깃 보트는 부동산 가격이 엄청나게 비싼 맨해튼 시내에서 상점을 열 수 있는 공간을 확보할 수 없자 브랜드를 혁신적으로 알리기 위한 시도로 한시적으로 시작한 매장이다. 이곳은 소비자들에게 물에 떠 있는 상점에서 구매할 수 있는 특별한 경험을 제공했을 뿐만 아니라, 뉴스 미디어를 통한 PR과 소비자들 간의 버즈를 일으키며 큰 성공을 거두었다. 타깃은 이 성공에 힘입어 다양한 지역에서 다양한 콘셉트로 팝업 스토어를 기획하고 있다. 2012년에는 토론토에서 일일(One-Day) 팝업 스토어를 기획, 하루에 1,500명 이상 방문하는 성과를 거두었다. 또한. 2013년에는 뉴욕의 그랜드 센트럴 역에 대형 인형의 집(Doll house)을 제작하여 많은 소비자의 방문을 유도했으며, 소셜미디어를 통해 전 세계 소비자들에게 알려지기도 했다.

Target의 다양한 팝업 스토어
자료: 타깃 홈페이지(www.target.com / www.adweek.com)

최근 한국에서도 팝업 스토어 붐이 일고 있다. 가로수길이나 삼청동에는 팝업 스토어를 위해 공간을 대여하는 곳까지 생겨날 정도다. 쉽게 소비자들의 구매로 이어질 수 있는 화장품이나 의류, 가전제품 같은 브랜드뿐만 아니라 월 스트리트 저널(Wall Street Journal) 같은 미디어 브랜드, 상대적으로 직접 브랜드의 체험이 어려운 항공사까지도 팝업 스토어 열기에 동참하고 있다.

팝업 스토어는 플래그십 스토어에 비해 특정 타깃이나 체험시키고자 하는 브랜드의 콘셉트에 맞게 장소나 인테리어를 바꿀 수 있는 운영상의 유연성이 있으며, 공간 운영상의 고정 비용이 상대적으로 적게 든다는 장점이 있다. 또한, 한정 기간에 운영되기 때문에 소비자들의 방문하고 싶은 욕구를 자극할 수 있다. 하버드대의 마이클 노튼 교수는 그의 저서 『당신이 지갑을 열기 전에 알아야 할 것들』에서 "사람들은 어떤 것이 영원하지 않음을 알면 그것을 더 즐기려고 하는 경향이 있다"고 말했다. 언제나 같은 자리에 그대로 있는 플래그십 스토어보다 팝업 스토어에 사람들이 관심을 두게 되는 것도 이런 심리와 연관이 있다.

트렌디한 2030 세대의 소비자들을 잡기 위해서, 그들이 많이 방문하는 지역에서의 팝업 스토어를 여는 것은 기업들이 반드시 주목해야 할 커뮤니케이션 수단이 되고 있다.

즐거운 경험은 브랜드를 더 많은 사람에게 알리는 매개체

인터넷으로 정보를 탐색하고 온라인으로 쇼핑하는 것이 일반화된 요즘 이렇게 팝업 스토어나 플래그십 스토어 같은 오프라인 체험 공간이 인기를 끄는 것은 소비자들이 브랜드에 대해 다양하고 즐거운 체험을 할 수 있기 때문이다. 직접 제품을 만져보고, 시연해보고, 설명을 듣는 것은 오프라인 매장에서도 할 수 있는 행동이지만, 팝업 스토어에서는 기존 매장과 다른 콜래보레이션 전시회나 문화 행사, 이벤트 등 브랜드 전반에 대한 차별적인 체험을 제공한다. 소비자들이 참여할 수 있는 다양하고 새로운 프로그램을 통해 단순히 상품을 구매하는 경험이 아닌 브랜드를 즐길 기회를 갖게 하는 것이다.

이런 경험은 그 공간에 참여했던 개인들에게 브랜드에 대한 호감을 높일 수 있는 발판이 될 뿐만 아니라 다양한 체험을 하는 중에 생성한 콘텐츠 자체가 브랜드에 관한 이야깃거리가 되어 더 많은 사람에게 브랜드가 확산되는 계기를 만들기도 한다. 블로그나 페이스북에 올라오는 수많은 팝업 스토어 경험담과 그에 달린 댓글들이 팝업 스토어를 홍보하는 어떤 뉴스 기사보다 강력한 미디어가 되는 것이다.

12

집단 동조 의식을
자극하라

■ 소속의 욕구 ■

❝ 트렌드에 민감한 한영미 씨. 연초에 친구들과 모여 올해 함께 꼭 해야 할 일 1순위로 나이키 쉬런* 참가를 꼽았다. 평소 운동에 큰 관심이 없었던 한영미 씨는 2011년 우연히 대학 친구들이 페이스북에 올린 사진을 보고 나이키 우먼스 레이스의 존재를 알게 되었고, 주위 여러 사람이 참가 경험을 이야기하는 것을 듣게 되었다. 2012년 자신도 친구들과 함께 우먼스 레이스에 참여하려고 했으나 10분 만에 마감되는 바람에 실패하고 말았다. 뜨거운 열기에 놀란 한영미 씨는 2013년엔 반드시 참가하리라 결심하고 접수일 아침 일찍 나이키 매장으로 향해 드디어 참가 신청에 성공했다. 그리고 친구들과 7킬로미터를 완주하고 애프터 파

티까지 참여해 신 나게 놀다 들어오니 왜 그렇게 친구들이 나이키 레이스의 참가 경험에 대해 열을 올리며 이야기했는지 알 것 같다는 생각이 들었다. 그 후로 한영미 씨도 주위 친구들이 그랬던 것처럼 나이키 레이스의 열혈 홍보 대사가 되어버렸다. 2014년 올해도 꼭 참가하여 작년보다 좋은 기록도 세우고 친구들과 즐거운 시간을 보내고 싶다.(*나이키 쉬런은 2011년부터 진행해오던 나이키 우먼스 레이스의 새 이름으로 2013년부터 나이키 쉬런으로 불리고 있다.) 🔊

여성들을 타깃으로 한 마라톤 개최로 큰 사랑을 받는 나이키

2011년 2월 상파울로를 시작으로 11월 리우데자네이루까지 이어지는 글로벌 나이키 우먼스 레이스가 진행되었다. 그 과정 중 하나로 나이키 코리아에서도 같은 해 6월 나이키 우먼스 레이스를 개최했다. 20대 여성들만 참가할 수 있고, 저녁 6시 30분에 시작되는 이 대회는 참가 접수를 시작하자마자 서버가 다운되고 단 10분 이내에 마감되어 젊은 층 여성들의 엄청난 지지를 받는 이벤트로 자리매김했다. 2012년까지 이 행사는 20대만 참가 신청이 가능하여 20대 여성의 특권처럼 인식되었다. 하지만 2013년 참가 대상을 만 15세 이상의 여성으로 확장하여 더 많은 여성의 참여를 유도했다.

나이키는 단 한 번도 행사를 알리는 광고를 대대적으로 집행하지 않았다. 언론 매체와 온라인 등을 통해서 행사 일시와 방법을 공지했을 뿐이다. 그런데도 소비자들 스스로 미디어가 되어 일정과 참가 방법 등을 적극 전파하여 확실하게 인지도를 높였다. 또한, 행사가 끝나면 많은 참

나이키 우먼스 레이스 포스터

가자가 스스로 자신의 블로그나 페이스북 등에 행사 후기와 레이스 중 찍은 사진 등을 올리기 때문에 사후 홍보의 효과도 컸다. 기업이 직접 작성하거나 기업의 서포터즈들이 작성하는 글이 아니라 일반인들이 스스로 참가 경험을 공유한 이런 콘텐츠는 신뢰도가 매우 높았다. 이 행사는 적지 않은 참가비를 내는 이벤트임에도 소비자들이 열광하는 나이키의 자산으로 자리매김했다.

높은 소속감은 높은 브랜드 충성도로 연결

매슬로우(A. H. Maslow)는 인간의 기본적인 욕구를 다섯 단계로 나누었다. 이 다섯 개의 욕구는 생리적 욕구, 안전의 욕구, 소속의 욕구, 존경의 욕구, 자아실현의 욕구이다. 이 욕구들은 위계구조를 하고 있어 하위의 욕구가 충족되어야 상위 욕구로 넘어갈 수 있다고 보았다.

인간의 가장 기본적인 생리 욕구와 안전에 대한 욕구가 해소되면, 다른 사람들과 더불어 사는 사회적인 동물로서의 욕구를 충족하고 싶어진다. 즉 또래, 친구, 이웃 등 자신이 원하는 특정 집단에 귀속되고자 하는 소속의 욕구가 나타나기 시작한다. 이제는 전 연령대로 확산되었지만, 2012년까지의 나이키 우먼스 레이스는 20대 여성들을 하나의 커뮤

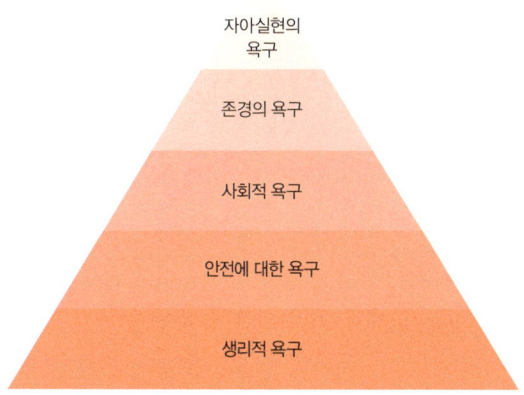

니티로 만들어 그 속에 소속되고자 하는 욕구를 자극했다. 운동을 좋아하는지 여부와 상관없이 20대 여성이라면 꼭 참가해야 할 이벤트로 포지셔닝한 것이다.

실제 광고나 마케팅에서 이런 소속의 욕구를 자극함으로써 구매를 유도하는 경우가 많다. 가장 많이 언급되는 사례가 할리 데이비슨이다. 할리 데이비슨을 가지고 있는 사람들은 HOG(Harley Owners Group)라는 커뮤니티에 소속되어 자발적으로 여러 가지 활동에 참여함으로써 끈끈한 소속감을 유지하고 있다. 한때 시장점유율에서 혼다에 밀렸던 할리 데이비슨이 현재 가장 충성도가 높은 브랜드로 자리매김하는 데 HOG도 큰 역할을 했다.

'Not normal'이라는 슬로건을 가진 미니(MINI) 역시 소유자들의 소속감이 높은 브랜드로 알려졌다. RFID 기술을 이용하여 미니가 지나가면

미니 유나이티드
자료: BMW 블로그

소유자에게 인사를 건네는 인터 랙티브 옥외 광고나 전 세계의 미니 소유자들을 위해 개최되는 문화 축제인 미니 유나이티드 같 은 행사는 미니 소유자들에게 '나는 일반 사람들과 다른 특별 한 사람'이라는 자부심을 느끼 게 하기에 충분하다. 실제로 미니 탄생 50주년을 기념해 영국에서 열린 미니 유나이티드에는 전 세계 40여 개국의 미니 소유자 2만 5,000명 이 상이 참여하여 그들만의 문화를 즐겼다.

이처럼 소속감이 높은 브랜드들은 브랜드 충성도 역시 높다. 그래서 많은 기업이 브랜드 커뮤니티를 만들어주고자 멤버십 서비스를 도입하 거나 소유자들을 위한 이벤트를 마련한다. 1990년대 SK 텔레콤에서 처 음으로 도입한 20대를 위한 멤버십 서비스 TTL이 대대적인 성공을 거둔 이후 국내 많은 기업이 특정 연령대를 타깃으로 한 멤버십 서비스를 개 발했다. 하지만 무분별하게 생산된 각종 커뮤니티는 소비자들의 소속 감을 강화시키기보다는 기업의 단순한 마케팅 활동으로 치부되어 외면 을 받았다. 그렇다면 고객들의 소속 욕구를 높이기 위해 기업이 해야 할 일은 무엇일까?

첫째, 소비자들이 특정 커뮤니티에 참여하도록 푸시하는 것보다는 소비자들이 스스로 찾아오고 활동에 적극 참여할 수 있게 만들어야 한 다. 앞서 언급한 HOG는 할리 데이비슨에서 조직한 커뮤니티지만, 현재는 소유자들이 자발적으로 참여하여 자체적으로 활동이 이루어지는 전 세계적인 커뮤니티로 성장했다.

둘째, 커뮤니티에 참가한 사람들이 동질감과 자부심을 느낄 수 있도록 해주어야 한다. 나이키 우먼스 레이스나 위런의 경우 참가자들이 나이키에서 제공하는 티셔츠를 입고 레이스에 참가하며, 참가 후에는 소정의 기념품과 함께 홈페이지에서 자신의 기록과 랭킹을 확인할 수 있게 해준다. 수많은 사람이 같은 옷을 입고 달리는 경험은 참가자들만이 느낄 수 있는 특권이며, 이런 경험이 매년 젊은 여성들이 나이키의 레이스에 참가하게 하는 원동력이 되고 있다.

소비자들 대부분은 기업이 하는 활동을 전폭적으로 신뢰하지 않는다. 기업이 선의로 커뮤니티를 만들어주었다 하더라도 고객들의 참여를 독려하고 소속감을 높이기 위해 앞장선다면, 소비자들은 한 발 뒤로 물러나서 그 활동의 진정성을 의심하게 될 것이다. 기업은 그저 소비자들이 자유롭게 브랜드를 이야기하고, 같은 브랜드를 사용한 경험이 있는 사람들끼리 모여 마음껏 놀 수 있는 장을 마련해주면 그것으로 족하다.

소비자가 주도하고
참여할수록 더 만족한다
■ 참여의 법칙 ■

" 황석진 씨는 페이스북에서 친구가 공유한 기사 하나를 읽었다.
에이즈와 HIV 바이러스에 관한 내용이었다. 그런데 더 흥미로운 사실은
이렇게 SNS를 통해 에이즈 관련 정보를 공유할 때마다 콘돔 하나씩이
공익 단체에 기부된다는 것이었다. 콘돔은 에이즈 예방과 관련이 깊다.
그래서 황석진 씨도 그 정보를 자신의 페이스북을 통해 공유했다. 세계
적인 콘돔 회사가 자신의 회사와 관련이 깊은 사회적 주제에 대해 소비
자의 참여를 이끌어내는 것이 신선하게 느껴졌고, 그 회사에 대해 깊은
호감을 갖게 되었다. **"**

과거의 마케팅은 소비자의 관심과 흥미를 유발해 구매로 연결시킴으로써 결국은 시장점유율을 높이는 것이 목표였다. 그러나 이제는 소비자의 참여와 몰입을 유도함으로써 결국은 소비자의 마음속에 우리 브랜드가 차지하는 비중인 고객점유율(Mind Share)을 높이는 것이 중요한 시대가 되었다. 다시 말해 기업이 마케팅 캠페인을 준비하여 일방적으로 소비자에게 전달하던 방식에서 소비자가 주도하고 심지어 소비자가 기획하고 이끌어가는 마케팅으로 변화하고 있다. 이에 따라 각종 마케팅 캠페인에서 소비자의 역할은 더는 수동적이고 소극적인 위치에 머물지 않고 주도적이고 능동적이며 쌍방향적인 입장으로 이동하고 있다.

사실 소비자 참여형 캠페인은 역사가 그리 오래되지는 않았다. 하지만 굳이 그 시초를 찾는다면 아마도 신문이나 잡지의 귀퉁이에 나와 있는 응모권을 오려서 추첨이나 경품 행사에 신청하던 것을 들 수 있을 것이다. 그런데 소비자 참여형 캠페인이 활성화되고 본격화된 것은 바로 인터넷과 디지털 기술의 발전 때문이었다. 내가 기억하기로 상업적인 성공을 이끈 최초의 소비자 참여형 캠페인은 바로 이효리가 등장한 애니콜의 〈애니모션〉 캠페인이었다. 이 캠페인은 TV 광고를 통해 소비자들이 인터넷 애니콜 사이트에서 풀 버전의 뮤직비디오를 감상하도록 함으로써 소비자가 캠페인에 능동적으로 참여하게 한 기념비적인 첫 시도였다. 이후 온라인과 디지털 환경의 발전으로 기업은 이제 공식적인 홈페이지 이외에도 블로그, 브랜드 커뮤니티, 소셜미디어 계정 등을 통해 소비자와의 다양한 관계 형성을 시도하고 있다. 제품 개발이나 광고 제작 등에 소비자를 참여시키거나 소비자의 아이디어를 활용하면서 궁극적으로는 소비자들 사이에 이런 브랜드 캠페인 내용이 알려지고 확산되는 것을 원하고 있는 것이다.

미국인의 자존심을 지키게 한 혼다의 〈프로젝트 드라이브 인〉

2013년 8월 미국에서 35밀리 필름 배급이 종료되면서 이 필름을 주로 사용하던 미국의 자동차 극장들이 문을 닫게 되었다. 이때 일본의 자동차 회사 혼다는 자동차 극장을 살리기 위한 캠페인으로 〈프로젝트 드라이브 인(Honda Project Drive-In)〉을 전개했다.

미국 자동차 문화에서 중요한 한 축을 담당하던 자동차 극장. 미국인들에게 자동차 극장은 가족·연인·친구들과 함께 영화를 봤던 추억 그 자체를 의미한다. 이런 추억이 사라지는 것을 막기 위하여 혼다는 자동차 극장을 살리기 위한 크라우드 펀딩 캠페인을 소셜미디어와 연계하여 진행했다.

캠페인 사이트에 미국 전역의 자동차 극장을 표시한 후 사용자들이 자신이 지지하고 살리고 싶은 극장을 투표하고, 트위터 및 페이스북으로 캠페인을 홍보하여 디지털 영상 장비를 지원할 최종 대상을 선정했다. 여기에 그치지 않고 사람들의 참여를 확대하기 위하여 크라우드 펀딩 사이트인 인디고에 자동차 극장을 살리기 위한 크라우드 펀딩 캠페인을 진행하여 약 5,000만 달러 이상의 기금을 모았다. 사람들은 단순히 자동차 극장을 지지하는 것에 그치는 것이 아니라 스스로 자신의 문화와 추억을 지키는 능동적인 행동에 나선다는 사실을 크라우드 펀딩으로 보여주었다.

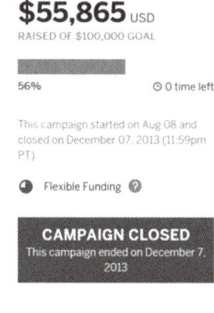

Project Drive-In: Save the Drive-In Fund

Honda Project Drive-In is a movement to preserve an American icon. Many drive-ins face closure without a $75,000+ upgrade to digital projection by Dec 31.

⊙ Santa Monica, California, United States   ⬜ Community

Story   Updates 4   Comments 121   Funders 1,309

$55,865 USD
RAISED OF $100,000 GOAL

56%   ⊙ 0 time left

This campaign started on Aug 08 and closed on December 07, 2013 (11:59pm PT).

● Flexible Funding ❓

CAMPAIGN CLOSED
This campaign ended on December 7, 2013

SELECT A PERK

혼다의 〈프로젝트 드라이브 인〉 캠페인과 기금 모금 장면

총 7주 동안 진행된 캠페인은 트위터에 6,200만 회의 노출과 함께 미디어에 6억 5,000번 이상 노출되었으며, 3만 개 이상의 블로그와 게시판을 통해 영상이 노출되어 100만 건이 넘는 유튜브 조회 수를 기록했다. 이 캠페인에서 또 한 가지 중요한 사실은 일본 브랜드 혼다가 미국의 자동차 문화와 미국인의 가치관과 생각을 정확하게 이해하고 공감하며 이를 캠페인으로 풀어냄으로써, 미국의 자동차들보다 더 미국적인 자동차 브랜드로 인식되는 계기를 만들 수 있었다는 점이다.

팝스타의 자서전을 내 손으로 풀어낸다, Decode Jay-Z

혼다의 사례가 공익적 사회 활동에 소비자를 참여시킨 경우라면,

Decode Jay-Z의 사례는 유명 스타의 행사에 소비자를 참여시킨 경우라 할 수 있다. 검색 엔진 사이트인 빙(Bing)이 주도한 이 캠페인은 유명 가수이자 비욘세의 남편인 Jay-Z의 자서전을 출간하는 론칭 행사에 젊은 타깃의 관심과 참여를 불러일으키고자 했다.

300페이지가 넘는 책의 각 페이지를 이용해 다양한 옥외 광고를 만들고, 책 출간 한 달 전부터 소비자들이 각 페이지가 게시되어 있는 옥외 광고를 빙의 맵(Map) 기능을 통해 검색하고 찾아내게 함으로써 책을 완성하게 했다. 매일 이 자서전의 한 페이지가 SNS, 라디오 등을 통해 공개

〈Decode Jay-Z〉 캠페인과 빙

되는데 그 위치는 오직 빙을 통해서만 볼 수 있기 때문에 소비자들은 빙에 의존할 수밖에 없었다. 또 다른 참여자들보다 빨리 찾아내기 위해서 마치 보물찾기 게임을 방불케 하는 경쟁을 벌였다. 실제 사진이 게시된 장소도 버스정류장, 힙합 거리에 주차된 자동차, 수영장 바닥과 그 옆 의자 시트 위, 햄버거 포장지, 패션 매장의 재킷 속 등 기상천외한 장소와 물건을 이용하여 소비자들을 놀라게 했다.

이 캠페인을 통해서 한 달 만

에 빙의 방문자 수는 11.7퍼센트나 증가했고, 처음으로 '가장 방문객 수가 많은 세계 10대 사이트(Global Most Visited Site Top 10)'에 진입했다고 하니 빙이 가장 원하는 효과를 거둔 셈이다. 결국, Decode Jay-Z 사례는 목표 타깃인 젊은 층이 가장 좋아하는 대상(Jay-Z)을 선택하고, 이 스타의 개인적 행사에 소비자들도 직접 참여하게 함으로써, 기업이 원하는 효과(빙 사이트의 방문자 수 증가)를 거둔 매우 성공적 사례라 할 수 있다.

스토리를 관객이 결정하는 영화, 〈Last Call〉

2010년 독일에서 선보인 〈Last Call〉이라는 공포 영화는 소비자가 영화의 스토리를 결정하는 극단적인 소비자 참여의 형태다. 관객이 그냥 의자에 앉아 수동적으로 영화만 보는 게 아니기 때문이다. 〈Last Call〉은 영화와 관객이 서로 반응하는 일종의 인터랙티브 호러 영화(Interactive Horror Film)였다.

내용은 이렇다. 주인공이 영화 장면 가운데 위기 상황에서 도움을 요청하는 전화를 건다. 주인공이 전화를 거는 순간 관객 중 한 사람의 전화벨이 울린다. 그리고 주인공은 관객에게 긴박한 상황 가운데서 도움을 구하며 관객에게 어떻게 해야 할지를 묻는다. 전화를 받은 관객은 "뛰어", "숨어", "위로 도망쳐" 등을 지시하게 된다. 그러면 주인공은 관객의 말을 그대로 따라 움직인다. 즉 전화를 받은 관객의 결정에 따라 영화 속 주인공이 큰 위험에서 벗어나거나, 아니면 더 큰 위험에 빠지거나 하는 상황이 벌어지는 것이다. 관객의 명령 한 마디가 영화의 다음 장면을 좌우하는 기상천외한 발상이었다.

⟨Last Call⟩ 영화 홍보물

이처럼 ⟨Last Call⟩은 관람객이 수동적으로 영화를 관람하는 것이 아니라 영화 속의 주인공과 대화를 하고, 관람객의 말에 따라 주인공의 행동과 스토리 전개가 달라지도록 함으로써 관람객들에게 재미, 스릴감, 공포감 등 다양한 감정들을 생생하게 체험하게 했고 결과적으로 관람객의 몰입도를 획기적으로 높일 수 있었다. 관객이 스토리를 풀어나가는 영화가 앞으로 또 얼마나 발전할지 상상이 가지 않는다.

이제 혼다와 같은 제조업이나 검색 사이트 빙이나 영화와 같은 서비스업을 불문하고 소비자가 참여하고 주도하는 형태의 캠페인이 소비자들로부터 더 많은 지지와 호응을 얻고 있다. 마케팅의 주도권이 기업에서 소비자로 넘어가고 있는 것이다. 이런 캠페인에서 기업의 역할은 소비자들이 더 참여하고 싶은 적절한 콘텐츠와 방법을 제시하는 일이다. 물론 캠페인의 결과가 기업이 예상하지 못한 방향으로 나아갈 위험도 있다. 하지만 기업이 캠페인을 통해 지속적이고 솔직하게 소비자와 소통한다면 소비자는 기업에 대해 더욱 우호적인 관계를 형성할 수 있을 것이다. 또한, 주도권이 소비자에게 있기 때문에 소비자는 그 결과에 더욱 만족한다는 점도 소비자 참여형 캠페인이 가지는 장점이라 하겠다.

14

경쟁과 보상으로 소비자를 몰입시키는 Gamification

■ 게임의 법칙 ■

> 조은희 씨는 예금을 들려고 은행에 갔다가 재미있는 상품을 추천받아서 가입했다. 이 적금은 스마트폰 게임과 연동되는데, 농장을 키우고 꾸미는 방식이었다. 이 게임에서는 예금액이 늘어날수록 농장에서 키우는 동물들의 숫자가 늘어나게 되어 있었다. 그리고 주변 사람을 소개하고 추천하면 농장의 나무가 자라나 농장이 더욱 풍성하게 되어 있었다. 재미도 있는데다 예금이 불어나는 모습을 흥미롭게 관찰할 수 있어서 저축하는 즐거움이 한층 더 늘어났다. 조은희 씨는 이렇게 일상을 게임으로 만들면 효과적이겠다는 생각이 들었다.

최근 인터넷, 소셜미디어, 모바일뿐만 아니라 경영, 의료, 교육 등의 분야에까지 폭넓게 게임화(Gamification) 기법이 사용되고 있다. 대표적 사례로 나이키의 〈NIKE+〉가 있다. 이것은 센서가 장착된 운동화를 신고 달리면 달린 거리나 소모된 칼로리를 자동으로 계산하여 아이폰이나 아이팟으로 전송하는 시스템이다. 그리고 아이폰이나 아이팟으로 〈NIKE+〉 홈페이지에 로그인하면 사용자의 운동 기록이 자동으로 업데이트되면서 운동량에 따라 사용자 등급이 구분된다. 결국 〈NIKE+〉는 커뮤니티에 가입한 다른 사람들과 운동량을 놓고 경쟁하는 일종의 게임인 셈이다.

게임의 원리는 인간의 본성과 너무 잘 맞아떨어진다. 사람들은 늘 거래하기를 원하며, 자신이 인정받기를 원하며, 경쟁에서 이기기를 원하며, 혹은 다른 사람들을 돕기를 원한다. 이런 맥락에서 게임화 기법은 최근 마케팅 분야에도 활발히 도입되고 있다. 그 이유는 단순하다. 게임은 결국 사람들에게 재미(Fun)를 제공함으로써 자연스럽게 구전이 일어나기

게임화(Gamification)

게임화(Gamification)는 게임(Game)과 접미사 '화(化, fication)'를 합친 신조어로 게임에서 흔히 볼 수 있는 재미, 보상, 경쟁 등의 요소를 다른 분야에 적용하는 기법이다. 게임화는 '사람들은 재미를 느끼면 어떠한 활동이든 기꺼이 한다'는 재미 이론을 핵심으로 삼고 있다. 재미를 즐기려는 것은 사람들의 원초적 본능인데, 사람들이 재미없어하거나 혹은 번거로워하는 일에 게임 요소를 도입해 더욱 즐겁게 할 수 있도록 유도하는 식이다.(네이버 지식백과)

때문이다. 실제 마케팅에서 게임 형식을 빌려오면 사람들이 다른 사람들과 관계 형성을 해야 할 이유가 생긴다. 또한, 게임은 경쟁이 핵심적인 속성이어서 마케터들에게 매우 유리한 환경을 제공할 수 있다. 사람들끼리 경쟁을 하고 있을 때, 어떤 브랜드가 보상을 제공하면 사람들은 이를 자랑하고 싶은 욕구가 생기기 때문이다. 마일리지와 같은 보상 프로그램(Reward Program)도 이런 유형의 하나다. 이를 통해 고객의 충성심과 몰입을 강화할 수 있다. 이미 코카콜라, 나이키, 스타벅스 등 글로벌 기업들은 게임화를 도입하여 상당한 효과를 보고 있다.

자동차 판매와 마케팅에 활발히 사용되고 있는 게임화

미니 컨트리맨(Mini Countryman)의 론칭 캠페인으로 진행된 〈게이트웨이 스톡홀름(Gateway Stockholm)〉은 버추얼 미니를 잡는 게임 앱을 통해 전개되었다. 이는 사실상 스톡홀름 도시 전체를 거대한 게임판으로 만들어버린 놀라운 효과를 거두었다. 스톡홀름 도심 한복판에서 일주일 동안 진행된 미니 술래잡기 게임은 앱상의 지도에 표시된 미니에 50미터 이내로 접근하면 미니를 잡을 수 있다. 또한, 다른 사람에게 뺏기지 않기 위해서는 계속 도망 다녀야 한다. 사람들은 버추얼 미니를 잡기 위해 밤낮을 가리지 않고 달리고 달렸으며, 심지어 버추얼 미니를 잡기 위해 헬리콥터를 타고 출동한 사람들도 있었다. 스톡홀름이라는 도시가 갑자기 게임판이 된 것이다. 결국, 게임 마지막 날에 버추얼 미니를 소유하고 있는 사람에게 실제로 미니 컨트리맨 한 대가 지급되었다. 이 대규모의 리얼리티 게임은 2011년 칸 국제 광고제에서 3개 부문을 석권하며 그 가치

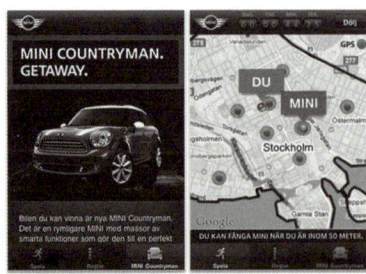

미니 컨트리맨의 게이트웨이 스톡홀름 앱

닛산의 친환경 자동차 '랜드 글라이더'가 제공하는
경쟁 에코 시스템

를 인정받았다.

닛산의 친환경 자동차에는 차내 에코 시스템으로 배기가스를 감소시키는 것에 대해 주변 사람들과 경쟁하는 시스템이 탑재되어 있다. 단순히 수치만 표시되는 것이 아니라 자신의 정보를 타인에게 보여주어 다른 사람들과 경쟁하도록 유도하며 소비자에게 '환경보호'라는 자긍심을 부여했다.

닛산의 친환경 자동차 '랜드 글라이더(Land Glider)'에는 에코 드라이브를 유도하는 시스템이 있는데, 이것은 여느 친환경 자동차와 차별된 기능은 아니다. 그런데 랜드 글라이더에는 이런 에코 시스템을 이용해 배기가스 배출 정도를 자기 주변 이웃들과 경쟁할 수 있게 하는 기능이 탑재돼 있어 실질적인 친환경 마케팅 효과를 내고 있다. 이 자동차를 선택한 소비자들에게 경쟁, 레벨 업, 보상(연료비 절감) 등 게임 요소를 제공하여 즐거운 운전 경험과 함께 환경보호라는 심리적 만족을 동시에 제공한 것이다. 결국, 이 시스템은 소비자들로 하여금 '친환경 자동차' 하면 닛산 랜드 글라이더를 연상할 수 있게 한 계기가 되었다.

어린이용 제품 판매에도 효과 만점인 게임화

게임화는 성인뿐만 아니라 어린이들에게도 상당한 효과가 있다. 2014년 3월 크라우드 펀딩 사이트인 〈인디고고〉에서는 양치질을 하면서 게임을 즐길 수 있는 어린이용 칫솔 '그러시(Grush)'에 대한 모집 광고가 나갔다. 그러시는 양치질을 싫어하는 아이들이 어떻게 하면 재밌게 양치질할 수 있을까 하는 고민에서 시작했다. 그리고 아이들이 좋아하는 게임을 이용하여 그 고민을 해결하고자 했다.

이 칫솔에는 모션 센서 기능이 내장돼 있어 스마트폰에 있는 전용 앱과 연동시키면 '칫솔을 움직여 몬스터를 물리치는' 게임을 할 수 있다. 그러시에 내장된 센서는 브러쉬가 치아의 어느 위치에 있는지, 또 문지를 때의 동작과 힘, 회전 등의 움직임을 모두 파악할 수 있다. 이 정보는 무선을 통해 전용 앱으로 전송되고 칫솔을 컨트롤러처럼 사용해 게임을 즐길 수 있다. 이 제품에는 스마트폰을 거울에 부착하는 스마트폰 홀더도 포함돼 있다. 그러시용 스마트폰 게임도 다양하다. 치아 틈새에 등장하는 몬스터를 브러쉬로 문질러 이기는 게임, 브러쉬를 이용해 오케스트라를 연주하는 게임, 1년에 걸쳐 기린을 기르는 게임 등이 있다.

부모용 앱도 있다. 이것은 아이가 제대로 칫솔질을 했는지를 알려준

그러시 이용 장면

다. 또한, 치과 의사들이 확인할 수 있도록 양치질에 대한 자세한 정보도 기록할 수 있다. 그러시는 어린이들이 가장 싫어하는 양치질을 게임의 원리를 이용해 재미있고 즐거운 순간으로 바꿈으로써 새로운 가치를 창출한 혁신적인 사례로 볼 수 있다.

최근에는 SNS 상에서도 게임 원리가 많이 적용되고 있다. SNS가 폭발적으로 성장하면서 이와 동시에 소셜 게임이나 게임 기반 서비스가 동반 성장하고 있다. SNS의 특성이 본질적으로 사람과 사람 간의 관계를 형성하는 것에 있기 때문에, 소셜 게임은 태생적으로 다른 게임 장르와 차별되는 장점을 가지고 있다. 따라서 게임 원리를 이용한 SNS 서비스들이 점점 활성화될 것으로 예상된다.

인간은 보상, 지위, 성취, 자기 표현, 경쟁, 이타주의 등의 심리적 욕구를 지닌다. 게임화는 이런 인간의 심리적 욕구를 충족시킬 수 있는 메커니즘들을 다양하게 제공함으로써 사용자가 몰입하게 하는 매력적인 커뮤니케이션 도구다. 앞으로 소비자의 몰입과 참여를 원하는 기업은 마케팅 캠페인에 게임 요소를 적용함으로써 소비자들이 더욱 즐겁고 능동적으로 참여하게 할 수 있을 것이다.

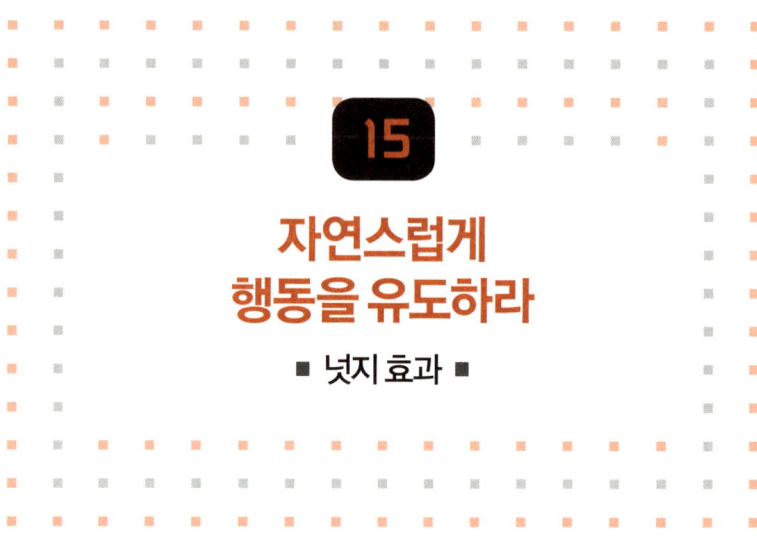

15

자연스럽게
행동을 유도하라

■ 넛지 효과 ■

❝ 브라질 리우데자네이루에 사는 송주희 씨. 2013년에도 리오 페스티벌(Rio Festival)에 참가하여 친구들과 술도 마시고 어울려 놀며 즐거운 시간을 보냈다. 그리고 집에 가려는데 친구 중 하나가 이벤트 스폰서인 앤타크티카(Antarctica) 맥주 캔을 지하철 출입구에 가져다 대면 공짜로 지하철을 탈 수 있는 이벤트가 있다고 했다. 그 말을 듣고 "마지막으로 한 캔 더!"를 외친 송주희 씨와 친구들은 다 마신 앤타크티카 맥주 캔으로 공짜 지하철을 이용했다. 그 후 송주희 씨는 마트에 가서 파란색 앤타크티카 맥주 캔을 볼 때마다 축제의 즐거웠던 기억이 떠올라 자신도 모르게 기분이 좋아지고 2014년 리오 페스티벌을 기다리게 되었다. ❞

강요하지 않고 자연스럽게 소비자들의 참여를 유도

브라질의 앤타크티카 맥주의 사례처럼 소비자들이 자연스럽게 어떠한 행동을 하게 만드는 것을 '넛지 효과(nudge effect)'라고 한다. 2009년 미국의 행동경제학자인 시카고 대학 리처드 탈러 교수와 하버드대 로스쿨의 캐스 선스타인 교수가 주창한 '넛지'는 '옆구리를 찌른다'는 의미로 강요하지 않고 타인의 선택을 유도하는 부드러운 개입이라는 개념이다. 행동경제학자인 리처드 탈러 교수는 경제의 주체인 사람들을 합리적이고 이성적인 판단을 한다고 보는 고전적인 경제학 이론과 달리 실제 인간의 행동을 연구하여 그들이 비합리적인 의사결정을 내리게 되는 심리에 초점을 맞추었다.

앤타크티카 맥주의 경우, 축제 기간에 높아지는 음주운전 사고율을 낮추기 위해 음주운전 방지 캠페인을 직접 전개할 수도 있다. 하지만 이런 전통적인 방식을 따르지 않고 맥주 캔을 지하철 티켓 대신 이용하게

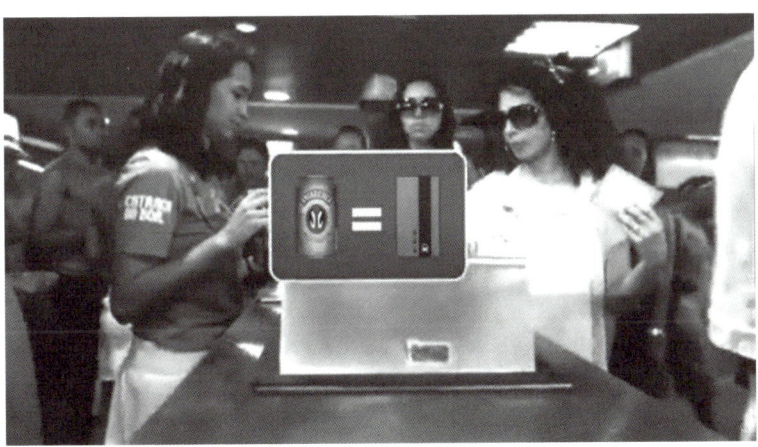

맥주 캔을 지하철 티켓으로 이용하게 한 앤타크티카 맥주

피아노 건반으로 바꾼 지하철역 계단과 funtheory.com

하는 방식으로 더 많은 소비자의 참여를 유도했으며 캠페인 효과를 높였다.

넛지 효과의 가장 대표적인 사례는 폭스바겐의 재미 이론(fun theory)이다. 2009년 10월 폭스바겐은 사람들이 에스컬레이터를 타지 않고 조금이라도 더 걷게 하려고 스웨덴 스톡홀름의 한 지하철역 계단을 피아노 건반으로 제작했다. 폭스바겐은 단 한 번도 사람들에게 계단을 이용하는 것이 건강에 좋다거나, 전기 소비를 줄여 지구 환경에 도움이 된다는 메시지를 직접 캠페인 하지 않았다. 하지만 사람들이 피아노 계단을 올라가는 재미를 느끼게 함으로써 계단 이용률이 과거 대비 60퍼센트 이상 증가하는 놀라운 효과를 거두었다.

이 이벤트에 대한 영상은 현재까지 2,000만 건 이상의 유튜브 조회 수

넛지 효과(Nudge Effect)

강요하지 않고 유연하게 개입하여 타인의 선택을 유도하는 방법으로 사람들이 스스로 변화할 수 있게 만드는 효과를 의미.

를 기록하며 전 세계 사람들에게 확산되었다. 이 피아노 계단은 서울, 인천 등 국내 지하철역에도 일부 적용되어 관심을 끌었다. 폭스바겐은 피아노 계단 이외에도 깊이 떨어지는 것 같은 소리가 나는 공중 쓰레기통을 제작하여 사람들이 길에 쓰레기를 버리는 비율을 감소시켰으며, 〈funtheory.com〉이라는 사이트를 개설하여 소비자들의 행동을 자연스럽게 바꿀 수 있는 재미있는 아이디어를 공모하기도 했다.

사람들은 대부분 누군가가 자신에게 어떠한 행동을 강요하면 심리적으로 반감을 품는다. 특히 자신과 특별히 관련이 없고 강한 애착이 형성되지 않은 브랜드들이 이런 태도로 소비자들에게 무엇인가를 가르치거나 훈계하려고 한다면 그들의 반감은 더욱 커질 것이며 그 브랜드를 외면하게 될 것이다. 하지만 넛지는 사람들의 행동 변화를 유도하면서도 소비자 스스로 의사결정을 내리고 행동하게 하기에 일종의 자유주의적 간섭(liberal paternalism)으로 인식되고 있다.

오늘날의 우리는 수도 없이 많은 광고 메시지를 보며 살아가고 있다. 첨단 기술의 발달로 인해 소비자들에게 광고 메시지를 전달하는 방법 또한 끊임없이 발전하고 있다. 등장한 지 몇 년 되지 않아 어느새 익숙한 옥외 광고 형식이 된 빌딩 프로젝션 매핑, 3D 기술이 접목된 광고, 그리고 소비자들과 상호작용하는 인터랙티브 광고 등 나날이 소비자들의 눈길을 잡기 위한 새로운 시도와 도전이 계속되고 있다. 하지만 이런 메시지들은 여전히 소비자에게 무엇인가 메시지를 전달하거나 브랜드를 알리고 긍정적인 이미지를 형성하기 위한 시도에 머물러 있다. 그래서 소비자들의 행동을 직접 변화시키거나, 브랜드에 대한 호감도를 높이기 어렵다.

기업들이 진행하고 있는 많은 CSR 활동들도 마찬가지다. 단순히 의무적인 책임 활동에 그치지 않고 진짜 세상을 더 좋고 풍요롭게 하기 위한 사회적 책임 활동으로 소비자들에게 다가가려면 넛지 효과를 이용하여 소비자들도 함께 참여할 수 있는 활동으로 기획하는 것이 바람직하다. 음주운전이나 환경보호 등에 대한 경각심을 일깨우기 위해 등장하는 공포 소구보다는 자연스럽게 활동에 동참하게 하는 것이 훨씬 더 브랜드 태도에 긍정적인 영향을 미치며 캠페인 효과 역시 극대화할 수 있기 때문이다.

앤타크티카 〈맥주 캔 티켓(The Beer Turnstile Antarctica)〉

2013년 칸 국제 광고제
프로모 & 액티베이션(Promo & Activation) 부문 동상

세계 최대의 페스티벌 중 하나로 일컬어지는 브라질의 리우데자네이루에서 열리는 리오 페스티벌을 후원하고 있는 브라질의 앤타크티카 맥주는 축제에 참가했던 시민들이 음주운전을 많이 하여 축제 후 음주운전 사고가 평균보다 50퍼센트 이상 증가한다는 사실에서 인사이트를 얻어 이를 해결하기 위한 프로모션을 기획했다. 즉 사람들이 축제에서 술을 마신 후 음주운전을 하는 대신 지하철을 이용하여 귀가할 수 있도록 유인하기 위해 맥주 캔을 지하철 출입구에서 스캔하면 무료로 지하철을 이용할 수 있게 한 것이다.

음주운전 방지라는 공익성이 높은 이벤트지만, 소비자들에게 맥주 캔으로 지하철을 이용하는 즐거움을 제공하는 동시에 자사의 맥주 판매량도 증가시키는 효과를 거두었다.

캠페인의 결과 시간당 1,000명이 이벤트에 참여했으며, 실제 음주운전자의 수가 40퍼센트 이상 감소하는 효과가 있었다. 수집된 캔들은 재활용 자선단체에 기부되었으며, 소비자들은 소셜미디어를 통해 캠페인을 전파했고, 많은 뉴스 미디어에서도 기업의 사회적 책임 활동(CSR)으로 이 이벤트를 소개했다.

16

소비자에게 먼저 호의를 베풀어라

■ 상호성의 법칙 ■

" 한국에서 포스퀘어와 트위터가 인기를 끌던 2011년, 김성희 씨는 인천공항에서 무심히 트위터를 남겼다가 신기한 경험을 했다. 갑자기 인천공항에서 진행 중인 케이스위스(K-Swiss) 게릴라 이벤트에 응모하라는 트윗을 받은 것이다. 이벤트 부스에서 사진을 찍어 보내면 케이스위스 샌들 두 켤레를 증정한다는 내용이었다. 김성희 씨는 신기한 마음에 이벤트에 참여했고, 곧바로 어디선가에서 나타난 케이스위스 직원들로부터 당첨 축하 인사를 받았다. 마침 맞는 사이즈가 없어 집으로 샌들을 배송받은 김성희 씨는 아직도 그 샌들을 볼 때마다 깜짝 선물의 감동이 떠오른다. "

깜짝 이벤트로 사람을 감동시키는 무작위적 선행

트렌드왓칭(trendwatching.com)이라는 트렌드 정보 업체에서는 2011년 트렌드 중 하나로 '무작위적 선행(R.A.K.: Random Act of Kindness)'을 꼽았다. 이것은 자사의 고객이나 특정 타깃뿐만 아니라 불특정 다수를 대상으로 무작위적으로 벌이는 선행이라는 의미다. 무작위적 선행은 잠재 고객들에게도 호소할 수 있다는 장점이 있을 뿐 아니라 이를 경험한 사람들이 자발적으로 정보를 확산시키고 긍정적인 이미지를 전파하는 브랜드 전도사가 될 수 있기 때문에 최근 많은 기업이 관심을 보이고 있다.

최근에는 페이스북이나 트위터 같은 소셜미디어가 확산되면서 기업들이 소비자들에 대한 정보를 더욱 쉽게 접할 수 있게 되었고, 그 결과 맞춤화된 선행을 제공할 수 있게 되었다. 2011년 이스라엘의 크리넥스는 페이스북 뉴스 피드에서 감기처럼 티슈가 필요한 순간을 언급한 글들을 검색하여 50명의 소비자를 찾아냈다. 그리고 그들과 친구 맺은 사람들을 통해 주소를 확인하여 크리넥스 키트를 보내주는 이벤트를 마련했다. 깜짝 선물을 받은 50명의 소비자는 모두 자신의 페이스북에 선물로 받은 크리넥스 키트 사진을 올렸으며, 이 사진은 소비자들 사이에서 빠르게 공유되었다.

무작위적 선행(R.A.K.: Random Act of Kindness)
불특정 다수를 대상으로 벌이는 무작위적인 선행으로 게릴라 이벤트나 몰래 카메라와 같은 형태로 진행하여 혜택을 제공하는 것이 일반적임.

웨스트제트 소원 들어주기 이벤트

이처럼 페이스북이나 트위터에 올린 글들을 검색하여 소비자들에게 깜짝 선물을 제공하는 이벤트는 항공사에서도 많이 활용했다. 네덜란드의 항공사 KLM은 체크인한 사람들을 대상으로 공항에서 서프라이즈 이벤트를 벌였다. 사람들의 트위터 프로필 사진과 그들이 과거에 올린 글을 참고하여 그들이 받으면 좋아할 만한 선물을 사서 깜짝 증정한 것이다.

2013년 말에는 캐나다의 저가 항공사 웨스트제트(Westjet)도 고객들에게 깜짝 선물을 제공하는 이벤트를 진행했다. 이들은 토론토공항에 설치된 부스에서 자신의 항공권을 스캔하고 스크린 속의 산타클로스에게 소원을 말하도록 유도했다. 그리고 탑승객들이 목적지인 해밀턴공항으로 이동하는 사이 고객들이 받고 싶다고 말했던 선물을 구매하여 수화물 찾는 곳에서 받을 수 있게 했다. 작은 장난감부터 대형 TV까지 자신이 말한 선물을 그대로 받을 수 있는 크리스마스의 기적을 경험하게 한 이 캠페인은 유튜브 영상 노출 1주일 만에 조회 수 1,000만 건을 기록할 정도로 전 세계적으로 빠르게 확산되었다.

혜택을 받으면 상대방도 그에 대해 보상하게 만드는 원리

많은 기업이 무료로 샘플을 주거나 마트에서 시식 행사를 진행하는 것은 단순히 제품 사용 경험을 제공하는 것 이상의 목적이 있다. 소비자들에게 빚진 감정을 유도하여 판매를 증진시키기 위한 의도다. 일반적으로 사람은 타인과의 관계에서 무엇인가 얻는 것이 있다면 그만큼 보상을 해주고 싶어 하기 때문이다. 로버트 치알드니는 그의 저서 『설득의 심리학』에서 이런 심리적 특성을 '상호성(reciprocity)의 법칙'으로 설명했다.

거리에서 무료로 나눠주는 샘플이나 시식은 소비자 스스로 기업이 제공하는 혜택을 받을 것인지 아닌지를 의식적으로 선택할 수 있는 프로모션 활동이다. 예를 들어 별로 좋아하지 않는 브랜드에서 이벤트를 진행한다면 소비자들은 의도적으로 외면할 수 있다. 반대로 때로는 긴 줄을 기다려서까지 브랜드 체험에 자발적으로 참여하기도 한다. 하지만 무작위적인 선행에 대해서는 소비자들이 자신이 이벤트에 참여할 것인가를 선택할 수 있는 권리가 없다. 그런데 이렇게 스스로 원하지 않은 경험을 하게 된 소비자들조차 제공 받은 값진 경험 때문에 빚진 감정이 생길 수 있다(Paese & Gilin, 2000).

따라서 소비자의 자발성과 상관없이 브랜드로부터 공짜 선물이나 이벤트를 받은 소비자들은 빚진 경험 때문에 그에 대한 보상으로 제품을 구매할 가능성이 높아진다. 마트에 가서 시식 후 계획하지 않았던 제품

상호성의 법칙(The norm of reciprocity)

상대방이 무엇인가를 제공하면 반드시 그에 대해 보상을 하게 되는 심리. 사람들은 다른 사람들에 대해 빚진 감정을 가지게 되면 유쾌하지 못하도록 어린 시절부터 조건화되어 있다.

을 구매하는 것도 이런 상호성의 원칙이 무의식적으로 작용했기 때문이다. 판매원이 조리한 요리를 하나 먹어봄으로써 소비자는 자신도 모르는 사이에 빚진 감정이 생기게 되고 이에 대한 보상으로 제품을 구매하게 되는 것이다.

마트에서의 시식은 단발적인 매출 향상을 유도할 수 있지만, 예상하지 못한 장소에서의 무작위적인 선행 경험은 더 장기적인 브랜드 로열티를 형성할 수 있게 한다. 자신에게 소중한 경험을 만들어준 브랜드에 대해 특별한 정서적 교감을 형성할 수 있기 때문이다. 그뿐만 아니라 자신의 페이스북이나 블로그 등을 통해 긍정적인 경험을 전파하는 브랜드 전도사의 역할을 하게 할 수 있기 때문에 기업의 입장에서는 훨씬 더 파급 효과가 크다고 할 수 있다. 최근 많은 기업이 소비자들에게 무작위적인 선행을 제공하는 각종 게릴라성 이벤트나 몰래 카메라 등을 진행하는 것도 같은 이유 때문이다.

마케팅 성과 측정 방법에 변화가 필요한 시점

물론 최근에는 아무런 보상 없이 혜택만 챙기는 '체리 피커(cherry picker)'라는 실속형 소비자가 증가하고 있다. 소비자들이 이제 기업들만큼 많은 정보를 가질 수 있게 되었고, 경기 불황으로 사람들의 소비 심리가 위축됨에 따라 상호성의 원칙에 어긋나는 행동들이 나타나기 시작했다. 체리 피커들은 기업이 제공하는 샘플, 쿠폰 등 각종 혜택을 마음껏 이용하기만 하고 필요에 따라 브랜드를 쉽게 전환하는 특징이 있기 때문에 많은 기업은 이런 체리 피커를 막기 위해 노력하고 있다.

하지만 소비자들 스스로 미디어가 될 수 있는 요즘 시대에는 이렇게 체리 피커를 제지하고, 기업이 제공하는 샘플과 같은 프로모션 혜택이 매출에 어느 정도 영향이 있는지 직접적으로 분석하여 마케팅 활동의 성과를 평가하기보다는, 이들이 브랜드 홍보에 어느 정도 기여할 수 있는지를 먼저 고려해야 한다. 예를 들자면, 프로모션 성격의 이벤트를 하더라도 그냥 단순 증정의 형식이 아니라 브랜드 홍보 활동에 참여하게 하는 것이 더 효과적일 수 있다. 최근 많은 기업이 페이스북 사이트에 '좋아요'를 클릭하거나 댓글 입력, 링크를 공유해야 이벤트에 참여할 수 있게 하는 이유도 혜택을 주는 대신 브랜드에 일정 부분 이바지하게 하려는 의지라고 할 수 있을 것이다.

소비자들은 자신이 원하는 것을 얻기 위해 한 번의 클릭이나 메시지 입력 정도의 보상은 해줄 수 있다고 생각할 가능성이 크다. 그래서 브랜드의 활동에 조금 더 많은 사람의 참여를 이끌어낼 수 있다. 이 경우 마케팅 활동의 성과는 매출이나 이벤트 참여 횟수 등의 직접적이고 정량적인 기준이 아닌 긍정적인 메시지의 버즈량과 같은 더욱 정성적인 측정 방식이 바람직할 것이다.

17

예상하지 못했던
즐거움을 제공하라

■ 의외성의 법칙 ■

❝ 미국에 사는 수잔은 MINI 매장을 방문했다가 색다른 경험을 했다. 차 내부를 살펴보고 있는데 갑자기 트렁크에서 퍼레이드에서나 볼 법한 곰 옷을 입은 사람이 나오더니 수잔 앞에서 음악에 맞춰 막춤을 추기 시작한 것이다. 황당하고 재미있는 경험에 깔깔대며 웃고 나니 곰은 사라졌고 매장 점원이 나와 시승 안내를 해주었다. 수잔은 원래 미니가 재미있는 브랜드라고 생각하고 있었지만, 막상 매장에서 이런 특이한 경험을 하고 나니 더 정감이 갔다. 그녀는 미니 자동차를 계약하기로 마음 먹었다. **❞**

MINI 매장 이벤트

몰래 카메라, 예상치 못한 이벤트가 주는 즐거움

1991년 국내 모 방송국에서 〈몰래 카메라〉라는 프로그램을 기획하여 시청자들에게 큰 인기를 끌었던 적이 있다. 그 프로그램을 보며 자란 중장년층의 많은 소비자는 아마 아직도 재미있었던 몇 가지 에피소드를 기억하고 있을 것이다. 우리에게는 방송 프로그램으로 익숙한 형식인 몰래 카메라가 최근 많은 기업의 바이럴 마케팅 활동으로 사용되고 있다.

맥도날드도 앞서 본 미니 사례와 비슷한 이벤트를 진행했다. 드라이브 스루(Drive Through) 매장에서 중세시대 여성, 우주인 등 다양한 엽기적인 복장을 한 점원들이 손님들을 응대하는 색다른 체험을 제공하여 고객들에게 큰 즐거움을 제공했다.

전 세계적으로 가장 널리 확산된 몰래 카메라는 아마 2009년 10월 하이네켄이 레알 마드리드와 AC 밀란의 챔피언스 리그 결승전에서 진행했던 것이라고 해도 과언이 아니다. 중요한 축구 경기를 꼭 보고 싶은 남성들에게 여자 친구, 지도교수 등 거절하기 어려운 상대가 클래식 콘서트에 가자고 요청하고, 마지못해 그곳에 간 남성들을 위해 스크린을 통해 경기를 중계하는 이 깜짝 이벤트는 이탈리아에서 단 하루 동안 진행되었지만, 유튜브 조회 수가 100만 건을 넘을 정도로 전 세계적으로 큰 인기를 끌었다. 이후 칼스버그와 코카콜라 등 많은 브랜드가 몰래 카메라를 위한 장소로 극장을 활용하고 있다.

얼마 전에 코카콜라는 영화 〈니드 포 스피드(Need for Speed)〉를 상영하는 코스타리카의 한 극장에서 몰래 카메라를 진행하여 극장을 찾은 관객들에게 즐거움을 제공했다. 특정 좌석 두 개를 없애고 이 좌석을 배정받은 사람을 스포츠카에 태워 실제로 스피드를 즐길 수 있게 해주었으며, 극장에 있는 관객들은 이 광경을 현장에서 스크린을 통해 볼 수 있게 했다. 이 이벤트 영상은 3주 동안 1만 6,000건 이상의 유튜브 조회 수를 기록했다.

의외성은 사람들의 관심을 끌게 하는 힘이 존재

2009년 국내에 번역 출간된 『스틱』이라는 책에서는 사람들의 관심을 끄는 방법 중 하나가 패턴을 파괴하는 것이라고 했다. 의외성(unexpectedness)으로 표현되는 이 개념은 사람들이 기존의 익숙한 것에는 새로움을 느낄 수 없기에 새로운 자극을 선호하며, 그것이 예측하지 못했던 것일 때 더 효과가 커진다는 의미이다.

익숙하게 방문하던 매장이나 극장 같은 장소에서 전혀 기대하지 않았던 사건이 벌어지는 것을 경험한 소비자는 그 장소를 지날 때마다 자신의 즐거운 경험을 떠올리게 된다. 그 경험이 소비자들에게 물질적인 혜택을 제공하지 않더라도 소비자들은 자신이 한 색다른 경험 자체로 감성적인 가치를 느낄 수 있다.

49가지 커뮤니케이션의 법칙

최근 유난히 이런 몰래 카메라를 이용한 바이럴 영상이 많이 등장하는 것은 현장에 있던 고객들에게 특별한 경험을 제공하는 것 이상으로 유튜브 등의 채널을 통한 확산 효과도 크기 때문이다. 비록 대규모의 이벤트에 비해 현장에서 경험하는 사람들의 숫자는 적지만, 연출된 상황에 속고 황당해하는 영상들은 소셜미디어를 통해 쉽게 확산될 수 있는 것이다.

2013년 초 펩시는 나스카(NASCAR)의 전설적인 드라이버 제프 고든이 중고차 손님으로 변장하여 자동차 세일즈맨을 옆자리에 태우고 시승을 하는 몰래 카메라 영상을 제작했다. 이것은 미국의 언룰리 미디어(Unruly Media)가 선정한 2013년 가장 많이 공유된 바이럴 광고(Most shared Ad) 7위에 올랐다. 실제 그 이벤트에서 몰래 카메라에 당했던 사람은 세일즈맨 한 명이었지만, 전 세계적으로 수많은 사람이 그 영상을 조회하고 공유한 것이다. 이 이벤트는 조작이라는 의혹이 제기되어 화제를 모으기도 했는데, 펩시는 이런 루머를 역이용하여 2014년 또 한 번의 몰래 카메라를 제작했다. 이번에는 바로 조작 문제를 제기한 자동차 칼럼니스트를 대상으로 하여 유쾌한 웃음을 준 것이다. 이 영상으로 2013년에 제작된 영상까지 다시 한 번 소비자들에게 공유되는 효과를 거두고 있다.

의외성의 여러 가지 유형과 캠페인 기획 시 고려 사항

소비자들의 관심을 끄는 의외성에는 여러 가지 유형이 있다. 첫째, 예상하지 못했던 잔잔한 감동을 주는 것이다. 2013년 칸 크리에이티비티 페스티벌에서 많은 상을 받았고, 언룰리 미디어가 선정한 가장 많이 공유된 바이럴 광고 1위를 차지한 도브의 〈리얼 뷰티 스케치〉 캠페인은 예상과 다른 결과를 보여줌으로써 소비자들의 감성을 자극했다.

둘째, 참가자들에게 상상을 초월하는 즐거움을 주는 것이다. 앞서 언급했던 하이네켄의 AC 밀란과 레알 마드리드의 경기 관람 몰래 카메라나 펩시 맥스가 NBA 스타 카일리 어빙을 변장시켜 길거리 농구에 참여시킨 엉클드류(Uncle Drew) 바이럴 영상이 대표적이다. 이것들은 보는 사람들에게도 즐거움을 주지만, 진실이 밝혀진 후 몰래 카메라에 참여했던 사람들이 느끼는 즐거움 또한 매우 크다.

셋째, 참여자들에게 짧은 순간이나마 공포감을 주는 것이다. 칼스버그가 해오고 있는 바이럴 영상은 대부분 이런 유형에 해당하는데 예를 들면 극장 내에서 공포감을 느끼게 한다거나 친구들에게 밤에 도움을 요청하는 영상 등이다. 보는 사람들은 참가한 사람들이 공포를 느끼는 광경을 즐겁게 볼 수 있지만, 직접 경험을 한 사람은 잠시나마 큰 공포감을 느꼈을 것이다. 최근 LG 전자에서도 이와 유사한 형태의 바이럴 영상들을 제작하고 있다.

이처럼 여러 유형의 의외성 중 어떠한 의외성으로 소비자들의 이목을 끌 것인가는 기업이 선택할 일이다. 하지만 아이디어를 실행에 옮길 때 반드시 기억해야 할 것이 있다. 첫째, 브랜드가 지향하는 바와 일치해야 한다. 소비자들의 기대를 초월하기 위해 기업이 원래 지향하는 바와 다른 캠페인을 기획한다면 단발적으로는 관심을 끌 수 있겠지만, 장기적으로는 효과가 없을 것이기 때문이다.

둘째, 가능하다면 참가자들에게 긍정적인 경험을 제공해야 한다. 물론 보는 사람들은 참가자가 느끼는 공포가 즐거울 수 있겠지만, 그 현장에 있던 사람들은 짧은 순간이었지만 자신이 느꼈던 공포감이 오래도록 기억에 남을 것이다. 그래서 그 브랜드에 대한 부정적인 연상을 형성할 수 있다. 심리학에는 능동적 망각(active forgetting)이라는 기제가 있는데, 이는 유쾌하지 못한 기억은 무의식적으로 잊으려고 하는 것을 의미한다. 어떤 브랜드도 소비자들에게 잊히는 브랜드가 되고 싶지는 않을 것이다. 그래서 될 수 있으면 즐거움을 주는 유쾌한 브랜드로 기억에 남도록 해야 할 것이다.

　셋째, 단순한 재미만을 추구하지 않고 제품 또는 서비스와 연관성이 있어야 한다. 소비자들은 유튜브, 소셜미디어 등 다양한 매체를 통해 수많은 영상을 접하기 때문에 적어도 소비자들이 어떤 브랜드의 영상이었는지를 기억하려면 영상 안에 제품 또는 서비스가 자연스럽게 녹아 있어 쉽게 기억될 수 있게 해야 할 것이다.

의외성 있는 캠페인 전개를 위해 고려해야 할 것

① 브랜드가 지향하는 바와 일치할 것
② 긍정적인 경험을 제공할 것
③ 제품 또는 서비스와의 연관성을 가질 것

바이럴이 소셜을 만났다, 일 났네

■ 소셜 마케팅의 법칙 ■

66 권지현 씨는 아이들에게 관심이 많았다. 특히 가난한 환경에서 어렵게 성장하고 있는 아이들에게 무엇인가 도움을 줄 수 있다면 좋겠다는 생각으로 기부와 봉사 활동을 열심히 하고 있다. 이런 권지현 씨에게 눈에 확 띄는 소셜 이벤트가 있었다. 한 대기업의 재단이 주관하는 행사인데 어려운 아이들의 소원이 미션으로 주어지고 사용자가 이 활동 내용에 댓글을 달거나 공유하면 그 소원이 이루어지는 형태였다. 대기업 단독으로 이 일을 한 후에 홍보하지 않고 소비자의 작은 참여를 모으는 방식이 진정성 있게 느껴졌기에 권지현 씨도 여기에 참여하기로 했다. 99

페이스북은 최근 가장 핫한 소셜미디어 중 하나다. 페이스북의 인기가 어느 정도인지를 가늠해볼 수 있는 사례가 하나 있다. 예를 들어 "I facebooked you"라는 문장이 있을 때 이것에는 2가지 의미가 있다. 우선 '내가 너를 페이스북 친구로 등록했어'라는 뜻이다. 페이스북 제품 용도에 따른 표현 방식이며 보편적으로 사용되는 형태다. 그런데 또 하나는 '내가 페이스북을 통해 너에게 개인 메시지를 보냈어'라는 뜻이다. 이는 매우 놀랄만한 현상이다. 왜냐하면, 어떠한 브랜드명도 이메일의 동의어로 사용된 적이 없기 때문이다. 물론 국가별로 조금씩 차이가 있지만, 소셜네트워크 서비스의 무한한 성장 가능성을 직접 보여주는 사례라 할 수 있다.

기업이 행하는 수많은 마케팅 가운데 소셜미디어 마케팅 혹은 소셜 마케팅이 최근 IMC의 핵심적인 요소가 되고 있다. 소셜 마케팅 프로그램들은 보통 콘텐츠를 생산하여 고객의 관심을 끌고, 참여한 고객들이 해당 콘텐츠를 자발적으로 자신의 소셜네트워크상에 확산시키기를 바라며 기획된다. 고객들 사이에서 스스로 전파되는 메시지는 진실성과 객관성 측면에서 기존 마케팅 메시지보다 훨씬 더 강력한 힘을 발휘하기 때문이다. 결국, 소셜 마케팅의 성공 열쇠는 적절하고 흥미 있는 고객 관심사의 제공, 제공되는 가치의 크기, 그리고 SNS 상의 튼튼한 관계 기반으로 요약해볼 수 있다. 이 메커니즘이 정상적으로 작동할 때 소셜 마케팅의 효과는 극대화된다.

진정성(콘텐츠)과 소셜(미디어)의 멋진 만남, 치폴레

미국의 최대 멕시코 음식 패스트푸드 체인 업체인 치폴레(chipotle)는 2008년 미국 대선 이후 주가가 400퍼센트 이상 상승할 만큼 급성장했다. 이런 고속 성장의 배경은 과연 무엇일까? 해답은 바로 치폴레의 가장 유명한 마케팅 캠페인인 〈농업 살리기(Cultivate Campaign)〉에 있다. 〈농업 살리기〉 캠페인의 핵심 성공 요인은 2가지다. 첫째는 훌륭하고 유익한 콘텐츠가 존재했고, 둘째는 이와 더불어 이 콘텐츠를 소비자에게 재미있고 친숙하게 전달할 수 있는 소셜미디어라는 마케팅 툴이 있었다.

치폴레는 'Back to the Start & Cultivate Campaign'이라는 테마를 내걸고 쾌적한 사육 환경과 재활용 등을 고려한 농·축산업, 즉 '지속 가능한 농업'과 '착한 목축업'을 해야 지속적인 먹거리 선순환을 이룰 수 있다는 취지의 캠페인을 기획했다. 이런 캠페인을 벌이게 된 배경은 다음과 같다.

치폴레 같은 레스토랑 업체들은 음식의 원료로 가축들로부터 나오는 고기를 사용하는데, 레스토랑 업체 간 경쟁이 심해지면서 가축을 되도록 싸고 대량으로 공급받기 위해 사육 방식을 점점 공장처럼 기계화함으로써 비인도적인 사육 방식이 통용되고 있었다. 치폴레는 이런 현실을 타개하기 위해 과감하게 가축의 사육 방식을 옛날 방식으로 되돌림으로써 업계 정화의 기치를 내걸었다. 즉 가축을 인위적인 방식이 아니라 자연 친화적인 환경에서 방목 형태로 사육함으로써 가축의 기본적인 권리를 보호하고 지속 가능한 농업 생태계를 복원하려 한 것이다.

치폴레는 이를 위해 재단을 만들고 이에 동참하는 소비자들을 함께 모아 캠페인을 추진했다. 〈농업 살리기〉 캠페인에 동참하는 소비자들을 과감하게 회사 내부로 끌어들임으로써 생산자와 소비자 간의 교감을 극대화하고 공생공사(共生共死)하는 공동체 관계를 형성한 것이다. 그리고 이 캠페인의 내용을 홍보하기 위해 소셜미디어를 통한 마케팅을 시행했다.

먼저 'Back to the Start'라는 주제로 애니메이션 숏 필름을 만들었는데, 내용은 앞에서 설명한 대로 농부들의 농장이 점점 산업적인 동물 공장으로 바뀌는 것에 직면한 농부가 자신이 실수하고 있음을 자각하고는 지속 가능한 미래를 위해 옛날에 동물을 키우던 전통적인 방식으로 돌아가는 과정을 보여준다. 내용 자체도 재미있고 교훈적이지만 이 숏 필름을 더 빛나게 한 것은 바로 BGM이었다. 콜드플레이의 「The Scientist」라는 유명한 곡을 윌리 넬슨이라는 가수가 리메이크해서 부름으로써 이 캠페인의 붐을 일으키는 데 성공할 수 있었다. 이 노래는 결국 미국 최고의 음악 시상식인 그래미 어워드에서 불림으로써 대중들의 큰 관심과 사랑을 받을 수 있었다. 그리고 이 필름은 일반 광고가 아니라 유튜브를 통해서 공개되었고, 이는 콜드플레이와 윌리 넬슨의 210만 페이스북 팬을 통해 알려지게 되었다. 또 54회 그래미 어워드에서 후보자로 약 4,000만의 뷰어들에게 공개되었다. 마케팅 비용을 얼마 들이지 않고도 엄청난 효과를 볼 수 있었던 것이다. 그리고 치폴레의 〈Back to the Start & Cultivate〉 캠페인은 마침내 2012년 칸 국제 광고제에서 필름 부문과 브랜디드 콘텐츠와 엔터테인먼트 부문에서 2관왕을 차지하기에 이른다.

한마디로 치폴레의 〈농업 살리기〉 캠페인은 소비자들에게 감동을 줄 수 있는 내용을 소비자들이 함께 참여하고 즐길 수 있는 소셜미디어를 통해 풀어냄으로써 가장 적은 비용으로 가장 큰 마케팅 효과를 창출한 기념비적인 캠페인으로 기록되었다.

치폴레는 최근 〈허수아비(The Scarecrow)〉라는 새로운 캠페인을 선보이며 전편의 감동과 재미를 이어가고 있다. 'Cultivate a better World'라는 치폴레의 기업 슬로건이자 캠페인 주제하에서 이번에는 뮤직비디오와 함께 게임을 적극 사용했다.

이것은 공장에서 고기나 식품을 만드는 게 너무나 당연해진 세상에서 나 홀로 농사를 짓고 건강하게 요리하는 것을 고집하는 허수아비의 스토리를 담고 있다. 그런데 이번 캠페인은 전과 달리 앱과 다큐멘터리까지 만들었다. 게임 내용은 허수아비가 도심 속을 헤치고 돌아다니며

치폴레의 〈농업 살리기〉 캠페인 전체 구조

자연으로 바꾸는 것인데, 앱스토어 어드벤처 게임 부문에서 다운로드 1위를 기록할 정도로 인기를 얻었다. 그리고 게임을 잘했을 때 치폴레에서 사용할 수 있는 쿠폰을 증정하는 프로모션까지 진행해 매출 효과도 얻었다.

다른 특별한 매체를 활용하지 않고 광고와 게임만 사용한 이 캠페인은 유튜브에서만 무려 1,250만 번이나 플레이됐으며, 게임은 65만 회나 다운로드됐다고 한다. 결국, 치폴레는 2014년 칸 국제 광고제에서 다시 한 번 사이버 부문 그랑프리를 수상함으로써 광고 효과와 명성까지 누리는 결과를 얻을 수 있었다.

최근 마케팅 실무자들의 고민은 한결같다. '페이스북을 어떻게 활용할 것인가?', '유튜브 동영상을 어떻게 만들 것인가?', 'SNS를 활용한 마케팅의 효과적인 ROI를 측정하는 방법은 무엇인가?' 등의 문제를 놓고 고심한다. 소셜 마케팅은 21세기 마케팅의 신조류로서 마케터들에게는 피할 수 없는 계륵과도 같은 존재가 되었다. 사용하자니 투자 대비 효과가 뚜렷하지 않고 부작용도 많은 것 같고, 또 사용 안 하자니 다른 기업들이 모두 하고 있어 우리만 빠지는 것 같아 불안하기 때문이다. 하지만

〈허수아비(The Scarecrow)〉 캠페인과 앱 장면

소셜 마케팅에 대한 단편적 이해와 적용은 자칫 기업에 큰 화를 미칠 수도 있다. 소셜 마케팅의 핵심 원리와 진행 과정 등을 충분히 이해하고 기업별 특성에 맞는 소셜 마케팅 전략을 펼침으로써 안전하면서도 효과적인 마케팅 캠페인을 실행하는 것이 중요하다.

소비자의 오감을
파고들어라

■ Touchy−Feely 법칙 ■

66 시내 골목에서 갈빗집을 막 시작한 하미선 씨는 매출 부진으로 고민이 많았다. 가게 앞을 지나는 사람은 많은데 골목이 비좁아서 사람들의 눈길을 끌지 못했다. 그래서 가게 앞을 흥미롭게 꾸며보았지만 별다른 효과가 없었다. 그러던 중에 '냄새가 사람들에게 효과적'이라는 신문 기사를 읽고 그것을 실행에 옮겨보기로 했다. 퇴근 시간에 맞추어 가게 입구에서 달콤한 양념갈비를 구워서 퍼뜨렸다. 결과는 대성공이었다. 하미선 씨는 사람의 후각을 자극하는 것이 마케팅에 큰 효과가 있다는 사실을 절감하게 되었다. 99

오감 마케팅은 전통적으로 마케팅의 대상이 되어왔던 시각과 청각 뿐만 아니라, 촉각·후각·미각을 포함하여 인간의 본능과 연결되는 모든 감각을 마케팅의 대상이자 수단으로 활용하는 마케팅이다. 사실 촉각·후각·미각은 시각과 청각과 비교할 때 훨씬 말초신경적이며 강력한 흡인력을 가지고 있다. 젊은 여성이 매력적인 남성을 유혹하기 위해 멋진 색깔과 디자인의 옷을 걸치고 화려한 화장을 하지만, 남성들이 결정적으로 성적 매력을 느끼는 것은 바로 향수를 통한 여성의 체취(體臭)라고 한다.

이성적 사고를 하는 인간도 본능 앞에서는 무기력한 존재가 아닐까? 또한, 광고와 미디어의 홍수 시대에 사는 현대의 소비자들에게 시각과 청각만으로 제품을 차별적으로 인식시키는 일은 더 이상은 쉽지 않다. 수많은 미디어를 통해 소개되는 수많은 광고 속의 제품 중에서 우리 제품을 차별화하기 위해 이제 오감 마케팅은 선택이 아닌 필수가 되고 있다.

나는 최근에 이런 현상을 'Touchy-Feely 법칙'이라고 소개한 바 있다. Touchy-Feely 법칙이란 말 그대로 이제는 소비자들이 만지고 느끼고 마시는 등의 직접적인 체험을 통해서 더욱 강한 애정과 구매 욕구를 가질 수 있음을 말한다. 고객의 체험을 마케팅의 중요한 대상으로 하는 체험 마케팅, 제품이나 매장에 대한 고객의 경험을 더 체계적으로 관리하려는 CEM(Customer Experience Management) 등이 떠오르는 이유는 바로 고객의 본능적 욕구를 충족해주어야 하는 시대적 트렌드가 있기 때문이다.

『메가트렌드(Megatrends)』의 저자 존 나이스비트는 IT 기술이 발달하면서 차가운 하이테크(Hi-Tech)는 따뜻한 감성을 느낄 수 있는 하이터치(High-

Touch)를 동반할 것으로 예측한 바 있다. 이제 기업들은 소비자들의 감성과 감각을 터치할 수 있는 제품과 서비스, 그리고 마케팅 커뮤니케이션에 더욱 신경을 써야 한다.

자동차 산업에서는 기술 발전만으로 자동차 성능에서의 차별화를 시도하는 것이 불가능해지자, 메이커들이 다양한 감각적 기능에 승부를 걸고 있다. BMW 같은 브랜드는 자기만의 폭발적 성능과 다이내믹함을 소비자들이 느끼게 하려고 독특한 엔진 소음과 딱딱한 승차감을 고수한다. 반면 일본의 도요타 같은 브랜드들은 편안한 승차감과 조용함을 최우선 가치로 정하고, 모든 기계 장치를 여기에 맞추고 있다. 이런 노력은 한마디로 자동차 메이커들이 하이테크(Hi-Tech)보다는 점점 더 하이터치(High-Touch)에 승부를 걸고 있음을 여실히 보여준다.

공감각 체험으로 제품의 차별적 특성을 인상적으로 전달

아르헨티나에서 판매되는 펩시의 감자 칩 브랜드인 레이즈(Lay's)의 캠페인은 자동판매기를 통해서 고객에게 진한 체험을 제공한 인상적인 공감각 사례다. 고객들은 매장에 설치된 레이즈 자판기에 동전이 아닌 실제 감자 한 개를 집어넣는다. 그러면 비디오 스크린을 통해 자판기 안에서 감자 칩이 제조되는 전 과정이 실제처럼 재현된다. 너무 정교하게 만들어진 디지털 애니메이션 영상이라 고객들이 실제인지 가짜인지 잘 분간하지 못할 정도다.

이 자판기를 제작한 이유는 고객 중 일부가 레이즈 포테이토 칩이 정말 100퍼센트 감자로만 만들어지고 다른 첨가물들은 없는가에 대한 의

레이즈의 제조 과정을 체험할 수 있는 자판기

구심을 제기했기 때문이다. 이에 대해 레이즈 포테이토칩은 100퍼센트 천연 감자와 채소 오일 그리고 소금만으로 제조된다는 사실을 고객들이 재미있는 체험을 통해 인지할 수 있도록 캠페인을 기획했다. 단순히 제품을 공짜로 나누어주는 방식이 아니라 제품을 구매하지 않고도 맛을 볼 수 있는 아이디어 샘플 마케팅을 전개함으로써 소비자들의 첫 사용을 유도하고, 반복 구매를 하게 만들었다. 감자 칩이 제조되는 과정을 흥미롭게 경험하게 하는 독특하고 강력한 브랜드·제품 경험을 통해 레이즈는 강력한 브랜드 이미지의 정착과 함께 매출 증대라는 부수입까지 얻을 수 있었다.

유니레버는 새로운 향을 선보이는 샤워젤 상품인 '럭스 바디 샤워(LUX Body Shower)'를 론칭하면서 고객들에게 잊지 못할 강력한 제품 체험을 제공했다. 싱가포르 내 주요 클럽과 체육관, 스파 내부의 샤워실에 제품을 비치해 두고 샤워를 시작하면 흰색의 샤워실 내부가 갑자기 샤워젤의 향기를 연상케 하는 꽃무늬로 가득 채워지도록 만들었다. 이와 함께 샤워실 벽에는 "Feel the Magic"이라는 카피가 노출되면서 새로운 향을

럭스 바디 샤워의 〈샤워실〉 캠페인 장면

선보이는 럭스 바디 샤워를 연상하도록 만들었다. 이 체험 마케팅은 샤워젤의 후각적 감각이라는 제품 속성을 강렬한 연상을 동원하는 극적 경험과 결부시켜 신제품 속성을 더욱 잘 인지하도록 했다는 점에서 매우 인상적이었으며 많은 소비자의 호응을 불러일으킬 수 있었다.

공감각 커뮤니케이션은 무형적 서비스를 체험으로 유형화

이런 흐름은 비단 제조업에만 국한되는 현상은 아니다. 여러분은 싱가포르항공을 이용해 본 적이 있는가? 동양적이고 이국적인 용모를 자랑하는 '싱가포르 걸'이라는 스튜어디스로 유명한 이 항공사는 국제 항공 시장에서 독특한 경영 전략과 서비스로 승승장구하고 있다. 그런데 이 항공사의 독특한 점 중 하나가 바로 기내에서 사용하는 독특한 향기다. 싱가포르항공을 찾는 고객들은 이 향기의 독특함에 매료되어 저도 모르게 싱가포르항공을 애용한다고 한다. 싱가포르항공은 후각 마케팅을 통해 자사의 아이덴티티를 타 항공사와 차별화하는 데 성공했다.

싱가포르의 온라인 뮤직 스토어 스타허브(Starhub)의 〈뮤직 피팅 룸 (Musical Fitting Room)〉 캠페인은 브랜드 체험 프로모션의 새로운 지평을 열었다는 평가를 받고 있다. 먼저 패션에 관심이 많은 고객이 자주 찾는 주요 패션 브랜드 매장과 제휴하여 피팅 룸에 RFID 기술을 이용하여 시설을 설치했다. 매장을 방문한 고객이 옷을 입어보기 위해 피팅 룸에 들어오면 사전에 설치된 RFID 리더기가 옷에 부착된 칩의 정보를 읽고 옷의 스타일에 맞는 음악을 스피커를 통해 흘러나오게 했다. 이와 동시에 고객의 휴대폰에 음악 사이트 문자 메시지를 전송해 음악에 대한 정보를 제공하고 다운로드 사이트로 자연스럽게 유입되도록 했다. 패션과 음악을 중요한 가치로 여기는 젊은 타깃 고객들의 라이프스타일을 주요 인사이트로 분석하여 만들어낸 캠페인이었다. 이 프로모션은 고객에게 어떤 행동도 요구하지 않고 그냥 옷을 입어보는 행동만으로 모든 과정이 진행되도록 하여 자연스럽게 고객들에게 브랜드를 홍보하고 선호도를 높일 수 있었다. 이를 통해 스타허브 온라인 뮤직 스토어는 음악 정보 문자 클릭 84퍼센트를 달성했고, 유료 음악 다운로드를 21퍼센트나 증가시키는 실질적 효과를 보았다. 또한, 이 프로모션은 2011년 칸 국제 광고제 4개 부문을 수상했고, 스파이크스 아시아(Spikes Asia) 광고제에서도 4개 부문을 수상하는 쾌거를 거두었다.

디즈니는 뉴욕 타임스퀘어에서 디즈니의 유명 캐릭터들을 만날 수 있

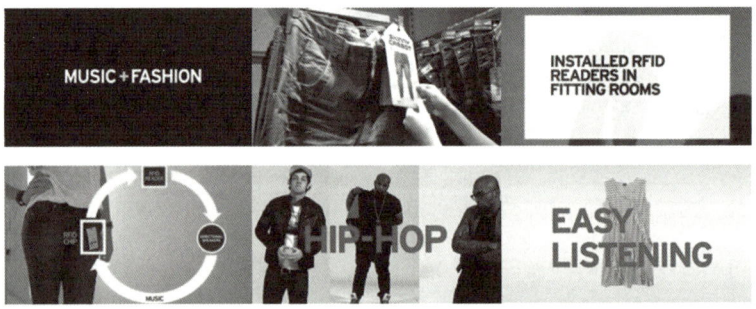

스타 허브의 〈뮤직 피팅 룸〉 캠페인

는 재미난 인터랙티브 체험을 제공하는 증강현실 프로모션을 시행했다. 사람들이 디지털 사인(Sign)이 위치한 자리에 서면 대형 스크린 속에서 유명 캐릭터들이 바로 자기 옆에 있는 듯한 느낌을 주는 체험이었다. 이 것은 타임스퀘어의 유동 인구가 매우 많은 속성을 잘 활용한 캠페인이 었다. 친근하고 인기 있는 캐릭터를 만나는 인터랙티브 체험을 통해 대 중적인 호응을 이끌어낼 수 있었다. 이 프로모션에 참여하거나 장면을 목격한 사람들은 한동안 못 가본 디즈니 파크를 가고 싶은 욕망이 일어 날 수도 있고, 최소한 디즈니의 유명 캐릭터들을 다시 한 번 떠올려보았 을 것이다. 이 프로모션은 증강현실 기법(AR: Augmented Reality)을 통해 크게 부담스럽지 않게 사람들에게 즐거움을 제공하면서 자사의 브랜드들을 회상시키고 각인시키는 모범적인 사례로 볼 수 있다.

앞으로 소비 시장에서는 '시각·청각+촉각·후각·미각'을 통한 총체 적 체험 제공이 중요해질 것이다. 따라서 기업들은 소비자의 감각을 총 체적으로 압박하는 'Full-Sensory Marketing'을 통한 'Full-Sensory Branding'을 적극 구사하여야 한다. 이런 오감 마케팅은 비단 오프라인

디즈니의 타임스퀘어 증강현실 프로모션

시장에 국한되지 않는다. 온라인 시장에서도 다양한 첨단 기술과 방법을 통해서 오감 마케팅을 활성화할 수 있다. 시각·청각·촉각·후각·미각을 이용한 'Touchy Feely' 법칙은 앞으로 소비자와 더욱 깊은 관계를 형성하려는 기업들의 핵심적 마케팅 도구로 활용될 것이다. 그리고 경쟁이 심화되고 상품 차별화가 힘든 산업에서 차별적 브랜딩을 위한 핵심적인 도구가 될 것이다.

PART 3

진정성을 이용한
커뮤니케이션의 법칙
Authenticity

49가지
커뮤니케이션의
법칙

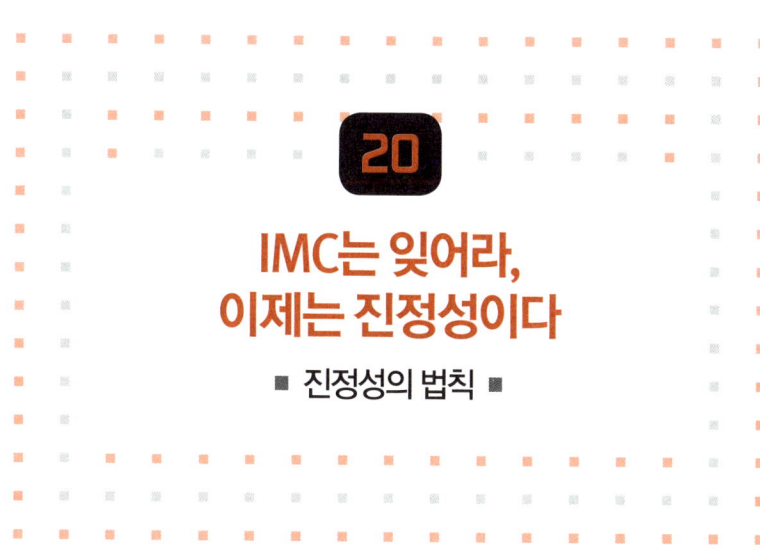

20

IMC는 잊어라,
이제는 진정성이다

■ 진정성의 법칙 ■

" 대학생인 황태성 씨는 한 기업이 주최하는 캠프에 참가했다. 친척의 소개라 어쩔 수 없이 나서긴 했지만 원래 그 회사를 별로 좋아하지 않는데다가 '기업에서 하는 일이 모두 장삿속이지, 뭐 별 게 있겠어'라는 편견을 떨칠 수 없었다. 하지만 실제는 달랐다. 캠프 중에 그 회사의 제품을 사라고 하거나 우리 기업이 멋지다는 이야기는 한마디도 나오지 않았다. 진행하는 직원들은 진심으로 정성스럽게 그를 대해주었다. 한국 대학생들의 미래에 대해 진정으로 걱정하고 격려하는 것으로 보였다. 황태성 씨는 그 회사를 달리 보게 되었다. "

마케팅의 핵심 키워드를 2개만 꼽으라고 한다면 나는 주저 없이 차별화와 포지셔닝을 선택할 것이다. 마케팅의 핵심 원리는 경쟁사와의 차별화를 통해서 자신만의 색깔인 포지션을 소비자에게 인식시키는 것이기 때문이다. 그런데 최근 이런 마케팅의 철칙에 금을 가게 하는 요인으로 새롭게 등장한 화두가 있다. 바로 진정성 마케팅, 진정성 커뮤니케이션이다.

차별화와 포지셔닝이 기업이 원하는 목표를 정해놓고 소비자가 그렇게 인식하도록 유도하는 것이라면, 진정성은 기업의 모습 그대로를 소비자에게 보여주는 것이라 할 수 있다. 문제는 소비자들이 포지셔닝보다 진정성(Authenticity)에 더 환호한다는 사실이다. 그동안 소비자들은 화려한 마케팅, 과장된 허위 광고, 과대 포장된 제품 등에 많이 속아왔기 때문이다. 이제는 소비자도 누가 과연 진정으로 고객을 생각하며 진정성을 가지고 고객을 대하는지에 대해 깊이 있게 고민하는 시대가 왔다.

최근 디지털 기술과 첨단 정보통신 기기의 발전, SNS의 확산 등은 이런 고민을 안고 있는 소비자에게 매우 우호적인 환경을 제공하고 있다. 2011년 《타임》은 21세기에 주목해야 할 단어로 '진정성'을 선정했다. LG경제연구원에서도 최근 주목해야 할 마케팅 키워드로 '진정성'을 발표한 바 있다. 진정성은 허위와 가식, 그리고 부정과 부패로 스트레스가 많은 현대 사회를 살아가는 소비자들에게 일종의 오아시스 같은 것일 수도 있다.

그럼 과연 진정성은 소비자를 감동시키고 우리가 원하는 마케팅 효과를 얻게 해주는 것일까? 몇 가지 최근 사례를 통해서 진정성 마케팅의 의미와 효과를 확인해보자.

국가적 경제 침체를 노래로 극복하고자 앞장선 포풀라르은행

세계적 경제 위기의 영향으로 침체된 사회 분위기에 빠져 있던 푸에르토리코에서는 포풀라르은행이 국민적 화합을 이루고자 감동의 노래 캠페인을 벌였다. 세계적 경제 위기는 서인도 제도에 있는 작은 섬나라 푸에르토리코에도 많은 영향을 미쳤다. 무려 국민의 60퍼센트가 정부의 보조금으로 생계를 이어갈 정도로 불안정한 상황에 이르렀다. 또한, 이런 정부의 보조금과 지원은 국민에게 일할 의지를 잃게 해 그들이 취업을 포기해버리는 악순환을 만들었다.

이런 상황에서 포풀라르은행은 푸에르토리코의 밝고 안정된 미래를 위해 침체된 사회 분위기를 바로 잡고 국민적 의식 개혁을 위한 캠페인을 실행했다. 포풀라르은행은 해결책으로 음악을 제시했다. 푸에르토리코의 유명 살사 그룹인 '엘 그란 콤보(El gran Combo)'와 함께 그들의 히트곡 「I Do nothing」을 개사하여 「The Most Popular Song」이라는 제목으로 새로 내놓았다. 원곡인 「I Do nothing」이 경제 위기에도 아무것도 하지 않는 게으른 생활을 대변했다면, 가사를 바꾼 「The Most Popular Song」은 부지런히 일하며 살아가는 삶에 대한 예찬이 담겨 있다.

개사 전

I wake up in the morning,

I take a bath and put some perfume on.

I eat a big breakfast and I do nothing else, nothing else.

It's so good to live like this, just eating and not working.

It's so good to live like this, just eating, and sleeping and not working.

개사 후

I wake up in the morning,

I leave home cleaned up and tidy,

ready to move forward,

and never backwards.

It's so good to live like this, always willing to work.

It's so good to live like this, moving forward, never backwards.

이 노래는 각종 미디어를 통해 널리 소개되면서 국민의 폭발적인 호응을 얻었다. 모두가 함께 부지런히 일하여 국가적 위기를 극복하자는 긍정적인 메시지에 많은 사람이 반응했다. 이 캠페인을 통해 삶의 소중함을 다시 깨닫고 새로운 희망과 의지가 생겨났다는 의견이 수없이 올라왔다. 이 음원은 각종 음악 차트에서 1위를 차지했으며, 콘서트에는 6만 명 이상의 관중이 몰리기도 했다.

「The Most Popular Song」 캠페인은 진행 주체인 포풀라르은행에 대한 긍정적인 인지도 상승효과를 가져왔다. 그러나 포풀라르은행의 캠페인은 단순히 기업의 이익만을 위해 기획된 캠페인이 아니었다는 점에서 더 큰 의미가 있다. 국가가 처한 위기와 문제를 국민에게 인지시키고 이를 함께 해결해 나가고자 한 포풀라르은행의 진정성이 담겼기 때문이다. 포풀라르 은행의 「The Most Popular Song」캠페인의 성공은 다른 기업과 단체들의 동참으로 전 국민이 화합하는 계기를 만들어냈으며 침체된 사회 분위기를 긍정적이고 활기차게 바꾸는 데 큰 역할을 했다. 이 캠페인은 기업의 사회적 활동의 성공 사례로 꼽히고 있으며, 이런 활동들이 기업에 긍정적인 영향을 미칠 뿐

푸에르토리코의 전설적 그룹 '엘 그란 콤보'와 개사한 「The Most Popular Song」

만 아니라 사회와 국가를 변화시킬 수 있다는 점에서 진정성의 힘을 확인시켜 준 캠페인이라 할 수 있다.

소수 청각 장애인을 위한 자동차 시트를 개발한 현대자동차

진정성 마케팅을 실천한 국내 기업의 대표적 사례로 현대자동차의

〈쏘나타 더 브릴리언트 사운드 프로젝트〉를 들 수 있다. 최근 현대자동차는 자동차의 기능이나 외형적인 사양을 강조하기보다는 따뜻한 감성이나 사람에 관한 광고를 많이 하고 있다. 〈터처블 뮤직 시트〉는 소리와 거리가 가장 먼 사람들까지도 소리와 함께 달릴 수 있다는 희망을 선사해준 감동적인 캠페인이었다.

음악을 들으며 운전하는 것이 누군가에게는 당연하지만, 청각 장애우들에게는 꿈도 꿀 수 없는 기적과 같은 일이다. 그러나 현대자동차는 고객을 바라보는 시야를 한 층 더 넓혀 사회적 약자까지도 고려하여 그들을 만족시키고자 노력했다.

서강대학교 영상대학원과 현대자동차가 함께 만들어낸 쏘나타 터처블 뮤직 시트는 상도동 삼성 농아원, 시립 서대문 농아인복지관, 수화까페 미미끄 등에 설치되어 청각 장애우들이 감동적인 체험을 할 수 있도록 했다. 또한, 현대자동차 페이스북에서 '좋아요' 클릭 수에 비례해서 전국 농아학교에 터처블 뮤직 시트가 설치된 브릴리언트관을 선물하게 함으로써 많은 사람의 참여를 불러일으켰다.

현대자동차에서 진행한 〈쏘나타 더 브릴리언트 사운드〉 프로젝트는 사회적 약자 계층에 대한 대중들의 관심을 불러 모으는 계기를 만들어냈고 그들에게 따뜻한 희망과 감동을 선사했다는 점에서 매우 의미 있는 작업이었다. 또한, 이런 진정성이 담긴 캠페인을 통해 현대자동차는 기존에 차갑고 딱딱한 기업 이미지를 탈피하고 사람을 더 생각하는 따뜻하고 섬세한 기업 이미지를 구축하는 성과도 얻을 수 있었다.

그 외에도 진정성을 바탕으로 한 마케팅을 펼치는 기업의 최근 사례

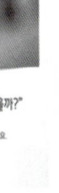

쏘나타 더 브릴리언트 사운드 프로젝트와 터처블 뮤직 시트

는 무수히 많다. 최근 제품의 기능적·감성적 차별화를 넘어 다양한 환경 활동과 사회 공헌 등으로 진정성 있는 기업 이미지를 창조함으로써 성공하는 기업들이 계속 나오고 있다. 특히 여성들의 아름다움을 책임지는 화장품 산업을 눈여겨볼 만하다. 키엘, 러시 등이 그 대표적 기업이다. 이들은 원재료, 프로모션, 디자인, 패키지 등의 모든 마케팅 요소에서 꾸미지 않고 솔직하고 일관된 전략을 고수함으로써 소비자들의 많은 사랑을 받고 있다.

한번 생각해보자. 이런 캠페인 사례들이 소비자들의 눈에 상업적 목적을 달성하고자 소비자의 눈과 마음을 속이는 비양심적인 활동으로 비치겠는가? 오히려 소비자들의 공감과 관심을 끌어낼 수 있었을 것이다. 자신들의 역할과 본분은 숨기지 않으면서 본업의 특성에 진심을 담아 호소했기 때문이다. 또한, 기업의 핵심적인 역량을 사회의 구조적 문제와 연계하면서 따뜻하고 인간적인 모습으로 풀어냈기 때문이다.

오늘날 소비자는 발달한 매체와 디지털 기술 등으로 상업적 마케팅에는 좀처럼 마음의 문을 열지 않는다. 하지만 감동과 인간미가 넘치는 진정성 있는 커뮤니케이션에는 그래도 공감하고 참여할 의지가 있다. 소비자들은 늘 진실, 진심에 목이 마르다. 사람을 대할 때 상대를 속이지 않고 진심으로 대하는 사람이 사랑받듯이 제품이나 브랜드도 마찬가지다. 진심에 목마른 소비자들의 마음에 귀를 기울여 그들이 진정으로 원하는 것에 초점을 맞추고 세심한 관심과 진정성으로 승부한다면 앞으로도 소비자의 마음을 충분히 사로잡을 수 있을 것이다.

21

타깃 소비자가
공감할 수 있게 하라

■ 공감의 법칙 ■

> 페이스북의 뉴스 피드를 보던 송연희 씨. 친구가 감동적이라며 링크를 올린 영상을 보고 가슴이 찡해지는 것을 느꼈다. 그녀가 본 영상은 바로 2013년 각종 국제 광고제를 휩쓴 도브의 〈리얼 뷰티 스케치스(Real Beauty Sketches)〉다. 여성이라면 누구나 공감할 만한 메시지의 바이럴 영상을 본 송연희 씨는 주위 사람들에게도 그 영상을 전파하기 시작했다. 그리고 샴푸가 필요해서 마트에 들렀을 때 진열대 위에 있는 수많은 브랜드 중 별다른 고민 없이 도브(Dove)를 카트에 담았다.

소비자 인사이트에서 시작된 도브 〈리얼 뷰티〉 캠페인

도브(Dove)는 2004년부터 〈리얼 뷰티(Real Beauty)〉 캠페인을 벌이고 있다. 이 캠페인은 아름다움은 겉으로 치장하고 꾸미는 것이 아니며 자연스러운 아름다움이 더 중요하다는 것을 주요 내용으로 한다. 도브는 2013년 4월 유튜브에 새로운 바이럴 영상을 올렸다. 많은 여성이 자신의 외모에 만족하지 못하고 있다는 것에 착안한 이 바이럴 영상은 여성들에게 '당신은 스스로 생각하는 것보다 훨씬 더 아름답다(You are more beautiful than you think)'라는 감성적인 메시지를 전달하여 많은 여성에게 잔잔한 감동을 선사했다.

도브가 이 캠페인을 시작하게 된 배경에는 매출 부진을 극복하기 위해 2004년 2월에 10개국 3,200명가량의 소비자를 대상으로 한 조사 결과가 자리 잡고 있다. 이 조사에서 여성의 10명 중 1명 정도가 기존의 광고에서 제시하는 미의 기준이 비현실적이라고 응답했다. 또한, 약 2퍼센트의 여성들만이 자신이 아름답다고 응답했다. 이 조사 결과를 본 도브는 미디어가 정한 미의 기준에 의해 자신의 외모를 판단하는 것이 아니라 자신이 가지고 있는 아름다움을 찾을 수 있게 하는 〈리얼 뷰티〉 캠페인을 시작하게 된 것이다.

도브는 젊고 아름다운 모델이 아닌 주름이 많은 할머니, 뚱뚱한 여성 등 일반인을 모델로 사용하여 그들의 자연스러운 아름다움을 보여주었다. 그리고 'The Dove Self-Esteem Fund'를 조성하여 소녀들에게 진정한 아름다움의 가치를 깨닫게 하는 프로그램을 후원했다. 그 결과 2003년 28만 개에 그쳤던 퍼밍 크림(Firming Cream) 판매량이 2004년에 약

600퍼센트 증가하는 결과를 가
져왔다. 이후 도브는 현재까지
도 꾸준히 〈리얼 뷰티〉 캠페인을
진행하며 소비자들에게 많은 사
랑을 받고 있다.

도브 〈리얼 뷰티〉 광고

사랑받는 브랜드가 되는 비결은 공감의 힘

유난히 오래도록 기억에 남는 광고가 있다. 빅스타가 등장하지도 않
고 특별히 재미있는 내용이 아닌데도 오랜 기간 소비자들에게 좋은 광
고로 기억에 남는 광고들을 살펴보면 소비자들의 공감을 유도하는 코
드가 있다는 공통점을 발견할 수 있다.

2009년에 방송되었지만, 아직도 많은 사람에게 좋은 광고로 평가받
는 대림산업 'e편한세상'의 〈진심이 짓는다〉 캠페인이 그 좋은 예이다. 이
캠페인은 광고에는 등장하지만 실제 그 아파트에 살지 않는 빅스타, 유
럽의 성 같지만 실제 우리가 사는 곳은 대한민국 등의 메시지로 경쟁 브
랜드들의 광고를 비꼰다. 그리고 겉으로 보이는 고급 이미지를 추구하기
보다 실제 사람들이 생활하기 편리하게 마음을 다해 짓는다는 메시지
를 전달함으로써 e편한세상의 브랜드 위상을 높였다. 사람들이 동경하
는 허상보다는 실용성에 입각한 진정한 주거 공간의 가치를 커뮤니케이
션함으로써 소비자들의 공감을 유도한 것이다.

2002년 노벨 경제학상을 받은 심리학자 다니엘 카네만은 인간은 똑
똑한 사람보다 공감을 잘하는 사람들을 더 선호한다고 주장했다. 카네

기멜론 공과대학의 연구 결과에서도 돈을 많이 번 사람들의 85퍼센트가 타인과의 소통이 뛰어나고 협상을 잘하는 사람들이며, 약 15퍼센트 정도만이 전문 지식으로 돈을 번 것으로 나타났다.

　이런 결과를 보면, 이성적인 관점에서 빈틈없이 완벽한 최고의 것보다 사람들과 교감할 수 있는 감성적인 코드를 가진 것이 사람들에게 더 오래 기억되고 사랑받음을 알 수 있다. 이런 감성적 코드가 바로 공감이다. 저명한 심리학자인 케임브리지 대학의 사이먼 배런코언 교수는 그의 저서 『공감 제로』에서 공감이란 "타인이 생각하거나 느끼는 것을 파악하고 그들의 사고와 기분에 적절한 감정으로 대응하는 능력"이라고 정의했다. 제품이 보내는 메시지에 소비자들이 공감하는 경우 커뮤니케이션의 효과와 효율성이 높아질 뿐만 아니라 브랜드 충성도가 높아져 소비자들에게 사랑받는 브랜드가 될 수 있다.

공감의 코드가 되는 소비자 인사이트

　커뮤니케이션에서 소비자들의 공감을 유도하기 위해 가장 필수적인 요소가 있다. 바로 소비자 인사이트에서 출발해야 한다는 것이다. 많은 기업은 신제품을 시장에 출시할 때 커뮤니케이션을 통해 자사 제품의 경쟁 우위를 알리고 싶어 한다. 최근 TV 속에 등장하는 수많은 신제품 광고들을 보면 카테고리에 상관없이 '세상에 없던' 것임을 강조하고 있다. 하지만 소비자들이 관심을 두는 것은 세상에 없던 새로운 것 그 자체가 아니라 그것이 나의 삶에 어떠한 영향을 미치는가 하는 것이다. 비록 그것이 과거에도 있었고 내 생활에 꼭 필요하지 않다고 하더라도 나의 마음을 읽고 나와 함께하는 브랜드라는 느낌이 들 때 소비자들은 그 브랜드에 눈을 돌린다. 광고를 보며 '저거 내 이야기인데?' 싶은 마음이 들 때 그 브랜드도 뇌리에 남을 수 있다.

소비자의 인사이트는 다양한 방법으로 찾을 수 있다. 설문지를 이용한 정량 조사는 물론, 소비자 좌담회나 심층 인터뷰 같은 정성 조사, 소비자의 가정에 방문하여 자연스럽게 제품 사용 상황을 확인하는 가정 방문 관찰 조사(home visit) 등이 대표적 방식이다.

앞서 사례에서 살펴본 도브의 〈리얼 뷰티〉 캠페인도 전 세계 3,000명 이상의 소비자 조사 결과에서 발견한 인사이트에서 출발한 것이었다. 일반적으로 조사 결과를 수치로 확인할 수 있기 때문에 커뮤니케이션 콘셉트를 수립하는 데에도 콘셉트 수용도 조사와 같은 정량 조사가 많이 활용되고 있다. 하지만 그 이면의 소비자 심리를 알아내고 그들이 귀를 기울일 만한 메시지를 개발할 때는 정량 조사만으로는 한계가 있다. 정성 조사와 같은 방법으로 직접 소비자들의 목소리를 듣는 것뿐만 아니라 이 시대의 사회·문화적인 트렌드까지 고려할 때 소비자 인사이트를 성공적으로 도출하여 쉽게 공감할 수 있는 캠페인을 만들어갈 수 있을 것이다.

도브 〈리얼 뷰티 스케치(Real Beauty Sketches)〉

2013년 칸 국제 광고제 인터그레이티드 & 티타늄(Integrated & Titanium)
부문 그랑프리 등 10여 개 상 수상

자신의 외모에 대해 만족하지 못하는 여성
들에게 자신의 외모에 대한 자신감과 자존
감을 높여주기 위한 프로모션.

자신이 설명하는 자신의 모습과 다른 사람
이 설명하는 자신의 모습을 FBI에서 몽타
주를 그리는 사람으로 하여금 각각 그리게
하고 이를 비교해봄으로써 여성들이 자신
이 생각하는 것보다 훨씬 더 아름답다는
것을 깨닫게 해주었다.

이 영상은 많은 사람의 공감을 불러일으키
며 유튜브에서 높은 조회 수를 기록했을
뿐만 아니라 SNS를 통해서도 빠른 속도
로 확산되었다.

You are more beautiful than you think.

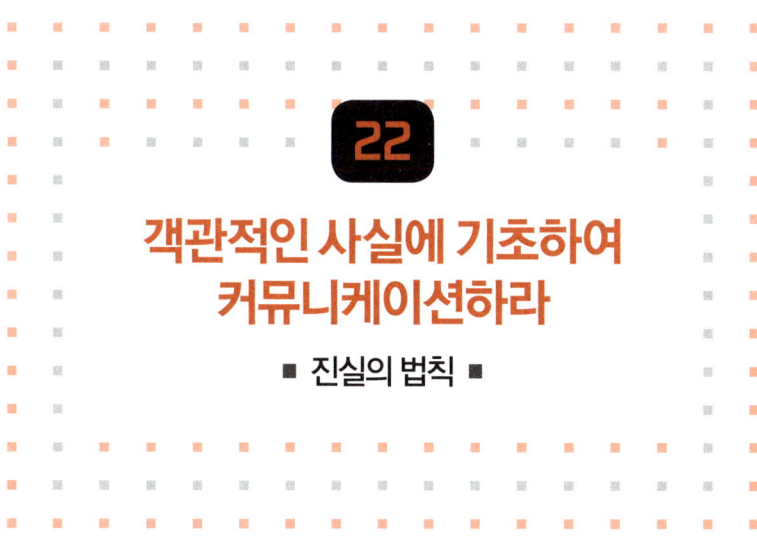

객관적인 사실에 기초하여 커뮤니케이션하라

■ 진실의 법칙 ■

> 중학생 딸을 둔 박수연 씨. 그녀는 그동안 정수기 물이 관리가 잘 되지 않을 것 같다는 생각에 생수를 구매해 마셨다. 하지만 주위에서 코 웨이 정수기는 관리를 잘해주니 믿을 만하고 편리해서 좋다는 추천을 받아 들여놓을까 고민하는 중이었다. 그러던 중 TV에서 우연히 코웨이 물 성장 프로젝트 광고를 보게 되었다. 평소 물은 잘 마시지 않고 음료수 만 찾는 자신의 딸 이야기 같아서 광고 내용에 고개를 끄덕이게 되었다. 코웨이가 자신의 아이와 같은 나이대 아이들의 건강까지 걱정해주는 기 업이라는 생각에 코웨이에 대해 친근감을 느끼게 되었고, 그동안의 고 민을 접고 바로 코웨이 대리점으로 전화를 걸었다.

데이터에 기초한 진실을 바탕으로 접근한 코웨이 정수기 캠페인

코웨이는 2013년부터 '아이들에게 깨끗한 물을 마시게 하자'는 슬로건과 함께 〈물 성장〉 프로젝트를 진행하고 있다. 이 프로젝트를 시작한 배경에는 국내 청소년들의 물 섭취량이 세계보건기구(WHO) 권장량의 1/3 정도밖에 되지 않는다는 사실이 있다. 아이들이 탄산음료나 주스가 아닌 물을 더 많이 섭취하도록 해서 하루 평균 권장량인 8잔을 마시게 하는 것이 이 프로젝트의 취지이자 핵심 내용이다.

이 프로젝트는 경기도 소재 한 중학교의 협력으로 실제로 6개월간 진행되었다. 먼저 학교 내에 코웨이 정수기를 설치하여 깨끗한 물을 더욱 쉽게 마실 수 있는 환경을 조성했다. 그리고 물 성장 교육과 의료 검사, 상담 등을 병행하여 학생들에게 물 섭취의 필요성을 인식시킴으로써 프로젝트에 적극 참여하게 하였다. 그 결과 6개월 후 참가한 학생들은

코웨이 물 성장 프로젝트

하루 8잔의 물을 마시는 습관이 형성되었으며, 체지방과 콜레스테롤 수치가 줄어들고 자신감이 높아지는 등 신체적·정신적인 변화가 나타났다.

코웨이는 실제 프로젝트에 참가한 학생들의 영상으로 광고를 제작해 방송하고, 블로그를 통해 프로젝트 진행 상황을 지속적으로 홍보할 뿐만 아니라 참

가 학생들을 격려하기 위한 뮤직 페스티벌을 개최하는 등 온라인과 오프라인에서 다양한 활동을 전개했다. 그 결과 이 캠페인은 2013년 대한민국광고대상에서 통합 미디어 부문 대상을 받았다.

코웨이는 2013년 캠페인의 성공에 이어 2014년에는 유치원생들에게 어린 시절부터 물 마시는 것을 습관화하기 위한 두 번째 물 성장 프로젝트인 〈물 쉼표〉 프로젝트를 시작했다. 〈물 쉼표〉 프로젝트 역시 유아 중 84.2퍼센트가 물 섭취 부족 상태라는 유아 음용 실태 조사에서 출발한 것이다. 코웨이의 이런 캠페인들은 코웨이 정수기 판매에 직접 이바지하지 않을 수 있지만 '생명을 책임지는 기술'을 슬로건으로 삼은 기업답게 올바른 물 습관 형성에 앞장서는 진정성 있는 기업으로서의 소비자 신뢰를 높일 수 있다.

소셜미디어 시대, 진실 왜곡은 브랜드 이미지에 치명타

요즘 커뮤니케이션에서 가장 많이 등장하는 화두가 진정성이다. 과거 기업이 소비자들보다 더 많은 정보를 가지고 있던 시기에는 기업이 소비자에게 허위 또는 과장된 정보를 제공한다 하더라도 소비자들이 진실을 밝히기 어려웠다. 또한, 진실을 밝힌다 하더라도 정보의 확산이 쉽지 않았다. 하지만 인터넷의 발달로 소비자들이 직접 정보를 탐색할 수 있게 되었고, 소셜미디어가 빠르게 성장함에 따라 소비자들 스스로 정보 생성과 확산의 주체가 되고 있다. 이제 정보의 주도권이 소비자에게 넘어갔다 해도 과언이 아니다.

이런 시대에는 소비자들에게 진솔하게 다가가는 것이 가장 중요하다. 2012년 9월 노키아는 새로 출시된 휴대전화 광고 영상을 조작한 것이 소비자들에게 발각되어 망신을 당했다. 광고에서 노키아의 휴대전화로 촬영한 사진이라고 소개했지만, 그것이 실제로는 다른 카메라로 촬영했음이 발각된 것이다. 빗발치는 소비자들의 비난과 부정적인 여론의 확산으로 노키아는 허위 광고 사실을 시인하고 소비자들에게 사과했지만, 소비자들의 부정적인 정서는 쉽게 해소되지 않았다. 몇 년 전 전 세계적으로 큰 파문을 일으킨 도요타의 리콜 사태 역시 소비자들에게 진실을 은폐하려 했다가 브랜드 이미지는 물론 매출에 치명적인 손실을 미쳤던 대표적인 사건이다.

과거에는 비교적 쉽게 허위 사실을 퍼뜨리거나 진실을 은폐할 수 있었다. 그러나 오늘날의 똑똑한 소비자들에게는 이런 커뮤니케이션이 통하지 않는 시대가 되었다.

사실에 기초한 스토리텔링이 커뮤니케이션 성공의 핵심

사람과 사람 간의 커뮤니케이션에도 진정성이 중요하듯 기업과 소비자 간의 커뮤니케이션에서도 진정성, 즉 진실한 메시지는 중요하다. 최근 커뮤니케이션의 화두로 진정성이 끊임없이 언급되고 있지만 커뮤니케이션상에서의 진정성은 실제 사실 또는 진심에 기초를 두기보다는 '진정성 있게' 보이기 위해 노력하는 것에 지나지 않는 경우가 많다. 하지만 객관적인 사실에 기초하여 현상을 진단하고, 문제점을 해결하기 위한 스토리텔링을 전개하는 경우 소비자들은 쉽게 메시지에 공감하고 설득당하게 된다.

탐스 슈즈는 만 10년도 되지 않는 짧은 역사에도 전 세계적으로 엄청난 매출을 기록하고 있는 회사다. 블레이크 마이코스키(Blake Mycoskie)가 아르헨티나로 휴가를 갔다가 그곳의 가난한 어린이들이 신발도 없이 맨발로 걸어 다니는 것을 보고 아르헨티나의 전통 신발을 현대적으로 재해석하여 제작하기 시작했고, 한 켤레를 사면 한 켤레를 기부한다는 스토리텔링으로 소비자들의 마음을 사로잡았다. 실제 아르헨티나 아이들의 현실, 그리고 아르헨티나의 전통 신발을 모티브로 한 디자인과 함께 아이들에게 신발 기부라는 메시지가 감성적으로 결합함으로써 탐스의 'One for One' 철학은 전 세계의 소비자들에게 감성적인 공감대를 심어 주게 된 것이다.

이처럼 사실에 기반을 둔 스토리텔링은 어떤 스토리보다도 감동적이며 큰 파장을 불러일으킬 수 있다. 특히 사회적인 현상이나 문제점에서 인사이트를 찾고 이를 해결하기 위한 메시지를 개발하여 스토리텔링하는 경우에는 단순히 제품 개발 철학이나 브랜드 지향 방향에 기초하여 스토리텔링하는 것보다 훨씬 더 소비자들에게 가까이 다가갈 수 있다. 근본적으로 이윤을 추구하고자 하는 기업의 목표를 겉으로 드러

탐스의 One for One 철학

내기보다 사회를 구성하는 기업 시민으로서 사회적 책임을 다하는 정신을 소비자들에게 호소함으로써 자연스럽게 매출과 연결할 수 있기 때문이다.

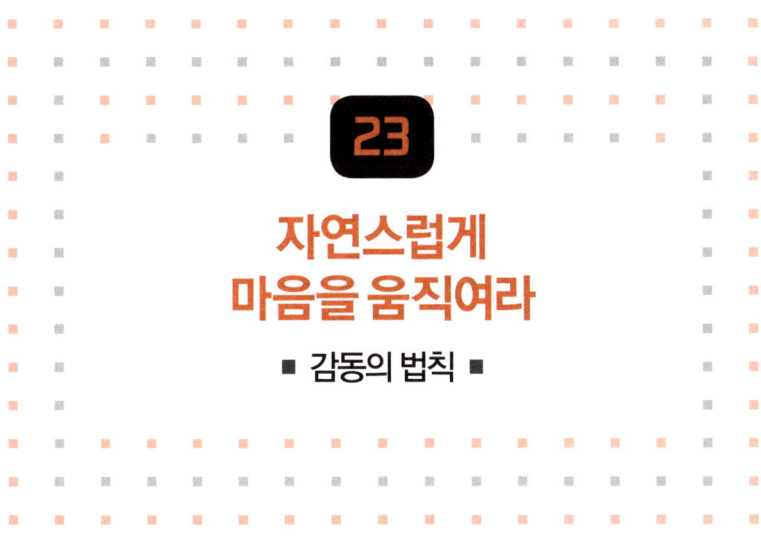

23

자연스럽게
마음을 움직여라

■ 감동의 법칙 ■

> 2014년 동계 올림픽 기간 중 포털 사이트에서 경기 결과를 보던 성연희 씨는 포털 사이트에 뜬 〈땡큐맘〉 배너를 우연히 클릭했다가 모태범 선수 어머니의 인터뷰 영상을 보았다. 선수 뒷바라지로 고생한 어머니가 올림픽이라는 큰 경기를 앞두고 아들을 믿고 지켜보는 마음, 그리고 그런 어머니를 위해 각오를 다지는 모태범 선수의 영상을 보고 있으니 가슴이 먹먹해지는 느낌이 들었다. 그녀는 자신의 어머니에게 전화를 걸었다. 바쁘다는 핑계로 어머니와 자주 연락하지 못했던 성연희 씨는 오랜만에 어머니의 목소리를 들으니 든든하면서도 애잔한 마음이 들었다. 평소 온라인 이벤트 참여를 싫어하는 성연희 씨지만 전화를 끊고

올림픽 출전 선수의 엄마에게 헌정하는 P&G 캠페인

2010년 밴쿠버 동계 올림픽에서 P&G는 미국 국가대표팀을 후원하며 국가대표 선수가 아닌 선수의 엄마들에게 초점을 맞춰 그들의 노고와 헌신을 치하하고 이들에게 감사하는 캠페인을 전개하기 시작했다. P&G에서 생산하는 제품을 구매하는 사람들이 대부분 주부인 것을 고려하여 그들의 공감대를 자극하고자 한 것이다. 이 캠페인은 잔잔한 감동을 일으키며 좋은 성과를 거두었다. P&G는 이 캠페인을 단발성 이벤트로 끝내지 않았다. 2012년 런던 하계 올림픽과 2014년 소치 동계 올림픽까지 장기적인 전략하에 일관성 있게 실행했다. 또한, 2010년 미국 국가대표팀 후원에 한정하여 진행했던 것에서 벗어나 2012년부터는 글로벌 캠페인으로 확장시켜 전개하고 있다.

P&G는 2010년 이후 올림픽마다 전 세계 여러 국가의 선수들과 엄마를 선발, 올림픽 게임 시작 이전에 엄마들의 헌신을 소재로 한 헌정 필름을 제작하고, 이들의 인터뷰 영상을 유튜브와 페이스북에 차례대로 공개하는 마케팅 활동을 전개했다. 또한, 가족들이 올림픽이 열리는 곳에 와서 함께 지내며 응원할 수 있도록 'Home-Away-From-Home' 콘셉트의 선수와 선수 가족들을 위한 공간(Family Home)을 제공했다. 이 공간 내에는 다양한 P&G 제품들을 배치해 자연스러운 제품 체험의 기회를

만들었다. 그뿐만 아니라 광고와 바이럴 영상을 접한 소비자들이 자신의 엄마에게도 "Thank You Mom" 메시지를 전할 수 있도록 국가별로 프로모션을 운영하여 소비자들의 참여를 유도했다.

〈땡큐맘〉 캠페인은 올림픽 기간에만 한정하여 진행하지 않고, 올림픽 이후에도 꾸준히 이어옴으로써 P&G의 대표적인 기업 PR 활동으로 인식되고 있다. 그동안 P&G가 타이드, 팸퍼스 등 하위 브랜드를 부각시키고 모기업인 P&G는 적극적으로 드러내지 않는 개별 브랜드 전략을 사용했지만, 〈땡큐맘〉 캠페인은 P&G라는 모기업 브랜드로서 소비자들에게 다가가고 있다.

개별 브랜드 전략(House of Brands)

모 브랜드보다는 독립적인 각각의 브랜드를 중심으로 커뮤니케이션하는 전략. 각각의 개별 브랜드 간에 상호 시너지를 내기는 어렵지만, 개별 브랜드가 제공하는 기능적인 편익과 혜택을 명확하게 커뮤니케이션할 수 있으며, 연관성이 떨어지는 브랜드 간의 이미지 간섭을 막을 수 있다는 강점이 있음.

다이돌핀을 자극하는 감동적인 메시지는 자발적 확산에 용이

2000년대 들어 의학계에서는 다이돌핀이라는 호르몬이 발견되었다. 불과 얼마 전까지 사람들의 관심을 끌던 엔도르핀(엔돌핀)보다 다이돌핀이 통증 완화 등의 효과가 4,000배 정도 높다는 연구 결과가 나오면서 다이돌핀은 최근 사람들의 관심을 받고 있다. 엔돌핀이 기쁨과 행복의 감정에서 나오는 호르몬이라면, 다이돌핀은 감동을 받을 때 나오는 호르몬이다. 예를 들어 아름다운 풍경을 보았다거나 좋은 음악을 들었다거나 사랑에 빠졌을 때 분비되는 호르몬이다.

P&G의 〈땡큐맘〉 캠페인이 P&G의 캠페인 중 가장 성공한 캠페인으로 평가받을 수 있었던 것도 인간의 감성을 가장 잘 건드릴 수 있는 엄마의 희생과 사랑을 다루었기 때문이다. 엄마는 누구에게나 애틋한 대상일 것이다. 어린아이는 어린아이대로 마냥 의지하게 되는 존재이고, 성인이 되어 한 가정을 이루고 나면 자신을 길러주신 희생과 은혜에 무한한 감사의 마음을 갖게 되는 대상이 바로 엄마다. P&G는 이런 소비자들의 속마음을 잘 이용하여 엄마를 커뮤니케이션의 전면에 내세웠다.

그동안 매출 증가나 브랜드 가치 상승 등의 수치상으로 평가되는 캠페인 자체의 성공 여부를 떠나 사람들 사이에 많이 회자되고 기억되는 캠페인들을 보면 이처럼 가족 간의 사랑이나 정 등을 소재로 한 것들이 많다.

2013년 소셜미디어를 통해 많이 공유되었던 광고 중 하나는 동원 참치의 〈엄마가 바쁘다〉 편이었다. 직장에 다니는 엄마를 둔 꼬마 아이들이 부엌을 잔뜩 어지르면서 엄마를 위해 작은 손으로 음식을 만드는 모습에 주 타깃인 주부들은 물론 남녀노소 모두가 잔잔한 감동을 했고,

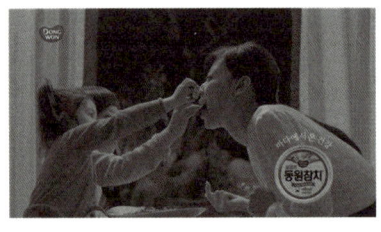

동원 참치의 〈엄마가 바쁘다〉 광고

자신의 트위터나 페이스북에 광고에 대한 감상을 올렸다. 이미 수십 년이 지난 광고지만 아직도 많은 사람이 이야기하는 경동 보일러의 〈아버님댁에 보일러

놓아드려야겠어〉편이나 초코파이의 〈정(情)〉 캠페인 역시 소비자에게 사랑과 정이라는 감동을 주었기 때문에 오래도록 기억되고 있는 것이다.

이처럼 감동을 주는 캠페인은 소비자들의 뇌에서 다이돌핀이라는 호르몬을 분비시켜 그 감정을 기록하거나 다른 사람과 나누고 싶게 만들기 때문에 소셜미디어를 통한 확산이 쉽다. 소셜미디어의 등장으로 인해 최근 언드(Earned Media)라는 개념이 생겨났고, 이처럼 변화된 미디어 환경을 트리플 미디어 환경이라고 부른다. 감동을 주는 캠페인은 기존의 페이드 미디어(Paid Media)나 온드 미디어(Owned Media)를 통한 마케팅 활동 이외에도 특별한 노력을 기울이지 않고도 소비자들 스스로 개인화된 미디어를 통해 자발적으로 확산시키는 언드 미디어의 효과를 볼 수 있기 때문에 그 파급력이 엄청나게 큰 것이다.

트리플 미디어의 개념과 특징

페이드 미디어(Paid Media)
- ATL 광고, 후원 등
- 광범위한 인지도를 높이는 데 기여할 뿐만 아니라 온드 미디어나 언드 미디어로 유도하는 촉매제 역할

온드 미디어(Owned Media)
- 웹사이트, 자사 소셜미디어 계정, 커뮤니티, 카 마스터, 매장 등
- 현재 및 잠재 고객들과 장기적 관계를 형성, 언드 미디어를 통한 확산 유도

언드 미디어(Earned Media)
- WOM, 소비자 소유 SNS 계정 등
- 온드 미디어와 페이드 미디어가 제대로 운영되는 경우 언드 미디어는 자생 가능함

P&G 〈Thank you Mom〉

2013년 칸 국제 광고제 미디어(Media) 부문 금상

2010년부터 진행해온 올림픽 참가 선수들의 엄마들에게 바치는 헌정 캠페인의 하나로 세상의 엄마들에게 감사의 마음을 전하는 캠페인.

경기에 참가하는 선수들에게 전 세계의 이목이 쏠리지만, 이들이 아닌 이들을 위해 헌신과 희생과 사랑을 아끼지 않은 엄마들에게 감사의 마음을 전하는 헌정 필름으로 2012년 칸 국제 광고제에서도 필름 부문 금상과 필름 크래프트 부문 금·은상을 받은 P&G는 광고 이외에도 선수 어머니의 인터뷰 영상으로 제작한 바이

럴 필름과 소비자들 스스로 자신의 엄마에게도 감사의 메시지를 전하는 이벤트 등을 통해 전방위적으로 소비자들이 〈Thank You Mom〉 이벤트를 경험할 수 있게 만들었다.

그 결과 이 캠페인은 P&G의 175년 역사에서 가장 성공한 캠페인으로 평가받고 있다. 캠페인 진행 후에 미국에서 2억 달러 이상의 매출 증가를 기록했다. 또한, 유튜브 조회 수도 1,700만 건 이상을 기록하여 올림픽 기간 중 가장 공유가 많이 된 비디오라는 기록을 수립했다.

24

업의 본질과 관련된 활동으로
후광 효과를 노려라

■ 연관성의 법칙 ■

    " 마포대교로 출퇴근하는 주현석 씨. 업무 스트레스에 지쳐 퇴근하던 어느 날 밤, 창 밖을 내다보다가 우연히 마포대교 난간에 설치된 문구들을 보고 마치 자신을 격려해주는 것 같은 뭉클한 감정이 생겨서 인터넷 검색을 해보았다. 그 결과 삼성생명에서 자살 방지를 위한 프로모션 활동을 진행하고 있다는 사실을 알게 되었다. 광고를 보는 것이 싫어서 늘 리모컨을 들고 TV 채널을 이리저리 돌리던 그가 이번 삼성생명 캠페인은 유튜브 영상을 직접 찾아보고, 자신의 페이스북에도 공유하고 주위에도 좋은 캠페인으로 적극 홍보하기 시작했다. 그리고 그동안 계속 들어야겠다고 생각만 하고 제대로 알아보지 않았던 연금저축도 이왕

이면 삼성생명에서 들기로 마음을 먹었다. 많은 기업이 소비자들을 하나의 상품이라도 더 팔기 위한 영업의 대상으로 바라보지만, 삼성생명은 진정으로 소비자의 생명을 중시하는 기업이라는 생각이 들었기 때문이다. **99**

생명의 소중함을 일깨워주는 삼성생명의 〈생명의 다리〉 캠페인

2012년 9월 말, 서울특별시와 삼성생명이 공동으로 마포대교에 삶에 지친 사람들에게 희망의 메시지를 줌으로써 자살을 예방하는 힐링 공간을 조성했다. 사람들의 움직이는 속도에 맞춰 반응하는 메시지로 시민들의 SNS는 물론 뉴스에까지 방송된 이 다리는 서울 시내의 명소로 자리 잡게 되었으며, 실제 SOS 상담 전화 등을 통해 투신율이 줄어드는 효과가 있는 것으로 나타났다. 이 캠페인은 2013년 각종 국제 광고제에서 많은 상을 받은 성공적인 캠페인으로 평가받고 있다.

〈생명의 다리〉 캠페인
자료: 삼성생명 블로그

마포대교에서의 캠페인 성공 이후 삼성생명은 서울시와 한국건강진흥재단과 함께 2013년 11월에는 한강대교를 생명의 다리로 재탄생시켰다. 일반 시민의 참여로 희망의 메시지를 제작한 마포대교와 달리 한강대교는 유명인사들의 재능기부로 만든 희망의 메시지로 문구를 제작했다. 또한, 전국의 예술대학 재학생들이 참여한 버스쉘터와 다양한 조형예술물을 설치함으로써 걷고 싶은 다리로 만들었다. 사람을 위한 길을 만든다는 콘셉트로 2년째 서울의 한강 다리를 리모델링하고 있는 이 캠페인은 삶과 생명의 소중함을 일깨워준다는 측면에서 소비자들에게 긍정적인 평가를 받고 있다.

업의 개념과 연관된 CSR은 기업의 진정성을 보여주는 힘

과거 치열하게 경쟁하고 이윤 추구에만 몰두하던 많은 기업이 이제 사회를 구성하는 일원으로서 이윤뿐만 아니라 사회적 책임을 다하는 데 깊은 관심을 기울이기 시작했다. 이런 활동을 기업의 사회적 책임 활동(CSR)이라고 한다. 이미 수십 년 전부터 환경보호를 위한 나무 심기 운동이나 기부, 봉사 같은 활동들을 전개하는 기업들이 많았지만, 최근에는 전통적인 환경보호나 봉사의 방식에서 벗어나 CSR에서도 차별적인 콘셉트가 개발되고 있다.

앞서 살펴본 〈생명의 다리〉 캠페인 역시 삼성생명에서 진행하는 CSR 활동의 하나라고 볼 수 있다. 하지만 이 캠페인이 2013년 한 해 동안 칸, 클리오 등 세계 유명 광고제에서 39개 부문에서 수상할 수 있었던 것은 이 캠페인이 사회적 책임을 다하겠다는 의무감에서 시작되었기 때문만은 아니다. 그보다는 생명보험이라는 업의 개념에서 시작하여 사람을 사랑하는 마음, 사람의 생명을 소중히 여기는 기업의 정신이 반영된 캠페인이었기 때문이다. 최근 일부 언론에서 마포대교에서의 투신자 수가 오히려 증가했다며 이 캠페인의 부작용을 보도하는 사례가 있었으나, 서울특별시의 발표 결과 투신자가 늘어난 것이 아니라 투신 시도자가 늘어난 것이며, 실제 투신한 사람의 비율은 줄어든 것으로 드러났다.

캠페인의 성과를 투신율이라는 숫자로 해석하여 성패를 판단할 수도 있다. 하지만 수치 자체보다 중요한 것이 있다. 소비자에게 하나의 보험 상품이라도 더 팔아야 이윤이 남는 기업이 그들의 생명 자체를 진심으로 소중하게 생각하고 있다는 철학을 소비자들에게 전달한 것이다. 즉 삼성생명이 소비자들에게 사람과 생명을 존중하는 기업의 정신을 실질적으로 경험할 수 있게 함으로써 가장 진정성 있는 보험 회사로 인식하게 하였다는 것만으로도 이 캠페인은 이미 성공을 거두었다고 볼 수 있다.

2010년부터 현대차그룹에서 진행하고 있는 〈기프트카〉 캠페인 역시 업의 본질과 연관성이 높은 CSR 활동으로 소비자들에게 호평을 받고 있다. 자동차를 생산·판매하는 기업으로서 자동차가 필요한 사람들을 선정하여 그들에게 차를 제공하는 것을 콘셉트로 하는 이 캠페인은 2010년 이후 꾸준히 이어져 시즌 4까지 진행되었으며, 2014년 시즌 5를 준비하고 있다.

만약 현대차그룹이 〈생명의 다리〉를, 삼성생명이 〈기프트카〉 캠페인을 했다면 어땠을까? 아마 소비자들의 뇌리에 남지 않는 그저 그런 사회 공헌 활동 중 하나로 인식되었을 가능성이 크다. 하지만 두 기업 모두 자신들의 업과의 연관성이 높은 캠페인을 전개했기 때문에 소비자들의 뇌리에 강하게 자리 잡게 된 것이다.

이처럼 기업이 사회 공헌 활동이라 하더라도 흔히 예상할 수 있는 기부나 봉사와 같은 활동보다는 자사가 추구하는 업과 연관성이 높은 활동을 벌인다면 소비자들이 그 기업의 활동에 대해 더 쉽게 인지할 가능성이 크다. 또한 그 기업이 이윤 추구만을 목적으로 하는 것이 아니라 사회 구성원으로서의 진정성 있는 비전을 가지고 있음을 인식하게 되어 기업에 대한 선호도가 높아질 가능성도 크다. 연관성 높은 마케팅 활동이 기업 이미지 평가에서 후광 효과(Halo effect)로 작용하는 것이다.

> **후광 효과(Halo effect)**
> 일반적으로 사물이나 사람을 평가할 때 그 일부의 특성이 전체 평가에 긍정적 또는 부정적인 영향을 미쳐 객관적 평가를 하지 못하게 만드는 현상을 일컫는 심리학 용어.

삼성생명 〈생명의 다리〉

2013년 칸 국제 광고제 미디어(Media), 인터그레이티드 & 티타늄 (Integrated & Titanium) 부문 그랑프리 등 9개 상 수상

한강 다리 중 가장 투신율이 높은 마포대교에서의 투신자살을 예방하기 위한 프로모션. 투신을 막기 위해 높은 펜스를 설치하는 것이 아니라 사람들의 움직임을 따라 그들의 마음을 위로하고 움직일 수 있는 힐링 메시지가 보이는 센서를 설치, 그들의 마음을 움직이고 삶의 소중함을 일깨울 수 있게 했다. 또한, 삶을 포기하려는 순간 다른 사람의 조언을 받을 수 있도록 한 SOS 상담 전화와 친구의 볼을 꼬집으며 실의에 빠진 친구를 위로하는 두 남자의 모습이 표현된 〈한 번만 더〉 동상을 설치했다. 2012년 9월 처음으로 마포대교에 설치물을 만든 이후 2013년 1월부터 2개월간 소비자들이 직접 참여할 수 있는 〈우리가 만드는 생명의 다리 이벤트〉를 진행하여 소비자들 스스로 힐링 문구나 유머 등을 제안하게 했고, 이를 기반으로 하여 2013년 6월 시민의 참여로 만든 생명의 다리를 리뉴얼하여 오픈했다.

25

충성 고객을
더 잘 관리하라

■ 고객 관리의 효과 ■

❝ 자동차를 좋아하는 차성준 씨는 마르샤, 다이너스티 등 단종된 차들의 사진을 모으는 취미를 가지고 있다. 어린 시절부터 차를 좋아했고, 차와 관련된 정보를 수집하는 것이 취미생활이던 차성준 씨는 자신이 운전했던 차는 물론이고 어떤 모델이 단종된다는 소식이 들리면 그 차의 사진을 여러 장 찍어 기록으로 남겼다. 요즘은 인터넷의 발달로 이미 기억 속에서 사라진 자동차 사진들도 쉽게 찾아볼 수 있기는 하지만, 스스로 찍어서 모아둔 사진들은 그에게 가장 소중한 기록이 되고 있다. 그런 그가 인터넷에서 자동차 관련 정보들을 찾아보다가 자신의 수많은 기록을 떠올리게 하는 캠페인을 발견했다. 그것은 바로 브라질의 폭스

바겐에서 콤비(Kombi)의 단종을 알리는 캠페인이었다. 단종 보도가 나오고 어느 순간 사라지는 다른 브랜드들과 달리 콤비는 그동안 함께해준 소비자들을 기억하고 그들에게 감사를 전하는 영상을 제작했다. 이 영상을 보면서 자신에게도 이렇게 자동차와의 추억을 기억하게 해주는 이벤트가 있으면 얼마나 좋을까 하는 부러운 마음이 들었다. **99**

구매 이후의 고객 관계 관리의 중요성

한때 CRM(Customer Relationship Management), 즉 고객 관계 관리가 마케팅을 하는 사람들 사이에 화두가 된 적이 있다. 이것은 POS 데이터 등을 이용하여 축적한 구매 기록 등으로 고객 DB를 구축하여 그들이 장기 고객이 될 수 있도록 관리하는 것을 의미한다. 이처럼 고객 관리에 초점을 맞추게 된 것은 기존 고객을 유지하는 것이 신규 고객을 확보하는 것보다 훨씬 더 적은 마케팅 비용이 들 뿐만 아니라 기존 고객들의 매출 기여도가 신규 고객보다 더 크다는 연구 결과에 기초한 것이다.

하지만 대부분 광고나 마케팅을 할 때 신규 고객들에게 브랜드를 알리고 시장을 확대하는 것에 초점을 맞춘다. 자동차 광고의 경우에도 신차가 출시될 때 더 많은 소비자에게 호소하기 위해 적극적인 마케팅 활동을 벌이고 이후로는 경쟁 차종이 출시되지 않는 한 특별히 광고나 마케팅 활동을 하지 않는 때가 많다. 그리고 기존 고객들을 관리하여 재구매로 이어지게 하는 데는 큰 관심을 기울이지 않는 것이 일반적이었다. 하지만 최근 자동차 브랜드들이 그들의 기존 고객들에게 눈을 돌리고 있다.

앞서 언급한 폭스바겐의 콤비는 브랜드의 단종을 앞두고 자신을 사랑해주었던 고객들에게 찾아가 기념이 될 만한 선물을 남기는 것으로 자신의 삶을 정리했다. 또한, 2014년 4월 닛산(Nissan)도 일본에서 80주년을 기념하는 〈My Car Forever〉라는 캠페인을 진행했다. 이 캠페인은 닛산을 사랑해준 고객들이 자신과 자신의 차와의 러브스토리를 페이스북이나 트위터 같은 소셜미디어에 남기게 하는 프로모션이다. 여기에 선정된 사람들에게는 자신과 자신의 닛산 자동차의 모습을 3D 프린터로 제작하여 선물하였다. 캠페인 이름처럼 오랜 추억을 함께한 내 차를 영원히 함께할 수 있게 해주는 것이다.

최근 현대자동차에서도 〈브릴리언트 메모리즈〉라는 캠페인을 시작하였다. 이 캠페인의 타깃 역시 신규 고객이 아니라 오랜 기간 현대차를 사랑해준 고객들이다. 캠페인의 주요 내용은 자신의 오래된 차와의 이별을 앞둔 고객들에게 그 차와 함께했던 소중한 추억들을 기억할 수 있도록 아티스트와 협업을 통해 차의 부품들을 이용하여 작품을 만들어주는 것이다.

이런 이벤트들은 기업의 관점에서 진행되던 고객 관계 관리(CRM)의 차원이라기보다는 소비자의 관점에서 특별한 경험을 하게 하는 고객 경험 관리(CEM: Customer Experience Management) 차원으로 설명될 수 있다. 즉 소비자와 기업의 관계에서 소비자들을 자신의 제품을 구매하는 고객이라

소비자에게 추억이 담긴 특별한 선물을 제공하는 현대차 〈브릴리언트 메모리즈〉 캠페인

는 일차원적인 관점이 아니라, 자신의 브랜드와 함께해주는 동반자로서 그들에게 특별한 경험을 제공하는 것에 초점을 맞춘다. 소비자들이 처음 어떠한 브랜드를 접하는 순간 그 브랜드는 그저 사물에 지나지 않지만, 브랜드를 경험하는 과정에서 그 브랜드는 사물이 아닌 인격체와 같은 관계를 형성하게 된다. 그리고 브랜드와 감성적 유대를 형성하게 되면 그 브랜드는 더는 나와는 거리가 먼 개체가 아닌 나와 함께하는 우리라는 관계로 동질감을 형성하게 되고, 충성 고객으로 바뀌게 된다. 충성 고객들은 앞으로 재구매 상황이 되면 복잡한 구매 의사 결정 과정을 거치지 않고 자신이 좋아하는 브랜드를 선택할 수 있으며, 브랜드 옹호자로서 자발적이고 적극적으로 브랜드를 홍보하고 추천할 수 있기 때문에 기존 고객들과 정서적인 유대를 형성하는 것은 매우 중요하다.

충성 고객 관리의 중요성

소비자와 브랜드의 관계란 소비자와 브랜드 간의 상호작용을 통해 파트너로서 형성되는 관계를 의미한다. 최근 많은 기업이 멤버십 서비스 제도를 도입하고 있는 것은 자사 고객들에 대한 정보를 얻어 더욱 정확한 타깃에게 커뮤니케이션을 하고자 하는 의도도 있지만, 구매 횟수나 총 구매 금액 등의 정보에 기초하여 차별적인 혜택을 제공함으로써 고객과의 관계를 강화하고자 하는 의지도 있다. 앞서 언급한 바와 같이 충성 고객들은 적극적인 브랜드 옹호자가 되어 자발적으로 브랜드에 대한 정보를 확산시키는 역할을 하는 긍정적인 측면도 있지만, 브랜드에 실망할 때는 더 큰 안티 고객이 될 수도 있다.

2009년《Journal of Marketing》에 실린 미국 워싱턴 주립대학의 야니 그레고리(Yany Grégoire) 교수 등의 연구에 의하면 충성 고객일수록 브랜드에 실망할 때 브랜드에 대한 분노가 더 오래가는 것으로 나타났다. 초기에는 브랜드와 관계가 깊지 않은 소비자들의 분노가 더 크지만, 브랜드와 강한 관계를 형성한 고객일수록 브랜드에 대한 실망과 분노로부터 극복하는 시간이 오래 걸린다. 이런 현상은 'Love Becomes Hate Effect'로 설명할 수 있다. 즉 브랜드와의 관계 강도가 높았던 소비자가 브랜드에 배신감을 느끼거나 분노하는 경우 사랑의 감정이 더 큰 미움의 감정으로 바뀔 수 있다는 것이다.

인터넷에서 많이 사용되는 단어로 '호갱'이라는 것이 있다. 국어사전에 나오는 호구와 비슷한 의미로 어수룩한 손님들을 뜻하는 단어다. 대부분의 젊은 층들이 고객들을 대하는 기업의 자세를 비꼬는 말로 고객 대신 호갱이라는 표현을 자주 쓰고 있다. 이는 그동안 많은 기업이 고객들을 얼마나 외면해왔는지를 보여주는 표현이라고 해도 과언이 아니다. 더 좋은 조건을 찾아보지 않고 특정 브랜드를 반복 구매하는 사람들은 분명 기업 경영을 가능하게 하는 가장 중요한 자산임에도 그동안 많은 기업이 그저 새로운 고객을 한 명이라도 더 많이 확보하려고만 노력해왔다.

일례로 이동통신사만 보더라도 기기 변경을 하는 것보다 번호 이동을 하는 사람들에게 더 큰 혜택을 준다. 이는 기업 스스로 소비자들의 브랜드 충성도를 떨어뜨리고 있는 것이라 할 수 있다.

브랜드에 대해 배신과 분노의 감정을 느끼는 것은 비단 기업이 위법 행위를 했거나 제품의 품질에 문제가 있을 때뿐만이 아니다. 자신이 그동안 기업에 베푼 사랑만큼 대접을 받지 못한다는 생각이 들 때 느끼는 실망감 역시 브랜드를 외면하는 요인이 될 수 있다. 따라서 기업들은 자신의 브랜드를 지속적으로 구매해주는 고객들을 적극 관리하고 그들의 만족도를 높이기 위한 노력을 기울여야 한다. 이런 기업의 노력은 소비자들이 다른 브랜드 구매를 고려하는 일을 조금이라도 차단할 수 있으며, 기업이 시장에서의 지위를 유지할 수 있는 지지 기반이 되기 때문이다. 특히 오늘날처럼 소비자 개개인이 미디어가 되는 시대에서는 더더욱 충성 고객들에 대한 관리를 소홀히 해서는 안 될 것이다.

Volkswagen 〈Kombi Last Wishes〉

2014년 칸 국제 광고제 브랜드 콘셉트 & 엔터테인먼트(Branded Contents & Entertainment) 부문 금상

1940년대 독일에서 타입 2로 생산되기 시작한 폭스바겐의 미니버스는 독일에서는 이미 단종되었지만, 브라질에서는 1950년대부터 콤비라는 이름으로 판매되어 소비자들에게 큰 사랑을 받아왔다. 그러한 콤비가 2013년 12월 단종을 결정하고 소비자들에게 이별을 전하는 〈Last wishes〉라는 영상을 제작했다. 영상의 내용은 콤비를 할머니로 의인화하여, 자신의 일생을 돌아보는 것으로 자신의 발자취를 함께해온 고객들의 사연을 소개하면서 잊지 못할 순간들을 함께해준 팬들을 찾아가 감사의 선물을 전달하고, 마지막으로 자신을 처음 만들었던 사람의 아

들을 찾아가면서 소비자들에게 작별 인사를 하는 것이다.

이 캠페인은 2014년 3월 유튜브에 업로드되어 소비자들에게 잔잔한 감동을 주었으며, 2014년 칸 국제 광고제에서도 금상 수상의 영예를 안게 되었다.

위기 상황에서는
최대한 빨리 대응하라
■ 신속성의 법칙 ■

    얼마 전 우연히 뉴스에서 포카칩 이벤트 중단에 관한 기사를 본 김지현 씨는 그동안 즐겨 먹던 포카칩을 사는 게 불편해졌다. '포카칩은 ○○○다'라는 포카칩 별명 짓기 이벤트에 여성 비하, 세월호 사건 등의 악성 댓글이 그대로 게재되었고, 네티즌들 사이에서 이런 이야기가 확산되자 오리온에서 뒤늦게 이벤트를 중단했다는 뉴스가 김지현 씨의 머릿속에 강하게 각인되었기 때문이다. 그래서 포카칩을 볼 때마다 부정적인 별명들이 떠올랐다. 비록 오리온이 의도적으로 기획한 일도 아니고, 예상하지 못했던 상황이었으나 발 빠르게 대처하지 못했다는 것은 분명히 회사의 잘못이었다. 이후 홈페이지에 사과문을 게재하고, 소비자들이 올린 글들이 실시간으로 홈페이지에 올라오는 것이 아니라 접수된 글들을 모니터링하여 매일 10명씩 당첨자를 발표하는 구조로 캠페인을 변경했지만, 김지현 씨는 예전처럼 포카칩을 좋아할 수 없게 되었다. **"**

포카칩 이벤트 진행과 사과문 화면

위기관리의 중요성

인터넷을 통해 빠르게 정보가 확산되는 오늘날의 기업들은 기업의 의도와 상관없이 위기 상황에 직면하는 경우가 많다. 과거에는 악성 루머가 퍼진다 하더라도 소비자들의 입에서 입으로 전해졌기 때문에 확산의 속도가 빠르지 않았다. 하지만 오늘날에는 카카오톡과 같은 모바일 메신저나 소셜미디어 등을 통해 엄청난 속도로 확산되고 있다. 2013년 갑의 횡포로 사회적 이슈가 되었던 남양유업 사건이나 임산부 폭행의 누명을 썼던 채선당 사건 같은 경우 소비자들이 불매 운동을 벌임으로써 해당 기업에 치명타를 주었다.

비용 절감 등의 이유로 생산하는 제품의 원산지나 재료, 유통 기한 등을 속여 소비자들의 건강을 위협하거나, 심각한 범죄를 저지르는 경우는 기업 스스로 위기를 자초하는 것이다. 그러나 포카칩의 사례처럼 기업이 예상하지 못했던 상황이 전개되거나 악성 루머가 퍼지는 경우에는 기업이 이 상황에 어떻게 대응하고 극복하는가에 따라 브랜드의 이미지와 위상이 달라질 수 있다. 나아가서는 기업의 매출과도 연결되어 기업의 지속 가능성에 치명적인 영향을 미칠 수 있다.

요즘 많은 기업이 소셜미디어를 실시간으로 모니터링하고 위기관리 전담팀들을 만드는 것에 관심을 두는 이유도 바로 기업이 직면한 위기 상황의 피해를 최소화시키기 위함이다. 미국의 게토레이 사는 소셜미디어의 확산 초기부터 〈미션 콘트롤 센터〉라는 이름으로 소셜미디어 상에서 게토레이에 관해 하는 이야기들에 귀를 기울였으며, KT와 삼성그룹도 다른 국내 기업들이 소셜미디어에 큰 관심을 두지 않았던 시기부터 소셜미디어 전담팀을 구성하여 혹시라도 발생할 수 있는 부정적인 여론에 대응할 준비를 했다.

위기 커뮤니케이션의 정의와 유형

이처럼 기업이 직면한 위기 상황에서 조직의 명성을 유지하고 기업의 긍정적인 이미지를 만들기 위한 커뮤니케이션 전략을 위기 커뮤니케이션 전략이라 한다. 이 위기 상황은 크게 기업의 책임 수준에 따라 기업의 책임이 아닌 루머나 자연재해부터 높은 책임이 있는 범죄까지 여러 가지 형태로 나눌 수 있다. 이 각각의 위기 상황에 대해 기업이 대응하는 위기

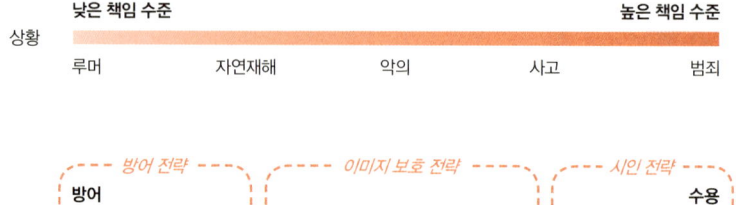

자료: Coombs(1999)

커뮤니케이션 전략은 다음과 같이 크게 3가지 유형으로 나눌 수 있다.

첫 번째 전략은 기업의 책임이 아니라는 것을 적극 호소하는 방어 전략이다. 국내에서 큰 인기를 끌고 있는 일본의 화장품 브랜드 SK-II는 자사 제품이 중국에서 중금속 물질이 검출되었다는 보도가 나왔을 때나 일본 제품이기 때문에 방사능에 오염되어 있을 거라는 루머가 돌았을 때 전문가의 견해와 검사 결과 등에 기초하여 100퍼센트 안전한 제품이라는 것을 적극 호소했다. 이렇게 적극적으로 반박하는 전략을 사용하는 경우는 각종 루머가 사실이 아님을 입증할 객관적인 자료가 있거나 스스로 제품에 대해 자신이 있을 때이다. 만약 루머가 사실이거나, 실제 기업이 어떤 잘못을 저지른 상황에서 반박 전략을 사용한다면 진실이 밝혀질 때 기업 이미지는 회복할 수 없는 수준으로 떨어질 수 있다.

두 번째 전략은 반박 전략과는 정반대다. 기업의 잘못을 시인하는 전략이다. 대체로 이런 전략은 기업이 잘못을 저질렀을 때, 그리고 많은 소비자가 그러한 상황을 인지하고 있을 때 취하는 전략이다. 예를 들어 몇 년 전 유튜브를 통해 미국의 한 도미노 피자 매장에서 종업원이 피자를 만드는 과정에 지저분한 행동을 하는 영상이 확산되었을 때, 도미노 피자의 사장이 직접 유튜브를 통해 사과하고, 해당 직원을 해고하는 등 문제 해결에 적극 나섰던 것이 대표적인 시인 전략의 형태다.

과거에는 기업 또는 기업의 구성원이 실제 잘못을 했을 때만 잘못을 시인하고 사과하거나 문제를 수정하기 위한 행동에 나서는 경우가 많았으나 인터넷과 소셜미디어를 통해 빠르게 부정적인 정보가 확산되는 이 시대에는 기업들이 자신들의 잘못이 아님에도 빠르게 사과하는 경우가 늘어나고 있다. 2007년 폭설로 빚어진 결항으로 인해 고객들이 불가피하게 고립되는 상황에 처했던 젯블루(Jet Blue)는 천재지변이었음에도 CEO가 아무 변명 없이 즉각 사과하고 〈고객에 대한 약속(Our Promise to You)〉이라는 동영상을 유튜브에 공개함으로써 고객들의 신뢰를 잃지 않고 오히려 충성도를 높일 수 있었다.

세 번째 전략은 사과도 반박도 하지 않고, 기존의 이미지를 보호하는 전략이다. 1970년대 미국에서 패티가 지렁이 고기로 만들어졌다는 악성 루머에 시달리던 맥도날드는 지렁이 고기가 아닌 100퍼센트 쇠고기임을 적극 호소했다. 그러나 쇠고기라는 정보를 본 소비자들이 오히려 지렁이 고기를 연상함으로써 부정적인 연상이 강화되는 부작용이 있었다. 따라서 이 문제를 해결하기 위해 햄버거가 아닌 밀크셰이크와 감자튀김을 중심으로 즐거운 추억을 상기시키는 커뮤니케이션을 전개함으로써 기존의 맥도날드가 가진 이미지를 보호할 수 있었다. 비리나 범죄를 저지른 기업들이 자사에서 판매하는 제품에 미치는 부정적인 영향을 최소화하기 위해 제품과 소비자가 함께해온 추억을 상기시키는 이미지 광고를 하는 것도 같은 맥락으로 볼 수 있다.

위기 커뮤니케이션 전략 수립 시 고려할 사항

위기 상황에 직면한 많은 기업이 가장 쉽게 취하는 전략은 아마 아무런 대응을 하지 않고 무시하는 전략일 것이다. 대부분 시간이 지나면 악성 루머나 기업에 대한 반감이 사라질 것이라고 예상하기 때문이다. 실제로 인터넷이 없던 시절만 하더라도 일정 시간이 지나면 기업에 대한 부정적인 뉴스가 잦아들기도 했다. 하지만 지금은 소비자들이 유튜브 영상 등을 이용하여 불만을 적극 표출하고 이를 자발적으로 확산시키기 때문에 과거처럼 무시하는 전략을 사용하는 것은 오히려 위기 상황을 더 악화시킬 수 있다.

따라서 위기 커뮤니케이션에서 가장 중요한 것은 타이밍이다. 유나이티드항공에 탔던 선즈 오브 맥스웰(Sons of Maxwell)이라는 밴드 멤버인 데이브 캐롤은 자신이 수하물로 맡긴 기타가 파손되었으나 유나이티드항공이 아무런 배상을 해주지 않자 분노하여 「United Breaks Guitars」라는 곡을 제작하여 유튜브에 공개했다. 만약 유나이티드항공이 바로 사과하고 배상했으면 금방 해결될 문제였다. 하지만 오랜 시간 동안 아무런 대응을 하지 않았기 때문에 그는 불만을 드러내는 영상을 공개했고, 이 영상은 업로드 나흘 만에 빠르게 확산되고 뉴스에 소개되기에 이르렀다. 그동안 침묵하던 유나이티드항공은 그 여파로 주가가 급락하고 영상이 더 빠르게 확산되자 비로소 사과하기에 이르렀다.

데이브 캐롤이 제작한 「United Breaks Guitars」

앞서 언급했던 남양유업의 사례나 전 세계적으로 판매량 감소가 일어나게 된 도요타 리콜 사태 모두 기업이 잘못을 인정하고 사과할 시기를 놓쳐 기업 이미지는 물론 매출에 치명적인 손실을 미치게 된 사건이다. 이처럼 기업의 위기 상황에서 가장 중요한 것은 신속한 대응이다.

그다음으로 중요한 것이 진정성 있는 태도다. 기업이 단지 위기 상황을 모면하겠다는 이유로 형식적인 사과를 한다면 소비자들의 분노만 더욱 커질 수 있다. 사과한다면 조건이나 이유를 붙이지 않고 사과하는 자세가 필요하다. 과학자인 정재승 교수가 공저한 『쿨하게 사과하라』라는 책에서도 변명이 아닌 신뢰에 기반을 둔 진심 어린 사과가 중요함을 강조하고 있다. 특히 신뢰란 자신의 장점을 자랑하는 것이 아니라 자신의 실수나 잘못을 어떻게 다루는가에 따라 달라질 수 있다고 보았다. 즉 실수하지 않는 것 자체가 중요한 것이 아니라 실수나 잘못을 한 상황에서 피해자에 대한 배려와 재발 방지 약속 등 공감할 수 있는 사과를 할 때 소비자들도 기업을 용서하게 된다는 것이다.

마지막으로 기업에 우호적인 팬들을 적극적인 홍보 대사로 활용해야 한다. 2011년 미국의 타코벨이 쇠고기 함량이 알려진 것보다 적다며 소송을 당하자 타코벨은 당당하게 재료와 레시피를 공개했다. 이를 본 타코벨 페이스북 팬들은 이와 관련하여 자발적인 토론을 진행했고 당당한 타코벨의 대응에 신뢰를 표하고 오히려 타코벨을 더 적극 지지함으로써 타코벨에 대한 소송이 4개월 만에 취하되기에 이르렀다. 이처럼 적극 지지하는 팬들은 기업의 위기를 극복하는 큰 힘이 되어줄 수 있다.

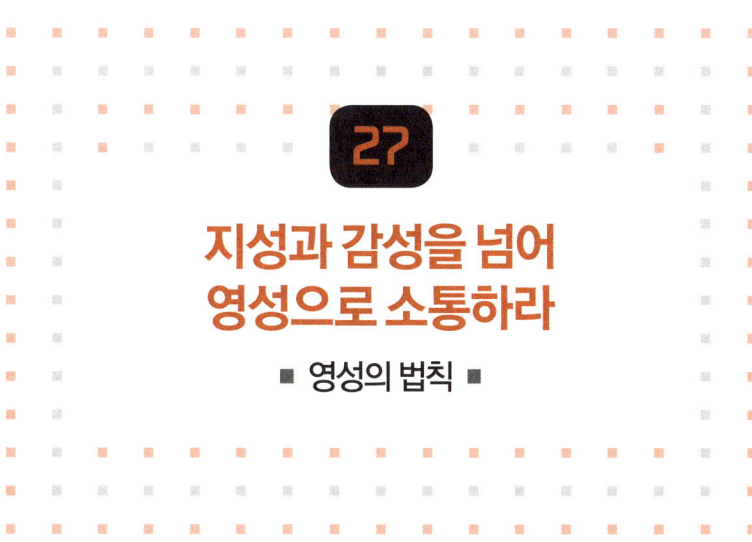

27

지성과 감성을 넘어
영성으로 소통하라

■ 영성의 법칙 ■

> 성지숙 씨는 요즘 새로 문을 연 빵집을 즐겨 찾는다. 그곳에서 파는 빵은 조금 더 비싸다. 프랜차이즈 빵집들보다 더 맛이 뛰어난 것도 아니다. 그런데도 그녀가 그 가게를 좋아하는 이유는 따로 있다. 그 빵집에 '고결한 정신'이 있다고 생각하기 때문이다. 그 빵집에서는 사람들이 안심하고 먹을 수 있도록 깨끗하고 좋은 유기농 원료만을 사용한다. 건강을 생각해서 설탕 같은 첨가물도 줄인다. 그리고 동네의 장애우들을 직원으로 고용하여 함께 일하고 있다. 성지숙 씨는 기왕에 빵을 산다면 그곳에서 사는 것이 옳다고 느낀다. 작은 소비 행위가 세상을 아름답게 만드는 데 조금이라도 힘을 보탤 수 있다고 믿기 때문이다.

세계적인 마케팅학자 필립 코틀러는 최근 자신의 저서 『마켓 3.0』에서 앞으로는 소비자의 영혼에 호소하는 기업이 성공할 수 있다고 주장했다. 왜냐하면, 시장은 물질적 욕구와 개인의 감각을 넘어 개인의 자아실현, 공동창조, 사회적 가치를 중시하는 바야흐로 영혼(Human Spirit)의 시대로 진입하고 있기 때문이다. 즉 앞으로 기업은 단순히 소비자의 이성(지성)과 감성에 호소하는 것에서 그치는 것이 아니라 소비자의 영성(spirit)에 호소할 수 있는 기업이 되어야만 시장에서 생존할 수 있다.

그렇게 보면 한국에서 존경받는 유한양행, 풀무원 같은 회사는 단순히 품질이 뛰어나고 감성적 디자인을 가지고 있기 때문에 소비자들로부터 사랑을 받는 것은 아닌 것 같다. 이런 기업들은 품질과 감성을 뛰어넘는 윤리적이고 철학적인 정신과 가치를 가지고 있기에 전 국민에게 그렇게 오랫동안 존경과 사랑을 받을 수 있었다.

그렇다면 과연 소비자의 영혼에 호소하는 기업이란 어떠한 기업인가? 먼저 이런 기업은 품성(character), 진정성(authenticity), 그리고 배려(caring)하는 마음을 조직의 DNA에 가지고 있어야 한다고 한다. 마치 품성과 인격이 좋은 사람이 다른 사람들로부터 존경을 받는 것처럼 품격 있는 기업이 되어야만 소비자로부터 사랑을 받을 수 있다. 또 소비자들을 진정성을 가지고 대하며 늘 약자를 배려하는 태도를 보이는 기업만이 시장에서 진정한 파트너로 인정받을 수 있다.

환경과 고객을 돌보는 마음이 감동을 일으킨 파타고니아

미국의 아웃도어 브랜드 파타고니아. 이 회사는 "환경을 보호하기 위

마케팅 1.0	마케팅 2.0	마케팅 3.0
제품	소비자·브랜드	Human Sprit
4P	STP	사회 공헌

해 우리가 만든 옷을 사지 마세요"라고 광고한다고 한다. 마케팅이 가장 치열한 아웃도어 시장에 속한 의류 회사가 자사의 제품을 사지 말라니, 도대체 무슨 말인가? 이에 대해 파타고니아의 최고경영자 이본 쉬나드 회장은 최고의 상품을 만들되, 이 때문에 환경 피해를 유발하지 않으며, 환경 위기에 대한 해결 방안을 수립하고 실행하기 위해 사업을 한다고 말한다.

이본 쉬나드 회장은 산을 워낙 좋아한 나머지 학교에 가지 않고 요세미티 공원에서 움막 생활을 하기도 했고, 주한미군 복무 때는 북한산 등반로를 직접 개발했다고 한다. 군 제대 후 '등산이 산을 망치면 안 된다'는 신념을 바탕으로 친환경 등산 장비 관련 창업을 했는데 이게 대박이 났다. 또한, 적자가 나도 환경단체에 기부하는 고집과 신념으로 미국 2위의 아웃도어 회사로 성장할 수 있었다. 자원을 아끼기 위해 최고의 옷을 만들고, 환경을 보호하기 위해 고객에게 중고 의류를 권유하고, 바느질 도구를 제공하고 수선법을 알려줄 정도니 고객이 파타고니아를 신뢰하지 않을 수 없다.

전문 산악인에서 시작해 CEO가 된 쉬나드 회장은 결국 자신이 가장

좋아하고 잘하는 것을 제대로 하면서 고객을 돕기 위해 사업을 했는데 이런 모습을 소비자들이 보고 탄복한 것이 바로 성공의 비결이었다. 자신이 수행하는 업의 본질에 대한 고민을 바탕으로 소비자를 진심으로 돕기 위해 노력한 것이 결국 가장 효과적인 마케팅이 되었다.

코틀러 교수는 마켓 3.0 시대의 기업에 필요한 덕목으로 협력, 문화, 영성 등을 제시했다. 즉 기업은 더욱 많은 이해관계자와 협력해야 하고, 기업이 속한 사회와 국가 등의 현안들을 이해하고 해결하기 위해 함께 노력해야 하며, 또한 영적인 가치를 기업의 중심에 놓아야 한다는 것이다. 이 가운데 기업의 영성을 강조한 것이 특이한데, 결국 기업의 창의성은 바로 영성과 관련이 있으며 기업의 영성이 뛰어나면 창의성이 더 높이 발현된다고 한다. 왜 그런가? 영성이 뛰어난 기업은 정신적 가치를 더욱 중시하며, 유연성과 포용성이 있으며, 창의적 행동에 대해 그 가치를 높게 평가해주기 때문이다. 이런 기업 분위기에서는 당연히 독특하고도 기발한 창의적인 아이디어가 계속해서 나올 것이 분명하다.

그렇다면 기업에 영성을 불어넣으려면 어떻게 해야 하는가? 영성이 뛰어난 기업들은 일반적으로 먼저 자신들이 무엇을 하는 조직인지, 그리고 왜 그 비즈니스에 종사해야 하는지를 이해하고 다음으로 되고자 하는 바가 무엇인지를 기업의 '미션', '비전', '가치' 등에 담아 이를 공유하고 실천해야 한다.

착한 의도가 소비자의 선택을 불러온 프라이탁

최근 '쓰레기 감성'이라 불리는 업 사이클(up-cycle) 브랜드인 '프라이탁(Freitag)'이 화제다. 1993년 자전거를 많이 타는 스위스 취리히에서 비가 와도 젖지 않으면서 질긴 가방을 찾던 프라이탁 형제가 트럭의 방수천막으로 제작한 가방을 첫 제품으로 프라이탁이 시작되었다. 프라이탁 가방 제작에 필요한 재료는 트럭 방수천, 자동차 안전띠, 자전거 고무 튜브 단 3가지다. 버려진 트럭 방수천을 모아 빗물로 깨끗이 씻어서 불필요한 부분을 제거하고, 자동차 안전띠, 자전거 고무 튜브와 함께 세상에 단 하나뿐인 디자인으로 단 하나뿐인 프라이탁 제품을 만들어낸다.

프라이탁의 철학은 '인간(People)과 지구(Planet)를 보호함으로써 선한 이윤(Profit)을 얻는다'이다. 빗물을 모아 공업용수로 쓰고, 버려진 컨테이너를 개조해 공장과 매장을 짓고, 장애인들을 위해 좋은 일자리를 만들고, 높은 품질을 유지하고자 인건비가 비싼 스위스 현지 생산을 고집한다. 세척 후 재단된 방수포는 취리히 신체장애인 공방과 프랑스, 튀니지, 포르투갈에서 박음질 된다. 완성된 제품은 다시 취리히 공장으로 보내져 엄격한 품질검사와 사진 촬영을 거친다.

프라이탁의 제품들이 고가로 정해지는 데는 독특하고 개성 있는 디자인이 한몫한다. 이런 창의적인 작품들이 나오는 것은 선하고 착한 가치를 추구하는 기업의 영적인 문화가 있기 때문이다. 특이한 방식과 목표를 가진 프라이탁이 최근 그 어떤 기업보다 잘나가는 것은 소비자에

프라이탁 가방의 3가지 재료, 완제품 그리고 브랜드
로고

게 프라이탁의 진정성과 영성이
통하고 있다는 증거가 아닐까?

지금은 아무리 좋은 제품을
만들고, 아무리 멋있고 화려한
광고를 해도 기업의 영성이 느껴

지지 않으면 소비자가 꿈적도 하지 않는 시대다. 소위 '공감'과 '라포르
트(Lapport)'가 기업과 소비자 사이에 형성되지 않으면 한발짝도 나갈 수 없
다. 작고 이름 없는 기업이라도 영성과 진정성이 느껴지면 순식간에 소
비자들 사이에 소문이 나면서 위대한 기업으로 성장할 수 있다. 반면 유
명하고 거대한 기업이라도 아주 작은 부분에 있어서라도 영성과 진정성
이 없다고 느껴지면 순식간에 시장에서 사라지고 만다. 이것이 최근의
마케팅 트렌드다.

파타고니아와 프라이탁 같은 회사는 사실상 상업적인 광고나 프로모
션을 거의 하지 않는데도 불구하고 사람들은 이 브랜드들의 가치와 영
성에 매료되어 매장을 찾을 수밖에 없다. 미래에는 소비자의 행복을 위
하고 따뜻한 감성과 가슴을 가지고 실행하며, 소비자와 사회에 가치와
의미를 부여할 수 있는 목적과 테마를 지니며, 상업적 목적이 아닌 소비
자와 기업 간 진정한 관계를 형성하기 위해 노력하는 기업만이 영혼의
시대에 고객에게 사랑받을 수 있을 것이다.

이제는 선택이 아닌 필수, 차별화가 문제다

■ 그린 커뮤니케이션 효과 ■

" 장기홍 씨는 최근 들어 환경 문제에 관심을 두게 되었다. 큰아이가 아토피가 있는데 이것이 오염된 환경 탓이라는 생각 때문이다. 꼭 자기 아이뿐만 아니라 다음 세대가 살아가야 할 세상을 조금이라도 더 깨끗하게 만들어야 하겠다고 결심했다. 그러면서 물건을 살 때 무심코 지나치던 부분에도 관심을 두게 되었다. 제품의 포장, 환경 유해성, 폐기물 처리의 방법 등을 살펴보고 있다. 그리고 더 나아가 이 제품을 만드는 기업들이 제조 과정에서 친환경적인지, 환경 문제에 관심을 두고 있는지도 따져보고 있다. 장기홍 씨는 자신과 같은 소비자가 늘고 있고, 이런 사람들을 고객으로 삼으려면 기업이 더 친환경적으로 변해야 한다고 생각한다. "

친환경 마케팅은 기업이 소비자를 단순한 제품 구매자가 아닌 공동체의 일원으로 인식하고 소비자의 욕구에 맞는 제품과 서비스를 판매하는 수준을 넘어 사회생태학적 균형과 인간 복지 지향이라는 고차원의 소비자주의를 수행하고자 하는 의도에서 수행되는 마케팅이다. 이런 기업들의 제품이나 서비스는 그 자체로 친환경적이거나 또는 친환경적인 방법으로 생산되고 포장된다. 하지만 제품을 친환경적으로 생산하는 것만 중요한 게 아니다. 사람들에게 제품이 친환경적이라는 인식을 심어주는 커뮤니케이션이 최근 더욱 중요해지고 있다. 이른바 그린 커뮤니케이션의 시대가 도래하고 있는 것이다.

과거에는 친환경 관련 콘텐츠 생산이나 캠페인이 주로 환경단체나 NGO 중심으로 이뤄졌지만, 요즘에는 기업이 중심이 되어 친환경을 테마로 한 마케팅을 많이 하고 있다. 오늘날 친환경 마케팅을 고려하지 않는 기업은 거의 없을 정도다. 기업에서 친환경마케팅은 소비자에게 긍정적 이미지를 심어줄 수 있는 매우 효과적이고 강력한 커뮤니케이션 소재로 사용되고 있다. 최근 연구에서도 친환경 제품이라는 증명이나 친환경 브랜드의 명성이 소비자들이 제품을 고를 때 큰 역할을 한다는 사실이 밝혀지고 있다.

친환경 제품 마케팅 업체인 셸턴그룹(Shelton Group)에 따르면, 전 세계적으로 유기농 생활·건강용품 수요가 커지고 있으며, 특히 미국인의 70퍼센트가 친환경 제품군에 관심이 있다고 한다. 또한, 각 브랜드와 기업의 친환경 노력이 소비자들의 구매 선택에 영향을 미치는 중요한 요소라고 설명했다. 이처럼 그린 커뮤니케이션은 기업 이미지와 판매 성과를 동시에 높이고자 하는 모든 기업에 매력적인 대안으로 부상하고 있다.

전사적으로 친환경을 실천한 유니레버

제품을 친환경적인 방법으로 생산·포장하면서 종합적으로 친환경을 실천하고 있는 대표적인 기업으로 유니레버(Unilever)가 있다. 유니레버는 아이스크림부터 비누까지 매우 다양한 종류의 제품을 생산하고 있는데, 2013년에 탄소 배출을 급격하게 줄이고 에너지를 절약하며 쓰레기를 줄이고 물 소비를 최소화하고, 지속 가능한 원재료 사용량을 늘렸다고 발표했다. 다양한 종류의 상품을 대량 생산하는 기업으로서 친환경을 고려하기가 쉽지 않은데 유니레버는 조직 내부로부터 친환경을 실천하고 있다. 지속 가능성(Sustainability)을 감독하는 부서가 따로 존재하는가 하면 CEO가 앞장서서 친환경과 지속 가능성을 강조하며 어떻게 하

유니레버의 친환경 관련 목표들과 사업들

면 기업이 사회에 공헌할 수 있는지에 초점을 맞추고 있다. 유니레버는 50개의 지속 가능한 생활 계획을 발표하면서 온실가스 배출, 물 사용과 쓰레기 배출을 50퍼센트까지 줄이는 목표를 정해 실천하고 있다. 또 2020년까지는 지속 가능한 원재료로 만든 종이와 포장으로 100퍼센트 바꾸려고 노력하고 있다. 이렇듯 기업 내부로부터 시작된 유니레버의 친환경 마케팅은 소비자에게 신뢰를 주었고, 소비자들이 '친환경' 하면 유니레버가 떠오르도록 만들었다. 친환경을 실천하고자 하는 소비자들에게 유니레버는 전설적인 기업이 되어 가고 있다.

기업이 제품 자체나 생산 과정을 친환경적으로 변화시킬 수 있지만, 원하는 수준까지 도달하려면 매우 오랜 시간이 걸릴 수 있다. 그래서 최근에는 소비자에게 자기 기업이 친환경을 실천하기 위해 노력하는 기업임을 알리기 위한 광고 캠페인이나 소셜네트워크 홍보를 적극 사용하고 있다. 구체적으로 기업의 친환경 제품 생산이나 친환경 제조공법 등을 설명하기보다는 기업이 추구하는 목표와 가치가 친환경임을 소비자에게 알려서 '나도 이 기업의 제품을 사면 친환경 활동에 동참할 수 있겠구나' 하는 인식을 심어주는 것이다.

친환경을 재미와 흥미로 전달한 폭스바겐

최근 친환경 캠페인을 통해 대중과 즐거운 방식으로 소통하고 있는 기업 중 하나로 폭스바겐을 들 수 있다. 폭스바겐은 〈Fun Theory〉라는 캠페인을 통해 폭스바겐의 친환경 마케팅 전략과 비전을 소비자에게 효과적으로 전달했다. 먼저 이 캠페인의 하나로 분리수거함을 이용하여

폭스바겐의 〈분리수거함〉 캠페인 장면(선물 증정)

재활용의 중요성을 상기시켰다. 크리스마스 기간 폭스바겐은 직접 제작
한 재활용품 분리수거함을 밀라노 시내 중심에 비치했다. 사람들이 플
라스틱병이나 캔을 분리수거함으로 넣으면 반환구를 통해 크리스마스
트리 장식을 위한 데코레이션 용품들이 증정되었다. 사람들은 예상치
못한 선물에 즐거워하며 분리수거에 대해 다시 한 번 생각하게 되었고,
친환경 운동을 벌이는 폭스바겐을 긍정적으로 인식할 수 있었다.

　폭스바겐은 분리수거함을 게임 점수판처럼 설치하기도 했다. 게임기
와 비슷하게 생긴 분리수거함을 보고 평소보다 많은 사람이 모여들었
다. 분리수거함에 점수 내기 전광판이 설치되어 각 분리수거함에 맞는
쓰레기가 버려질 때마다 점수가 표시되는 방식이었다. 사람들은 분리수
거를 할 때마다 전광판에서 자기 점수를 확인했고 마치 오락실에서 점
수내기를 하는 것 같은 재미를 느낄 수 있었다. 점수를 높이기 위해 사

람들은 더 정확하게 쓰레기 분리수거를 실천했고 이를 통해 사람들에게 정확한 분리수거를 평소에도 실천하자는 의미를 효과적으로 전달할 수 있었다.

폭스바겐은 이런 분리수거함들을 통해 재활용에 대한 중요성을 유쾌하게 전달하는 한편, 폭스바겐이 친환경에

폭스바겐의 〈분리수거함〉 캠페인 장면(게임 전광판)

앞장서는 기업이라는 것을 자연스럽게 인식하게 했다.

SNS를 통한 경쟁 방식으로 친환경을 전달한 월마트

세계적 유통기업 월마트(Walmart)의 〈그린 룸(Green Room)〉도 좋은 사례다. 〈그린 룸〉은 월마트가 지속 가능한 경영을 하고 있다는 것을 잘 보여주는 블로그다. 이 블로그에서 〈Pin to Win〉이라는 컨테스트가 진행된 적이 있다. 고객들과 재미있는 방식으로 소통하면서 고객들이 그린 라이프스타일을 실천하게끔 유도하는 것이 목표였다. 월마트는 핀터레스트를 통한 버즈 효과를 노리는 컨테스트를 기획했다. 이 컨테스트에서 월마트는 핀터레스트 사용자들에게 그들 자신이 친환경을 실천할 수 있도록 만든 제품이나 서비스를 게시하도록 했다. 게시된 항목들은 월마트에 전시되면서 이 제품들을 통해 얼마나 쉽게 친환경을 실천할 수 있는

지 다른 고객들에게 소개되었다. 컨테스트에서 이긴 사람에게는 500달러의 월마트 기프트 카드가 주어졌으므로 많은 사람이 참여했다. 컨테스트를 통해 게시된 정보들 덕택에 고객들은 그들이 물건을 살 때마다 친환경에 대해 생각해보게 되었다. 이 컨테스트로 버즈 효과를 노렸던 월마트는 그들이 얼마나 친환경에 관심을 쏟고 있는 기업인지를 효과적으로 알릴 수 있었다. 또한, 컨테스트 기간 고객의 관심을 증가시켜 매출 증가라는 부가 효과도 얻을 수 있었다.

월마트의 〈Pin to Win Contest〉

최근 기업의 친환경 마케팅이 보편화되면서 이제는 좀 더 색다른 방식의 친환경 마케팅이 주목받고 있다. 그리고 해당 기업의 진정성이 더욱 중요시되고 있다. 유니레버는 조직 내부로부터 친환경을 실천하면서 계량적인 수치화를 통해 그리고 소비자와의 약속을 통해 진정성 있는 친환경 마케팅을 선보였다.

이에 비해, 폭스바겐은 제품에 대한 정보 제공보다는 재미있고 흥미로운 이벤트들을 통해 친환경에 대한 의미를 강조함으로써 소비자의 흥미를 이끌어냈다. 월마트는 컨테스트를 통해 소비자들의 경쟁 심리를 자극하면서 SNS를 이용한 이벤트를 진행함으로써 월마트가 친환경 기업임을 효과적으로 전달했다. 이처럼 기업의 친환경 커뮤니케이션은 소비자에게 우리 기업이 친환경을 실천하는 착한 기업임을 알림으로써 기업 이미지를 긍정적으로 바꿀 뿐만 아니라 소비자들의 친환경 구매 의식을 높여서 실질적인 매출 증가로까지 이어지게 할 수 있는 효과적인 마케팅 전략이다. 앞으로 또 어떤 방식의 친환경 마케팅이 소비자들의 의식을 변화시키고 실질적인 매출로까지 이어질지 기대가 된다.

혁신을 넘어 공유로 소비자와 호흡하라

■ 공유 경제의 효과 ■

> 정미화 씨는 얼마 전 집들이를 했다. 적잖은 손님들을 대접할 음식을 만드는 일도 고역이었지만 식탁과 그릇을 마련하는 게 걱정이었다. 처음에 그녀는 이참에 평소 갖고 싶었던 예쁜 그릇을 장만하고 싶었다. 하지만 이내 포기했다. 비싼 가격도 문제지만, 잘 쓰지도 않는 물건을 집에 보관해두는 게 내키지 않았다. 그러나 부족한 그릇을 빌려주는 곳이 있다는 것을 알고는 그곳을 이용하기로 했다. 그래서 좋은 그릇과 식탁을 빌려 집들이를 잘 치를 수 있었다. 정미화 씨는 꼭 사는 것만이 좋은 게 아니라 빌려 쓰는 방법도 있다는 사실을 이번에 알게 되었다.

미래학자 제러미 리프킨은 2000년에 "소유하는 시대는 끝났다"고 주장하며 『소유의 종말』이라는 책을 펴냈다. 그런데 이 책의 원제목은 'The Age of Access'였다. 우리 말로 하면 접속의 시대인 셈이다. 결국, 상품을 소유하기보다는 일시적으로 접속하여 사용하는 시대가 도래할 것으로 예측한 것이다.

그런데 최근 상황을 보면 리프킨의 전망이 맞아떨어지고 있는 것 같다. 정보통신 기술의 발달로 네트워크 사회가 가속화되면서 산업주의 사회의 키워드였던 '소유'의 중요성이 반감되고 재화를 공유하면서 공동으로 사용하는 방식이 점점 인기를 얻고 있다. 즉 기존의 '생산자-구매자' 관계가 '공급자-사용자' 관계로 변화하고 있는 것이다. 시사주간지 《타임》도 세상을 바꿀 아이디어 10가지에 '공유 경제'를 포함한 적이 있다. 이처럼 '공유 경제'는 현대와 미래 사회의 소비자가 전통적인 매매라는 방식을 버리고 새로 채택할 대안적 구매 방식으로 떠오르고 있다.

실제로 공유 경제는 옷, 가방, 자동차, 집, 책, 음식 등의 실물을 넘어 지혜, 경험까지 다양한 품목으로 확대 적용되고 있다. 가장 대표적인 사례가 바로 위키피디아다. 위키피디아는 인터넷 사용자들이 함께 만드는

공유 경제(共有經濟, Sharing Economy)
공유 경제는 물품을 소유의 개념이 아니라 서로 대여해 주거나 빌려 쓰는 개념으로 인식하여 경제 활동을 하는 것을 가리키는 표현이다. 현재는 "물건이나 공간, 서비스를 빌리고 나눠 쓰는 인터넷과 스마트폰 기반의 사회적 경제 모델"이라는 뜻으로 많이 쓰인다.(위키피디아)

49가지 커뮤니케이션의 법칙

백과사전이다. 어떤 사람이든 위키피디아에 접속해서 원하는 항목을 추가하거나 수정할 수 있다. 많은 사람의 참여로 위키피디아는 결국 전통적인 백과사전의 제왕인 브리태니커를 몰아내었다. 위키피디아는 지식의 공유, 지혜의 공유의 좋은 사례라 볼 수 있다.

한편 카 셰어링(Car Sharing)은 자동차 산업에서 공유 경제를 실천하고 있는 개념이다. 이것은 한 대의 자동차를 시간 단위로 여러 사람이 나눠 쓰는 서비스로 온라인 또는 모바일 앱 등으로 차량을 예약하고 반납한다. 카 셰어링은 자신의 위치와 가까운 주차장에서 차를 빌릴 수 있고, 주택가 등지에서 시간 단위로 대여할 수 있다는 장점 등으로 젊은 층을 중심으로 이용자들이 증가하고 있다. 대표적인 업체로 미국의 집카(Zipcar), 프랑스의 오토리브(Autolib), 독일의 카투고(Car2Go) 등이 있다.

공유 경제의 대표 기업이 된 에어비앤비

최근 전 세계적으로 공유 경제 바람을 몰고 온 기업이 있다. 바로 신개념의 숙박 네트워크인 에어비앤비(Airbnb)다. 에어비앤비는 2008년 비싼 샌프란시스코의 월세를 고민하던 브라이언 체스키와 조 게비아가 샌프란시스코에서 개최된 디자인 컨퍼런스 참가자들에게 요금을 받고 숙박할 수 있는 방을 빌려준 것에서 시작되었다. 비싼 호텔 숙박 요금을 걱정하던 참가자들에게는 싼값에 숙박할 수 있게 되어 좋았고, 월세를 고민하던 두 청년에게는 월세의 고민을 덜어준 일석이조의 아이디어였다. 이 청년들이 이를 사업 모델로 하여 창업한 것이 바로 오늘의 에어비앤비(Airbnb: Air Bed & Breakfast)다.

창업한 초창기에는 방을 빌려주는 것에 대한 인식 부족, 안전성 문제 등으로 힘든 시기를 보냈지만, 웹사이트를 구축하고 선결제 시스템을 도입하면서 점차 입소문을 타며 성장하기 시작했다.

2012년 10월 미국 동북 지역을 강타한 허리케인 샌디(Sandy) 당시 피해를 입은 사람들에게 에어비앤비 고객 중 한 명이 무료로 숙박을 제공해주었는데, 에어비앤비는 이를 기업 전체에 적용했다. 전 세계의 사람들이 재난을 맞았을 때 에어비앤비를 통해 응급 숙박 시설을 이용할 수 있게 한 것이다. 이는 숙박 공유 네트워크 모델을 넘어서 새로운 재난 대응 모델로까지 확장되는 계기가 되었고 에어비앤비의 인기는 더욱 높아지게 되었다.

에어비앤비 웹사이트

2014년 3월까지 에어비앤비는 192개국 3만 4,000개 이상의 도시에서 방을 빌릴 수 있게 되었고, 현재 전 세계적으로 60만 개 이상의 리스팅이 올라와 있고, 이용자는 1,100만 명을 넘어섰다. 에어비앤비는 2013년 1월에 한국에도 진출했으며, 서울에서만 2,000곳 이상의 숙박 리스트를 확보하고 있다.

에어비앤비가 첫 번째로 진행한 전국 규모의 통합 광고 캠페인으로 고객과 숙박 시설을 새와 새집으로 은유적으로 표현한 〈버드 비앤비(bird bnb)〉가 있다. 특색 있는 50개의 숙소를 선정하여, 아티스트들이 이 숙소를 작은 새집 크기로 축소 제작하여 철새들의 대표 경유지인 미국 뉴올리언스의 한 공원에 설치하였고, 제작부터 설치까지 모든 과정을 광고 영상으로 제작했다. 광고에서는 호스트들의 집을 상징하는 새집이 얼마나 정교하고 정성스럽게 만들어졌는지를 보여주며, 이것은 손님들을 맞이하는 호스트들이 자기 집을 위해서 하는 일임을 암시하고 있다. 현재 이 광고 캠페인은 경쟁사 홈어웨이(homeaway)에서 트레이드 마크 침해를 이유로 소송을 걸어 중단된 상태지만, 버드 비앤비(bird bnb)는 '영혼이 있는 장소'를 제공한다는 에어비앤비의 철학을 전 세계 모든 여행자에게 잘 표현한 새로운 방식의 캠페인 역할을 했다.

온라인에서 불고 있는 공유 경제 모델, 애드위시

이런 공유 경제 트렌드는 온라인에서도 많이 나타나고 있는데, 그 사례 중 하나로 애드위시(Addwish)가 있다. 유통 채널이 오프라인과 인터넷에서 점점 모바일로 넘어가고 있는 가운데 이런 실정에 맞춰 많은 대형 유통사들이 쇼핑몰을 열어서 스마트폰 사용자들을 위한 앱이나 모바일 웹을 지원하고 있다. 하지만 소규모 쇼핑몰들은 모바일 앱이나 모바일 웹 결제 기능을 지원하는 데는 아직 소극적인 모습을 보이고 있다. 또한 용량이 큰 고화질의 이미지로 승부하는 소규모 쇼핑몰로서는 용량이나 화면이 제한적인 모바일 쇼핑 시장 진출에서 경쟁력을 갖추기가 힘들다. 사용자 입장에서도 다양한 상품이 한곳에 모여 있는 대형 쇼핑몰과 달리 적은 카테고리를 보유하고 있는 소규모 쇼핑몰 앱을 하나하나 설치하는 게 귀찮게 느껴질 수밖에 없다.

덴마크의 신생 기업 애드위시는 이런 사용자나 공급자들의 문제점을 해결하기 위해 관심 상품 기능을 활용해 소규모 온라인 쇼핑몰과 모바일을 이어주는 사업을 시작했다. 많은 쇼핑몰이 관심 상품 기능을 지원하고 있지만, 해당 쇼핑몰 내에서만 작동하기 때문에 사용자가 웹페이지를 나가면 의미 없어지는 경우가 많다. 하지만 애드위시는 온라인 쇼핑몰과의 제휴를 통해 이들 관심 상품 목록 기능을 하나로 통합해준다. 사용자는 모바일 상에서 여러 쇼핑몰에서 저장한 관심 상품 목록을 살펴보고 그 자리에서 바로 결제를 할 수 있다. 애드위시 자체 조사 결과에 따르면 쇼핑몰 사업자는 평균 2퍼센트 정도에 달하던 관심 상품의 실제 구매율을 애드위시를 사용할 때 최대 15퍼센트까지 끌어올릴 수 있다고 한다.

공유 경제의 개념은 대부분 공감하고 찬성하는 좋은 개념이다. 하지만 이런 개념이 현실에 적용되는 순간 엄청난 갈등과 현실적인 문제에 직면하게 된다. 공유 경제 모델은 기존 소유 중심 전통 경제 모델의 존립을 위협하기 때문이다. 하지만 이미 SNS 등을 통해 우리 사회는 점점 더 상호 교환과 네트워크의 시대로 진행하고 있으며, 앞으로도 공유 경제와 유사한 다양한 비즈니스들이 몰려올 것

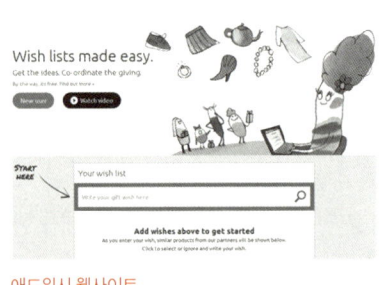

애드위시 웹사이트

49가지 커뮤니케이션의 법칙

이다. 따라서 이제부터 마케터는 공유 경제 모델에 맞는 새로운 커뮤니케이션 방식을 고민해야 한다.

버드 비앤비처럼 기업이 참여자들에게 기업의 서비스를 일방적으로 홍보할 수도 있겠지만, 실제로는 공유 경제 모델에 맞도록 사용자가 주도하고 사용자가 참여하는 새로운 커뮤니케이션 방식이 필요하다. 공유 경제 모델이 기존의 비즈니스 모델을 뒤엎어 놓은 것처럼 새로운 공유 커뮤니케이션 기법의 등장이 또 한 번 세상을 뒤집어 놓을 수 있을까?

PART 4

재미를 이용한
커뮤니케이션의 법칙

Fun

49 가지
커뮤니케이션의
법칙

웃음과 재미는
커뮤니케이션의 약방 감초
■ FunFun한 법칙 ■

> 스마트폰으로 인기 동영상을 시청하는 정소영 씨. 평소 같았으면 동영상 시작 전에 나오는 광고를 무심히 지나치고 넘어가지만, 오늘 등장한 '더페이스샵'의 광고는 끝까지 보고 말았다. 기존에 알던 인기 스타 광고 모델이 아니라 동명이인의 개그우먼이 모델로 등장해 개그 프로그램에서 보여주던 유행어를 하면서 기존 광고와 모델을 패러디하는 장면이 너무 재미있고 즐거웠기 때문이다. 결국, 정소영 씨는 광고에 연동된 SNS 계정으로 다시 접속해 다른 버전의 광고들도 시청했다.

'웃음'이 인간에게 미치는 긍정적 효과는 이미 많은 연구를 통해 증명된 바 있다. 그렇다면 웃음이 광고에 접목된다면 어떤 효과가 나타날까? 재미(fun)를 활용한 광고는 설득 효과와 기억 효과 측면에서 장점을 가지고 있다고 한다. 먼저 설득 효과 측면에서 보면, 웃음은 인간의 가장 기본적인 욕구이므로 웃음을 이용한 광고는 소비자의 거부 반응을 최소화하고 우호적인 관계를 형성할 수 있게 한다. 불황기일수록 유머 마케팅이 효과가 높다는 연구 결과는 이를 잘 설명해 주고 있다. 상업적 판매라는 부정적 인식을 줄이고 긍정적 반응을 이끌어낼 수 있기 때문이다. 실제로 미국의 전체 광고 중 유머를 사용한 광고가 35~40퍼센트나 차지하고 있다.

다음으로 기억 효과 측면에서는 강렬한 웃음과 재미는 소비자의 감정을 자극하여 기억에 오래 남게 될 확률을 높여준다. 사우스웨스트항공은 보수적이고 경직된 항공사 이미지를 웃음이 넘치는 이미지로 전환하려고 노력해왔다. 기내에서 벌어지는 깜짝 쇼와 승무원들의 재미있는 분장과 태도 등을 통해서 즐거움과 재미를 제공해왔다. 그 결과 고객은 사우스웨스트를 좋아하게 되었고 그 유쾌한 경험을 잊지 못하고 다시 찾아온다고 한다. 이렇듯 유머와 재미를 통한 긍정적인 감정이입은 매우 즉각적인 반응을 불러온다. 이와 동시에 장기적인 기업의 이미지 제고에도 효과적인 것으로 알려졌다.

혁신적이고 기발한 아이디어로 재미를 전달

니베아는 기발하고도 아찔한 아이디어로 사람들에게 웃음을 선사

49가지 커뮤니케이션의 법칙

했다. 니베아라는 제품을 어떤 경우에 쓰면 가장 효과적인지를 확실하게 보여준 〈Stress Protect Deo〉라는 캠페인을 통해서다. 갑자기 TV와 신문에서 동시에 자신이 살인죄로 공개수배자가 되었다는 황당한 뉴스를 접한다면 어떤 느낌이 들겠는가? 아마도 소스라치게 놀라 식은땀을 꽤 흘릴 것이다. 실제 독일의 한 공항에서 탑승을 기다리던 승객 중 일부는 마치 영화 속에서 누명을 쓰고 범죄자가 된 주인공처럼 갑자기 수배자가 되는 놀라운 경험을 하게 된다. 그런 그 사람에게 경찰이 와서 가방을 내미는데……. 알고 보니 가방 속에는 니베아 데오드란트의 스트레스 완화 기능을 갖춘 신제품이 들어 있었다. 당사자는 순간적으로 엄청난 스트레스를 경험했지만, 결과적으로 환한 웃음과 함께 해피엔딩으로 마무리되는 순간이었다. 이 동영상을 지켜본 많은 사람은 몰래 카메라가 주는 스릴과 즐거움을 만끽하며 니베아 신제품에 대한 호기심과 기대를 가지게 되었다.

웃음을 싫어하는 고객은 아무도 없다. 웃음은 고객의 뇌리에 그 상품을 인지시키는 데 탁월한 역할을 할 수 있다. 웃음 앞에서는 모두가 무장해제되기 때문이다. 따라서 웃음이라는 요소를 이용하면 사람들로 하

유머 소구의 긍정적 효과를 보여주는 연구들에 의하면, 유머 소구는 소비자의 주의를 유발하는 데 효과적이며, 소비자에게 긍정적인 무드를 조성하여 광고 자체에 대한 호감도를 증가시킴으로써 제품에 대한 호의적인 태도를 갖게 한다. 또한, 유머 소구는 주의 분산을 조성함으로써 메시지에 대한 반박 주장(즉 부정적인 생각을 떠올리는 것)이 발생할 가능성을 줄일 수 있다.(촉진관리, 2014, 안광호 외, 214p)

여금 제품에 대하여 반감을 갖지 않고 받아들이게 할 수 있다. 제품이 가진 특성을 쉽게 소비자에게 전달하는 방법에는 여러 가지가 있지만, 재미라는 요소와 결합하면 더욱 효과적으로 전달할 수 있다.

기업 아이덴티티와 연결된 웃음과 재미는 효과를 배가

재미를 유발하는 광고의 또 하나의 중요한 기능은 제품 홍보를 넘어 기업 아이덴티티를 강화하는 것이다. 재미를 활용한 커뮤니케이션은 차별화된 웃음으로 광고, 프로모션, 이벤트 등에 연계되어 실질적인 매출 증대를 가져올 수 있을 뿐만 아니라 해당 기업에 대한 호의적인 감정과 태도를 형성하게 할 수 있다.

폭스바겐은 모두를 위한 혁신을 추구하는 브랜드 가치를 가지고 있으며, 그동안 혁신을 다양한 재미와 유머 광고로 표현해왔다. 그런데 2011년 2월 미국의 슈퍼볼 광고에서 폭스바겐은 가족 간 사랑의 감정

2011년 폭스바겐 슈퍼볼 광고 장면

을 유머 소구로 표현해 시선을 끌었다. 다스베이더로 변신한 꼬마 아이가 초능력을 발휘하려고 시도하다가 계속 실망만 한다. 그러다 폭스바겐 파사트(Passat) 앞에서 초능력을 써보니 아빠의 기지로 시동이 걸려 당황하게 된다는 내용을 담았다. 2012년형 파사트의 장점을 부각하기보다는 가족의 정을 위트 있게 표현했던 것이다. 이 광고는 유튜브 조회 수 6,000만 건 이상을 기록하였고, 당시 최고의 슈퍼볼 광고로 인기를 끌었으며, SNS를 통해 빠르게 확산되었다. 물론 2011년 칸 국제 광고제 필름 부문 금상을 받기도 하였다. 결국, 이 캠페인은 자동차 판매를 직접적인 목표로 하기보다는 폭스바겐의 브랜드 아이덴티티를 재치있게 표현하고자 하였다. 재미가 사람들의 행동을 더 나은 방향으로 바꾸듯이 폭스바겐 역시 세상을 더 나은 방향으로 바꾸고 있다는 메시지를 효과적으로 전달하고자 한 것이다.

서두에서 소개한 사우스웨스트항공의 펀 마케팅이 제대로 효과를 발휘하는 이유도 바로 이들이 단순히 마케팅만을 위해 이런 이벤트와 활동을 하는 것이 아니라 기업의 전통, CEO의 철학, 그리고 기업의 문화 등 모든 면에서 기업의 아이덴티티를 펀(fun)으로 맞춰 놓고 지속적으로 이를 실행하고 있기 때문이 아닐까?

이처럼 재미와 웃음은 제품 홍보와 브랜드 이미지 강화 등에 폭넓게 사용되고 있다. 웃음은 다른 감정들보다 확산이 빠르고 긍정적 효과를 수반하기 때문이다. 그런데 명심할 것은 웃음은 바로 그 나라의 사회·문화적 배경과 깊은 연관성을 가지고 있다는 점이다. 최근 유머 광고가 많아지고 있는 이유는 바로 유행을 선도하는 요즘 젊은이들이 유머를 좋아하기 때문이고, 스트레스와 피로가 누적된 현대 사회의 소비자들에게 유머 광고가 청량제의 역할을 하기 때문이다. 따라서 시대적 흐름과 트렌드를 잘 이해하고 활용해 동시대 사람들의 웃음 코드를 여는 콘텐츠를 기획해내는 것이 중요하다. 웃음 마케팅은 얼어붙은 소비자의 지갑을 열게 하는 열쇠 중 하나임이 분명하다.

31

가볍게 소비자에게
다가가라

■ 유쾌함의 효과 ■

    ❝ 지하철로 출퇴근하는 박지석 씨는 출퇴근 시간 동안 페이스북을 열어보는 것이 습관이 되었다. 자신의 페이스북 친구들이 올린 사진과 글, 링크들을 보다 보면 어느새 목적지까지 지루하지 않게 갈 수 있기 때문이다. 얼마 전에는 광고대행사에 다니는 친구가 자신도 이런 캠페인을 하고 싶다며 올린 애니메이션 영상을 보게 되었는데, 그 영상이 바로 작년 전 세계적으로 엄청난 성공을 거둔 〈Dumb way to die〉였다. 박지석 씨는 하루 내내 아침 출근길에 본 영상의 BGM이 귀에서 떠나지를 않아 흥얼거렸고, 친구들에게도 이 영상을 소개하고 싶어 퇴근길에 자신의 타임 라인에 오전에 본 영상의 링크를 공유했다. **❞**

가벼움과 즐거움의 시대

2007년 'EnQ'라는 신조어가 등장했다. 'EnQ'란 'Entertainment Quotient'의 약자로 사람들을 즐겁게 만드는 유머와 화술, 개인기 등의 능력을 뜻하는 지수다. 일반적으로 EnQ가 높으면 조직 내에서 커뮤니케이션을 잘할 수 있으며, 이는 높은 업무 성과와도 연결되는 것으로 알려졌다. 1990년대까지만 해도 체면과 겉치레가 중요하게 여겨지던 우리 사회에 어느 순간부터 엔터테인먼트(Entertainment), 펀(Fun) 등의 키워드가 주목받기 시작했고, 이는 펀 경영, 펀 리더십, 펀 마케팅, 퍼놀로지(Funology: Fun과 technology가 결합한 신조어) 등 기업 경영, 마케팅, 그리고 상품까지 다양한 측면에서 나타나기 시작했다.

이처럼 펀이 주목을 받게 된 배경에는 사회·문화적인 변화가 있다. 즉 과거 전통적인 가치와 문화를 따라 살아오던 기성세대들과 달리, 자신의 개성을 중시하고 스스로를 표현하는 데 적극적인 Y세대, 디지털 네이티브 세대 등 신세대들이 경제활동인구로 성장하고, 인터넷의 발달로 어렵고, 무겁고, 심각한 것보다는 쉽고, 가볍고, 즐거운 콘텐츠들이 더 빠르게 소비되고 공유되고 있기 때문이다. 또한, 소비 행동에서도 이성적이고 합리적인 소비보다 감성적이고 즉흥적인 소비를 하며, 필요에 따라 상품을 구매하는 것이 아니라, 소비 행동 자체가 즐거움이고 놀이라고 인식하기 때문이다.

특히 최근에는 장기적인 불황으로 소비자들이 심각한 것보다는 재미를 통해 카타르시스를 느낄 수 있는 것들을 선호하는 경향이 나타나고 있다. 몇 년 전 싸이의 「강남스타일」이 전 세계 소비자들 사이에서 선풍적인 인기를 끈 것도 같은 맥락에서 이해할 수 있다. 멋진 배우, 근사한 배경에서 찍은 기존의 뮤직비디오와 달리 재미있고 엽기적인 코드를 사용했기 때문이라고 할 수 있다. 할렘 셰이크 역시 사람들이 쉽고 재미있게 다양한 패러디 영상을 만들 수 있었기 때문에 전 세계적인 열풍을 일으킨 것이다.

이처럼 사회·문화적인 분위기가 가볍고 즐거운 것을 추구하게 되자, 서울대 김난도 교수는 2014년 트렌드를 예측하면서 첫 번째 키워드로 스웨그(swag)를 꼽았다. 권위에 저항하고 자유분방한 사고방식으로 가볍게 희화하거나 우스꽝스럽게 만드는 스웨그는 과거에는 기성세대에 저항하는 일부 젊은 층의 전유물이었지만 이제는 하나의 주도적인 트렌드로 자리 잡았다. 예를 들어 과거에는 어설픈 짝퉁으로 치부되어 무시당하던 페이크(fake) 상품들이 이제는 당당하게 사치스러운 명품을 비꼬고 패러디를 통해 자신의 개성을 표현할 수 있는 스웨그 패션으로 젊은 층 사이에서 인기를 끌고 있다.

짝퉁이 아닌 개성을 표현하는 스웨그 패션

가벼움과 즐거움을 선호하는 트렌드는 커뮤니케이션에서도 나타나고 있다. 최근 몰래 카메라 바이럴 영상이 늘어나는 것은 현장에 있는 사람들에게 재미를 제공하고자 하는 의도도 물론 있지만, 미리 정해진 각본대로 사람들을 놀라게 할 때 제3자의 관점에서 그들이 놀라는 순간을 보며 즐거움을 느끼게 하고자 하는 의도도 분명히 있다. 앞서 언급한 2013년 올해의 캠페인으로 선정된 〈Dumb way to die〉는 철도 안전 캠페인이라는 딱딱하고 무거운 주제를 유쾌하고 즐겁게 다루었기 때문에 좋은 평가를 받은 것이다. 지금까지 공익 캠페인은 공포 소구를 사용하여 사람들에게 경각심을 일깨워주는 것이 일반적이었다. 하지만 이 캠페인은 재미있는 캐릭터와 유쾌한 노래를 사용함으로써 가볍지만 강하게 기억에 남는 방법을 선택했고, 디지털 싱글, 게임 등 다양한 형태로 확장되면서 성공을 거둘 수 있었다.

이처럼 커뮤니케이션 메시지가 무겁고 진지한 것이라 하더라도, 크리에이티비티를 통해 즐겁고 유쾌한 분위기를 전달하는 것이 얼마든지 가능하다. 기업이 소비자에게 이야기하고 싶은 메시지를 일방적으로 전달하면 소비자는 귀를 기울이지 않지만, 재미있는 소재를 활용하여 간접적으로 표현하면 기업이 특별한 노력을 기울이지 않더라도 소비자들이 자발적으로 확산시킬 수 있기 때문이다.

2010년 이집트의 판다 치즈는 〈Never Say No to Panda〉라는 시리즈 광고물을 제작하여 전 세계적으로 현재까지 3,000만 건 이상의 유튜브 조회 수를 기록했다. 이 광고는 판다 치즈의 USP나 맛, 성분 등에 대한 소개는 전혀 없이 다양한 이유로 판다 치즈를 거절한 사람들 앞에 판

Never Say No to Panda

다가 나와 복수를 하는 영상으로 소비자들에게 큰 웃음을 주었으며, 2010년 두바이 국제 광고대상(Dubai Lynx)에서 2개의 그랑프리를 수상했다.

물론 유쾌하고 가벼운 메시지가 장점만 있는 것은 아니다. 가볍게 즐길 수 있는 메시지들은 휘발성이 강하기 때문에 금방 기억에서 지워진다는 단점이 있다. 또 감성적인 공감대를 형성하는 영상에 비해서 공유가 많이 되지 않을 가능성도 높다. 그리고 비슷한 유머 코드의 시리즈가 계속된다면 소비자들이 싫증을 내는 '싫증 효과(wearout effect)'가 더욱 빨리 나타날 수 있다. 그럼에도 소비자들에게 더욱 친근하게 메시지를 전달할 수 있는 코드로 유머와 재미는 이 시대에 적합한 커뮤니케이션임을 부인할 수 없다.

오스트레일리아 지하철공사
〈Dumb way to die〉

2013년 칸 국제 광고제 5개 부문에서 그랑프리 수상

호주 멜버른의 지하철공사가 만든 〈Dumb way to die〉는 2013년 칸 크리에이티브티 페스티벌에서 누구도 부인할 수 없는 가장 시선을 끈 성공한 캠페인 중 하나일 것이다. 철도 교통안전 캠페인이라는 공익 캠페인이었음에도 빠르게 전 세계로 확산되었을 뿐 아니라 칸 페스티벌에서 PR, 다이렉트, 라디오, 필름, 인터그레이티드 & 티타늄에서 그랑프리를 수상하는 진기록을 세웠다. 또한, 애드에이지(Ad Age)에서 2013년 올해의 캠페인으로 선정되었다.

멍청하게 죽는 방법 중 최고는 열차 근처에서 조심하지 않아서 죽는 일이라는 메시지를 엽기적이지만 귀여운 캐릭터, 귀에 잘 걸리는 노래로 쉽고 재미있게 표현한 이 캠페인은 재미있는 영상뿐만 아니라 옥외 광고, 모바일 게임, 디지털 음원 등 다양한 콘텐츠로도 제작되어 빠르게 확산될 수 있었다.

2012년 11월 영상이 업로드된 후 2014년 9월 현재 8,870만 건 이상의 유튜브 조회 수를 기록하고 있으며, 디지털 음원 역시 10만 건 이상 판매되고, 28개국에서 아이튠즈 차트에 진입하는 등 큰 인기를 끌었다.

소비자가 좋아하는
불변의 소재를 활용하라
■ 3B의 법칙 ■

> 평소 유튜브 광고 보는 것을 좋아하는 송희영 씨는 편의점에서 에비앙 생수를 보자 얼마 전 유튜브에서 본 〈Baby & Me〉 영상과 재미 삼아 해본 자신의 아기 모습을 바로 보여주던 앱이 생각났다. 에비앙 영상을 보기 전까지만 해도 에비앙이 이유 없이 비싼 유럽의 프리미엄 생수라고만 생각했었는데, 영상을 본 이후는 왠지 친근한 느낌이 들기 시작하였다.

시대가 가도 변하지 않는 주목을 끄는 광고 모델의 법칙: 3B

광고에는 3B의 법칙이라는 게 있다. 미인(Beauty), 아기(Baby), 동물(Beast)을 광고 모델로 쓰면 광고의 주목률을 높일 수 있다는 법칙이다. 앞서 살펴본 에비앙의 사례는 어른과 똑 닮은 귀여운 아기들이 어른들처럼 춤을 추는 모습을 보여줌으로써 소비자들의 관심을 끌 수 있었다. 국내에서도 최근 어린아이들이 등장하는 광고가 늘고 있다. 최근 광고 업계에서는 '추블리'라는 애칭으로 불리고 있는 격투기 선수 추성훈의 딸 추사랑이 광고 모델 섭외 1순위로 꼽히고 있다고 한다. 추사랑은 유아용품은 물론, 주스, 학습지, 라면, 최근에는 카메라 광고 모델로도 활약하고 있다. 한 방송사의 연예 오락 프로그램에서 인기를 얻기 시작한 추사랑은 앙증맞은 애교로 전 국민의 사랑을 듬뿍 받게 된 것이다.

추사랑이 등장하는 광고

요즘처럼 경기가 좋지 않고 소비자들이 광고를 쉽게 피할 수 있는 시대에는 3B 법칙의 효과가 더 클 수 있다. 아름다운 인기 여배우, 귀여운 아기, 그리고 동물이 등장하는 광고는 광고의 신뢰도를 떠나 광고 자체에 대한 거부감을 줄일 수 있기 때문에 최근에는 다양한 카테고리로 확산 적용되는 경향이 있다. 과거에는 아름다운 여성의 외모나 패션을 모방하려는 심리를 자극하기 위해 패션이나 화장품 카테고리에서 미인을 모델로 등장시켰지만, 언젠가부터는 '○○○의 하루'라는 우스갯소리가 나올 정도로 카테고리에 상관없이 그 해 관심이 집중되는 유명 여자 연예인이 광고 모델로 발탁되고 있다. 유명 연예인이 등장하는 광고는 단발적으로 주목을 높일 수 있지만, 지나치게 많은 광고에 등장한다면 소비자들이 광고 메시지를 혼동하여 브랜드 정인율이 떨어질 가능성이 높아진다. 또한, 광고 모델 비용도 높아질 수 있다는 단점이 있다. 그럼에도 많은 기업이 유명 여배우를 등장시키는 것은 가장 뜨고 있는 모델을 사용함으로써 브랜드의 대세감을 형성하고자 하기 때문이다.

최근에는 쉽게 이미지가 중복되는 사람보다 동물을 모델로 등장시키는 광고들이 늘어나고 있다. 동물 모델을 사용한 브랜드의 대표 사례는 코카콜라의 북극곰이다. 산타클로스와 더불어 북극곰은 코카콜라 브랜드를 생각하면 자연스럽게 떠오르는 중요한 요소 중 하나다. 사람처럼 강한 이미지를 가지고 있지 않고 고유 개성이 없기에 동물 모델은 활용하기 유리하지만, 원하는 표정이나 행동을 유도해내기 어렵다는 한계가 있다. 또한, 광고 촬영 중 어떠한 돌발 상황이 발생할지 모른다는 한계도 분명히 존재한다. 그러나 최근 첨단 기술의 발달로 자유롭게 표정이나 몸짓을 표현하는 것은 물론 가상의 동물을 만들어낼 수 있게 됨에 따라 동물 모델을 사용하여 소비자들의 관심을 끄는 사례가 늘고 있다. 그동안 주로 친근감을 주기 위해 기업 이미지 광고 위주로 등장하던 동물 모델은 최근 자동차, 물티슈 등 다양한 카테고리로 확장하여 소비자들의 관심을 끌고 있다.

기아자동차는 미국에 쏘울을 론칭하면서 햄스터가 등장하는 광고를 지속적으로 내보냈다. 이 광고는 한국에서는 소개되지 않았는데, 미국에서는 브랜드 친숙도를 높이는 데 효과적이었다. 2009년 처음으로 등장한 햄스터 광고는 2년 연속으로 닐슨이 선정한 '올해의 자동차 광고상'을 받았으며, 세 번째로 제작된 셔플댄스 편의 경우는 2,000만 건 이상의 조회 수를 기록하여 역대 자동차 광고 조회 수 3위에 오르기까지 했다. 최근 신형 쏘울 출시와 함께 새롭게 제작한 네 번째 햄스터 광고역시 유튜브에서 큰 인기를 끌어 공개 1주일 만에 조회 수 100만 건을 돌파했다.

광고의 성공은 매출에도 영향을 미치고 있다. 미국 자동차 시장에서 기아차의 브랜드 위상이 높지 않음에도 쏘울은 햄스터 광고가 나온 2009년 이후 판매 대수가 꾸준히 증가하는 기록을 세우고 있다. 특별히 쏘울의 기능이나 성능을 강조하지 않는 광고지만, 귀여운 햄스터 세 마리로 소비자들의 관심을 끌고 보는 사람들에게 즐거움을 주는 소재로 커뮤니케이션했기 때문에 광고 주목도를 높일 수 있었고, 쉽게 사람들 사이에서 구전되면서 판매량 증대가 일어날 수 있었다.

햄스터를 내세운 쏘울 광고

49가지 커뮤니케이션의 법칙

소비자들이 광고를 신뢰하지 않고 점점 더 광고를 회피하고 있기 때문에 소비자들의 관심을 끌 수 있는 요소를 개발하는 일은 매우 중요하다. 귀여운 아기나 아름다운 여성 그리고 동물들을 이용한 크리에이티브는 분명 수많은 광고 클러터 안에서 눈길을 끌 수 있는 것임은 분명하다. 하지만 이런 3B 법칙이 성공을 위한 불변의 진리는 아니다. 따라서 모델 자체에 승부를 걸기보다는 모델들이 브랜드 이미지 형성에 어떠한 기여를 할 수 있는지, 그리고 그 모델이 가장 시너지를 낼 수 있는 크리에이티브는 무엇인가에 대한 고민이 선행되어야 한다.

에비앙 〈Baby & Me〉

2013년 칸 국제 광고제 아웃도어(Outdoor) 부문 금상, 필름(Film) 부문
은상과 동상, 필름 크래프트(Film Craft) 부문 은상

프랑스 천연 미네랄 워터 브랜드인 에비앙의 슬로건은 'Live Young'이다. 마치 우리가 어린 시절 읽었던 전래 동화 「젊어지는 샘물」과 같은 브랜드로 포지셔닝하고 있는 것이다. 에비앙은 이런 메시지를 잘 전달하기 위해 광고에 아기를 등장시키고 있다. 2009년 전 세계적으로 선풍적인 바이럴을 일으킨 〈Roller Babies〉에 이어, 2013년 4월에는 〈Baby & Me〉라는 영상을 유튜브에 업로드, 또 한 번 폭발적인 인기를 끌었다. 〈Baby & Me〉는 쇼윈도를 통해 자신의 어린 시절 모습을 보며 춤을 추는 어른들의 모습을 재미있게 표현했다. 2009년에는 영상만 제작했던 것과는 달리 2013년에는 영상뿐만 아니라 옥외 광고, 모바일 애플리케이션 등 다양한 미디어를 통해 소비자들에게 다가갔다. 자신의 사진을 업로드하면 특징을 잡아 아기의 모습으로 표현하는 앱은 소비자들에게 많은 구전을 일으켰으며, 기저귀를 찬 아기의 몸이 프린트된 티셔츠를 입은 옥외 광고와 인쇄 광고 역시 큰 인기를 끌었다. 아기 몸이 프린트된 티셔츠는 에비앙 쇼핑몰에서 판매되고 있으며, 소비자들이 이 티셔츠를 입고 사진을 올릴 수 있는 커뮤니티 사이트 또한 운영되고 있다. 최근에는 〈어메이징 스파이더맨 2〉의 개봉에 맞추어 스파이더맨 베이비가 등장하는 영상을 제작, 또 한 번 큰 반향을 일으키고 있다.

33

단순하게
큰 웃음을 주라

■ 키치 광고의 효과 ■

66 현수진 씨는 요즘 갑자기 비락 식혜를 즐겨 먹고 있다. 한때 식혜 음료가 유행할 때 몇 번 먹었다가 기억에서 멀어진 식혜가 다시 눈에 들어오기 시작한 것은 최근에 본 광고 때문이다. TV 광고가 맞나 싶을 정도로 황당한 웃음을 주는 이 광고는 원래 유튜브용으로 제작된 것이었다. 보는 사람들을 낄낄거리게 하는 이 광고는 유튜브 업로드 1주일 만에 200만 조회 수를 돌파하는 등 큰 인기를 끌었다. 비락 식혜는 '아메으리카노', '신토부으리' 등 의리 열풍을 일으킨 이 광고 덕분에 판매량도 큰 폭으로 늘었다. 전년 동기 대비 약 35퍼센트 매출이 증가하고, 편의점에서 품절 사태가 속출하는 등 1990년대 후반에 이은 제2의 전성기를

비락식혜 광고

맞이하고 있다. **"**

황당해서 재미있는 키치 광고의 인기

요즘 TV를 보다 보면 무슨 메시지를 전달하고자 하는 것인지 쉽게 이해가 안 되는 광고들이 있다. 앞서 언급한 비락 식혜의 의리 광고는 으리(의리)를 이용한 말장난으로 엉뚱한 재미를 줌으로써 많은 유행어와 패러디를 만들어냈다.

이 밖에도 "우리가 어떤 민족입니까?"라는 카피와 함께 밀레의 만종, 고구려 벽화 등을 패러디해서 명화의 주인공들이 음식을 배달시켜 먹는 장면을 선보인 배달의 민족 광고 역시 큰 웃음을 주며 소비자들에게 인기를 끌고 있다. 음식 배달 앱으로서는 가장 먼저 1,000만 다운로드를 돌파한 배달의 민족 앱은 국내 1위의 배달 앱으로서의 인지도를 강화하기 위해 TV 광고뿐 아니라 다양한 바이럴 영상을 제작하여 유튜브에 업로드함으로써 큰 인기를 끌었다. 또한, 3년 동안 한 달에 한 번씩 잡지 성격에 맞는 재미있는 내용의 인쇄 광고를 내보내는 소위 '잡지 테러'는 일반적으로 소비자들의 큰 관심을 받지 못하는 잡지 광고에 대한 관심을 높였을 뿐만 아니라 소셜미디어를 통해서도 잡지 광고의 콘텐츠가 빠르게 확산되고 있다. 그뿐만 아니라 경쟁사 모델을 칭찬하는 옥외 광고를 선보이는 엉뚱함, 한양대학교와의 콜래보레이션으로 학생들이 올린 문구를 개강 기념으로 한양대학교 애지문 계단에 도배해주는 이벤트 등으로 소비자들의 지속적인 관심을 끌고 있다. 배달의 민족이 지속적으로 보여주는 광고 캠페인은 배달 앱을 주로 사용하는 2030 세대의 큰 사랑을 받으며, 다음 광고에 대한 기대감을 불어넣고 있다.

이런 형태의 광고를 B급 광고 또는 키치 광고라고 한다. 키치 광고란 언뜻 보아서는 쉽게 내용이 이해가 되지 않고 촌스럽고 우스꽝스러운 광고를 의미한다. 문화·예술계에서 많이 사용되는 용어인 키치(kitsch)는 1860년대 독일 남부에서 처음으로 사용된 단어로 천박하고 저속한 모

배달의 민족 광고
자료: 배달의 민족 페이스북

조품을 의미한다.

이처럼 키치 광고가 인기를 끄는 이유는 최근 미디어 환경의 변화와 연결지어 생각해보면 쉽게 파악할 수 있다. 소비자들의 광고에 대한 관심이 점점 줄어들고, 스스로 다양한 콘텐츠를 선택하여 볼 수 있는 시대이기 때문에 엉뚱하고 우스꽝스러운 톤앤매너로 소비자들의 관심과 시선을 끄는 것이다. 앞서 살펴본 비락 식혜와 배달의 민족 이외에도 이승기와 이서진이 서슴없이 망가지는 모습을 보여준 위메프, 신 내림이라는 콘셉트로 세일을 알린 슈즈 멀티 스토어 ABC 마트 광고 등 과거에는 지상파에서 쉽게 찾아볼 수 없었던 소위 B급 광고들이 요즘은 자주 눈에 띈다.

왜 키치 광고가 인기인가?

불과 몇 년 전만 하더라도 광고는 제품의 가격이나 품질에 상관없이 최고의 멋진 이미지와 고급스러움을 전달하는 데 집중했다. 또한, 광고에 등장하는 모델도 가장 멋지고 아름다운 모습을 보여주고 싶어 했다. 하지만 최근에는 모델들 스스로 망가지는 것을 두려워하지 않는다. 최고의 인기 모델로 활약하고 있는 이승기나 류승룡도 진지한 분위기이지만 엉뚱한 콘셉트로 등장하여 소비자들에게 큰 웃음을 주고 있으며, 전국적인 의리 열풍을 일으킨 김보성 역시 비락 식혜 광고 이후 많은 광고에서 비슷한 콘셉트로 등장, CF 스타로 부상할 정도로 인기를 끌고 있다.

예전에는 주로 유튜브 업로드용으로 이런 영상이 많이 제작되었고, TVC와는 철저하게 분리되었었다. 그러다 보니 바이럴 영상과 TV 광고의 톤앤매너가 다른 경우도 많았었다. 하지만 최근에는 유튜브에서 인기를 끈 우스꽝스러운 영상들이 TVC로 등장하는 경우가 늘어나고 있다.

불과 몇 년 전까지만 하더라도 이런 광고들은 B급 광고라 불렸으며, 특이한 감성을 가진 소수의 젊은 층을 타깃으로 했었다. 하지만 최근에는 많은 사람이 열광하는 문화의 한 축으로 자리 잡을 만큼 B급 광고와 B급 문화는 대중적으로 큰 인기를 끌고 있다.

그 이유는 소비자들이 접하는 수많은 콘텐츠에서 짧은 시간 안에 강력한 인상을 남길 수 있기 때문이다. 키치 광고는 황당하고 재미있는 분위기나 스토리 덕택에 분명히 다른 광고에 비해 눈에 쉽게 띌 수밖에 없으며, 광고에 대한 몰입도를 높일 수 있다. 잔잔하거나 고급스러운 톤앤매너로 소비자들에게 강점 또는 차별적인 혜택을 알리고자 하는 광고들에 비해 메시지는 명확하지 않더라도 브랜드에 대한 강력한 연상을 남기는 이런 광고가 훨씬 쉽게 브랜드를 떠올릴 수 있게 하는 것이다. 요즘 소비자들은 스마트폰을 이용해서 언제 어디서나 손쉽게 정보를 검색해볼 수 있기 때문에 TVC에서 많은 정보를 제공하지 않는다 하더라도 브랜드명만 정확하게 각인된다면 쉽게 정보를 찾아볼 수 있다는 사실을 잊지 말아야 한다.

하지만 키치 광고를 기획할 때 반드시 고려해야 할 사항들이 있다. 첫째, 이런 콘셉트의 광고가 기업이 지향하는 바와 일치하는가 하는 점이다. 아무리 키치 광고와 B급 광고가 유행한다 하더라도 기업의 철학이나 비전과 맞지 않는다면 자제하는 것이 중장기적으로 브랜딩하는 데 효과적일 것이다.

둘째, 이전 캠페인들과의 연속성을 고려해야 한다. 이전 캠페인에서 고급스러운 분위기로 커뮤니케이션했는데 갑자기 우스꽝스러운 광고로 바뀐다면 소비자들은 혼란을 느낄 수밖에 없기 때문이다. 그뿐만 아니라 이전 캠페인들을 통해 쌓아온 브랜드 이미지를 다 잃게 됨으로써 그동안 사용했던 마케팅 비용을 낭비하는 결과를 초래할 수도 있다.

셋째, 소비자들이 쉽게 받아들일 수 있게 만들어야 한다. 아무리 눈에 띄고 싶다 하더라도 직관적으로 이해하고 웃음을 터뜨리지 못하고 해석이 필요하게 만든다거나 지나치게 파격을 추구한다면 오히려 진지하게 브랜드를 알리는 것보다 더 소비자들에게 다가서지 못할 수 있기 때문이다.

넷째, 키치 광고는 중장기적으로 이어가기 어려우므로 다음 캠페인에 대한 사전 기획이 필요하다. 키치 광고는 쉽게 눈에 띄지만 쉽게 싫증 날 수 있다는 단점도 있다. 따라서 젊은 소비자들에게 호소하기 위해 단발성으로만 기획한다면, 이 캠페인의 인기가 시들해지고 난 후 다음 캠페인을 기획할 때 연결고리를 찾지 못해 곤란해질 수 있다.

소비자가 상상하지 못했던
놀라움을 선사하라

■ WOW효과(WOW Effect) ■

❝ 인터넷으로 《애드위크(Adweek)》 등의 기사들을 주기적으로 읽으며 최신 트렌드를 파악하는 민성준 씨는 얼마 전 낯익은 브랜드명을 보고 얼른 클릭했다. 그것은 다름 아닌 현대차의 바이럴 영상에 대한 기사였다. 그는 현대차의 제품 아이덴티티를 홍보하기 위해 촬영된 바이럴 영상을 소개하는 기사를 읽고 유튜브를 검색하여 현대차의 영상을 찾아보았다. 유튜브에 업로드한 지 약 한 달 만에 1,000만 건 이상의 조회수를 기록한 이 영상을 보니 현대차의 기술력이 놀랍다는 생각이 들었고, 이렇게 쉽게 이해할 수 있게 만든 영상도 감탄스러워 이 영상을 자신의 소셜미디어 계정에 공유했다. ❞

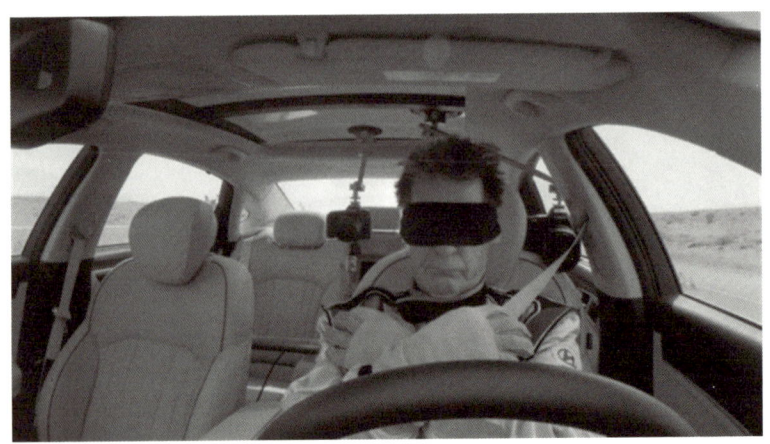

Smart Caring이라는 현대차의 제품 아이덴티티를 쉽게 표현한 영상

2014년 6월 국내에서 만든 영상 하나가 전 세계 소비자들의 관심을 끌고 있다. 그 영상은 다름 아닌 현대차의 제네시스를 이용하여 '무인 호송차(empty car convoy)'라는 콘셉트로 제작한 것이다. 이 영상은 제네시스를 홍보하기 위해 제작된 것이 아니다. 'Smart Caring'이라는 소비자에 대한 배려에 기초를 두고 생산되는 현대차 제품의 아이덴티티(Product identity)를 다룬 것이다. 차선 이탈 방지 시스템, 자동 비상 브레이크 등 소비자들의 안전과 편의를 위해 개발된 스마트한 사양들을 기술에 대한 상세한 설명이 아닌 소비자들이 더욱 쉽고 직관적으로 이해할 수 있도록 표현함으로써 호평을 받고 있다.

빠른 버즈를 일으키는 WOW의 힘

우리는 하루 내내 수많은 영상을 본다. 하지만 그중에서 사람들의 관심을 끄는 영상은 많지 않다. 특히 기술을 소개하는 영상은 더더욱 그렇다. 하지만 최근에는 기술 자체를 진지하게 알리는 것이 아니라 소비자들이 쉽게 이해할 수 있는 표현 방식을 개발하는 것에 더욱 초점이 맞춰지고 있다. 2014년 칸 국제 광고제에서도 이처럼 기술을 소비자들이 쉽게 이해할 수 있는 방식으로 표현한 영상이 좋은 평가를 많이 받았다.

폭스바겐의 충돌 예방 시스템(automatic distance control)을 감성적으로 풀어낸 〈Teddy Tragedy〉는 2014년 칸 국제 광고제에서 필름 부문 은상을 받았다. 이 광고에서 주인공으로 등장하는 두 마리의 토끼 인형은 폭스바겐의 충돌 예방 시스템으로 서로 가까이 가지 못하고 결국 헤어지게 된다는 메시지를 전달함으로써 폭스바겐의 기술을 감성적으로 풀어냈다.

2014년 칸 국제 광고제에서 필름 부문 그랑프리를 수상한 볼보 트럭 영상이나 앞서 언급한 제네시스의 무인 호송대 영상은 보는 사람들로 하여금 짜릿한 긴장감을 느끼게 하기에 충분하다. 기술이 발달하면서 익숙하게 사용하던 컴퓨터 그래픽 없이 실제 촬영으로 제작된 영상이기 때문에 소비자들은 보면서 더더욱 감탄을 금치 못하게 되고, 빠른 속도로 확산될 수 있다.

안광호 교수의 저서 『정서마케팅』에 의하면 기업 또는 브랜드가 소비자들에게 사랑을 받기 위해서는 '아하 효과(Aha effect)'와 '와우 효과(WOW effect)'를 제공해야 한다고 한다. 아하 효과는 정교한 커뮤니케이션 활동을 통해 기업이 전달하고자 하는 메시지를 이해시키는 것이고, 와우 효과는 창의적인 커뮤니케이션으로 호기심을 자극하는 것이다.

이 책에 따르면 자사 제품과 서비스의 핵심 속성을 강조해야 하던 전통적인 마케팅에서는 아하 효과가 중요했지만, 제품이나 서비스 품질의 표준화가 이루어진 요즘 시대에는 아하 효과보다는 소비자들에게 놀라움과 즐거움 등을 줄 수 있는 와우 효과를 창출하는 것이 더 중요하다고 한다. 특히 요즘처럼 소셜미디어를 통해 소비자 스스로 메시지를 전파시키는 시대에는 더더욱 소비자들을 자극할 수 있는 와우 효과가 중요하다.

WOW를 유도할 수 있는 요인

사람들에게 놀라움과 즐거움을 주기 위해서는 기존의 캠페인과 다른 새로움이 있어야 한다. 소비자들에게 가장 쉽게 새로움을 전달하는 방법은 첨단 기술을 이용하는 것이다. 이제는 너무 익숙해져서 새롭게 보이지 않지만, 빌딩 3D 프로젝션 맵핑 기술이 처음 등장했을 때만 해도 소비자들에게 큰 관심을 끌었었다. 특히 단순히 일방적으로 보는 영상이 아니라 소비자가 직접 참여할 수 있게 하는 이벤트와 결합된 영상은 더욱 파급력이 컸다. 2012년 칸 국제 광고제에서 미디어 부문 은상, 아웃도어 부문 동상을 수상한 프랑스 생수 브랜드 콘트렉스(Contrex)의 프로모션은 다이어트 성분이 포함된 미네랄 워터인 콘트렉스를 자연스럽게 홍보하기 위해 소비자들이 실내 운동용 자전거를 타게 하는 이벤트를 프랑스 파리의 한 광장에서 진행했다. 3일간 8,000명의 소비자가 참여했던 이 이벤트는 유튜브를 통해서도 빠르게 확산되어 전 세계적으로 콘트렉스 브랜드를 알리는 계기가 되었다.

새로움을 전달하는 또 다른 방법은 소비자들이 기대하지 않았던 새로운 방식으로 커뮤니케이션함으로써 놀라움을 주는 것이다. 첨단 기

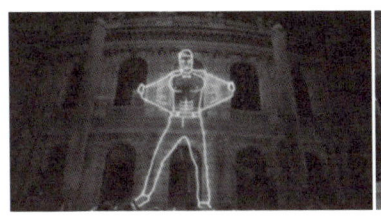

콘트렉스 3D 프로젝션 맵핑 이벤트

술을 설명하기 위해 무인 호송차라는 콘셉트를 이용한 제네시스 광고처럼 소비자들이 상상하지 못한 방식으로 표현하는 것은 구전을 일으키는 데 큰 효과가 있다.

마지막 방법은 압도적인 규모감으로 소비자들에게 놀라움을 주는 것이다. 예를 들어 2014 브라질 월드컵 이전에 삼성전자에서 진행했던 갤럭시 11은 전 세계적으로 유명한 축구 선수들을 모델로 기용함으로써 엄청난 모델 비용을 지출했고, 축구 스타들에 열광하는 수많은 팬들에게 빠른 속도로 확산될 수 있었다. 비록 삼성전자가 월드컵 스폰서가 아니었지만, 유명 축구 선수들이 등장하는 영상을 제작함으로써 소비자들의 높은 관심을 끌 수 있었다.

와우 효과가 있는 캠페인은 분명히 소비자들이 자발적으로 확산시키게 만드는 힘을 가지고 있다. 하지만 공감을 주거나 감동이 있는 캠페인과 비교할 때 수명이 길지 않다는 한계가 있다. 감동을 주는 캠페인과 비교하여 와우 효과가 있는 캠페인은 '싫증 효과(wearout effect)'가 더욱 빨리 생기기 때문이다. 따라서 단기간에 휘발되는 메시지가 되지 않도록 스토리텔링하는 것이 매우 중요하다.

볼보 트럭 〈Epic Split〉

2014년 칸 국제 광고제 필름(Film) 부문 그랑프리 수상

볼보 대형 트럭의 안정적인 주행 성능을 보여주기 위해 제작된 이 바이럴 영상은 장 끌로드 반담이 실제 주행하는 트럭의 사이드미러 위에서 안정적으로 다리 찢기를 하는 모습을 보여준다. 이 영상은 유튜브에 업로드 된 후 빠르게 SNS를 통해 확산되었고 많은 매체에 소개되면서 단기간에 7,000만 건 이상의 조회 수를 기록했으며 소비자들에게 혁신적인 방법으로 기술력을 알려 강한 임팩트를 남긴 사례로 긍정적인 평가를 받았다. 또한, 2014년 칸 국제 광고제에서 필름 부문 그랑프리, 뉴욕 광고제에서 'Best in Show' 등을 수상함으로써 영상의 완성도에서도 좋은 평가를 받았다.

35

표절이 아닌
또 다른 재미로 승부하라

■ 패러디의 힘 ■

> ❝ TV를 보던 채민수 씨는 팔도 왕뚜껑 광고를 보고 "풋" 하는 웃음을 터뜨렸다. 어디서 본 것 같은 광고 장면에 자신이 알고 있는 모델 대신 개그맨이 나와 진지하게 라면 광고를 하는 모습이 황당했기 때문이다. 평소 광고에 관심이 전혀 없는 채민수 씨지만, 그 광고를 보고 난 후 팔도 왕뚜껑 광고와 패러디 대상이 된 원래 광고인 스카이 광고까지 다시 찾아보게 되었고 두 광고의 기업명을 정확히 기억하게 되었다. ❞

단언컨대 2013년에 가장 히트했던 유행어 중 하나는 '단언컨대'일 것이다. "단언컨대 메탈은 가장 완벽한 물질입니다"라는 이병헌의 나레이션으로 화제가 되었던 펜텍 스카이 광고는 연예 오락 프로그램은 물론 타 브랜드 광고에서까지 패러디되면서 큰 화제를 만들어냈다. 중저음의 이병헌 목소리로 진지하게 전개되던 스카이 광고의 스토리라인을 유지하면서, 메탈을 뚜껑으로만 바꿔 소비자들에게 큰 웃음을 주었던 팔도 왕뚜껑 광고는 '단언컨대 패러디 열풍'을 일으킨 가장 성공적인 광고였다. 이 광고로 스카이의 광고도 왕뚜껑의 광고도 모두 소비자들에게 큰 인기를 끌어 두 브랜드 모두 높은 광고 효과를 거둘 수 있었다.

팔도 왕뚜껑은 2004년에도 스카이 뮤직폰의 광고를 패러디하면서 'It's Different'라는 슬로건을 'It's Delicious'로 패러디하여 큰 웃음을

스카이 광고   왕뚜껑의 스카이 패러디 광고

주며 인기를 끌었었다. 그리고 2013년 또 한 번 스카이 광고를 패러디하면서 엄청난 인지도와 함께 SNS를 통한 큰 구전 효과를 달성했다.

패러디 광고의 유형

패러디란 '유명 작가의 작품이나 등장인물을 흉내 내는 것'이다. 일반적으로 광고에서 가장 쉽게 할 수 있는 패러디는 인기 드라마나 영화의 장면을 활용하는 것이다. 한 연구(Johnson & Spilger, 2000)에 의하면 패러디는 유머를 통해 회상도를 높이기 위해 광고에서도 오래전부터 활용하고 있는 것으로 나타났다.

광고에서 흔히 사용되고 있는 패러디의 유형은 다음의 세 가지다. 첫 번째는 앞서 언급한 것처럼 영화나 드라마에서의 장면을 패러디하는 것이다. 인기 있는 영화나 드라마의 장면을 패러디하는 것이 소비자들에게 광고를 각인시키는 가장 좋은 방법이기 때문이다. 최근 KT는 한 드라마에서 부부로 나오는 배우들을 등장시켜 마치 드라마의 한 장면을 보는 것처럼 제작, 광고의 효과를 높였다. LG 유플러스는 영화 〈달콤한 인생〉에 등장했던 배우가 영화 속에서의 대사를 패러디하여 큰 웃음을 주기도 했다. 이 경우 주의할 점이 있다. 소비자들의 기억에 선명하게 남아 있지 않을 만큼 오래된 영화나 드라마를 패러디한다거나, 광고하는 제품의 타깃과 원작의 타깃이 현저하게 달라 소비자들에게 제대로 인지되지 못하는 일을 피해야 한다.

두 번째로는 닮은꼴 스타를 활용한 패러디 방법이 있다. 짝퉁 스타로 잘 알려진 배우들을 등장시켜 광고 모델 비용을 절약하면서 소비자들

돼지바 광고

에게 재미를 줄 수 있는 이 방법은 최근에는 오프라 윈프리, 루치아노 파바로티 등 세계적인 스타의 닮은꼴 배우들을 모델로 사용하는 것으로 확장되고 있다. 소비자들에게 진짜 배우인가에 대한 궁금증을 유발하여 관심을 끌 수 있기 때문이다. 때로는 전혀 비슷하지 않지만, 핵심적인 특징을 잡아내어 패러디함으로써 큰 웃음을 주기도 한다. 예를 들자면 2006년 돼지바 광고에 등장했던 임채무 씨는 2002년 한일 월드컵 이탈리아전에서의 모레노 심판을 패러디하여 큰 인기를 끌었으며, 실제 돼지바의 매출 상승으로 이어지기까지 했다.

세 번째 방법은 왕뚜껑 광고의 예로 살펴보았던 것처럼 다른 광고를 패러디하는 방법이다. 대표적으로 잘 알려진 것이 왕뚜껑 광고지만, 이 밖에도 인기를 끈 광고들의 패러디 광고를 종종 찾아볼 수 있다. 예를 들어 2010년 닛산 캐시카이(Qashqai)의 바이럴 영상은 2006년 칸 국제 광고제에서 필름 부문 금상을 받은 소니 브라비아 광고를 패러디하여 눈길을 끌었다. 브라비아의 광고는 길에 떨어지는 다양한 색상의 공을 통해 브라비아 TV의 선명한 색감을 표현했지만, 닛산의 캐시카이 광고는 비슷한 장소에서 떨어지는 딱딱한 볼링공에도 견디는 캐시카이의 견고한 품질을 부각시켰다.

소니 브라비아   닛산 캐시카이

패러디 광고 제작 시 고려할 점

패러디 광고를 제작하는 이유는 기존의 광고 인지도를 이용하면서 자연스럽게 일정 수준 이상의 인지도를 확보하는 동시에 선호의 감정을 형성하기 위함이다. 패러디 광고는 일반적으로 원작의 콘텐츠가 미디어에 노출되고 난 후 제작되기 때문에 소비자들에게 쉽게 기억될 수 있다는 장점이 있다. 또한, 패러디되는 콘텐츠는 소비자들에게 인기를 끌었던 것일 가능성이 높으므로 자연스럽게 무의식적인 선호의 감정이 생길 수 있고 광고 친숙도도 자연스럽게 높아질 수 있다. 하지만 패러디 광고를 제작할 때는 다음과 같은 사항들을 반드시 고려해야 한다.

첫째, 가장 주의해야 할 것은 저작권 문제다. 저작권 이슈를 피하려고 지나치게 패러디임을 숨길 때는 소비자들이 제대로 인지하지 못할 수 있다는 한계가 있으며, 사전에 협의되지 않은 상태에서 지나치게 모방한다면 표절 등의 이슈로 저작권 문제에 휩싸일 수 있기 때문이다.

둘째, 패러디 광고는 기본적으로 원작을 변형하여 유쾌함이나 즐거움을 주는 것을 의도하기 때문에 단발적으로 브랜드나 광고 인지도를 향상시킬 수 있으나 장기적인 캠페인으로 전개할 수 없는 한계가 있다.

셋째, 아무리 설득적이거나 신뢰감을 주는 메시지를 표현한다 해도 패러디 광고에 대해서는 쉽게 메시지를 신뢰하지 않고 희화적인 표현으로 인식할 가능성이 높으므로 구매 시점에서 많은 정보가 필요하지 않는 저관여 제품에 사용하는 것이 바람직하다.

36

엉뚱한 비교로
위트 있게 접근하라

■ 비교 광고 효과 ■

> 1990년대에 어린 시절을 보낸 서희경 씨는 자신도 모르게 콜라
> 는 사이다보다 몸에 훨씬 좋지 않다는 고정관념을 가지고 있다. 똑같은
> 탄산음료지만 이렇게 콜라에 대해서만 부정적인 인식을 갖게 된 이유는
> 어린 시절 텔레비전에서 본 '콜라를 마실 것인가? 사이다를 마실 것인
> 가?'라고 제시된 콜라와 사이다의 비교 광고 때문이다. 광고를 본 후 콜
> 라와 사이다를 담은 컵에 장미꽃을 각각 넣고 5일간 비교하는 실험을 했
> 던 서희경 씨는 사이다에 넣은 장미꽃에 비해 콜라에 넣은 장미꽃이 빨
> 리 죽는 것을 보고 어린 마음에 콜라에 대한 부정적인 이미지를 갖게 된
> 것이다.

비교 광고의 역사와 장단점

비교 광고란 자사의 상품과 타사의 상품을 비교함으로써 자사 상품이 우위에 있음을 강조하는 광고다. 외국에서는 비방 광고가 아니라면 비교 광고에 대해 상대적으로 관대한 편이지만, 국내에서는 2000년대 들어서야 비교 광고가 본격적으로 허용되기 시작했다. 1995년 '방송위원회의 광고 심의 규정' 개정으로 텔레비전에서 비교 광고가 제도적으로 허용되기는 했지만, 객관적인 데이터를 이용해야 하고 배타적인 표현을 사용해서는 안 되는 등 까다로운 규정으로 실제 비교 광고는 거의 제작되지 못했었다. 하지만 2001년 하반기 공정거래위원회에서 비교 광고에 대한 심사 지침을 만든 이후 국내에서도 자사 상품의 장점을 부각시키기 위해 타사 제품과의 비교를 허용함으로써 본격적인 비교 광고의 시대가 열리게 되었다.

비교 광고는 일반적으로 후발 기업이 많이 사용하는 전략이다. 1위와의 비교를 통해 경쟁 우위를 적극 커뮤니케이션할 수 있는 장점이 있기 때문이다. 상대적으로 브랜드 인지도나 선호도가 낮은 후발 기업들이 소비자들에게 강력한 인상을 남기기 위해 사용하는 전략이다. 이미 수많은 마케팅 서적에 성공 사례로 등장하는 에이비스의 〈우리는 2등입니다〉 캠페인은 1위 브랜드 허츠에 이어 압도적인 2위 브랜드로서의 자리를 굳건히 했을 뿐 아니라, 허츠와 경쟁 상대라는 인식을 확실하게 심어주는 계기를 마련했다.

후발 기업이 아니더라도 이슈 메이킹을 위해 비교 광고를 할 때가 있다. 가장 성공적인 비교 광고 중 하나는 펩시의 블라인드 테스트다. 코카콜라의 애호 고객을 모아놓고 펩시와 블라인드 테스트로 맛을 비교하여 펩시콜라가 더 맛있다는 응답을 받아낸 이 캠페인으로 펩시의 시장점유율은 빠르게 상승했다.

이처럼 비교 광고는 블라인드 테스트를 하거나 경쟁사 대비 강점을 직접 언급하고 객관적으로 비교하는 것이 일반적이다. 하지만 최근에는 진지하게 경쟁 우위 속성을 알리기보다는 위트 있게 타 브랜드와 비교하는 형태가 늘어나고 있다.

2014년 2월 DHL은 온도에 따라 변하는 재질로 특수하게 제작된 배송 상자를 이용, 자사의 빠른 배달 속도를 강조하는 바이럴 영상을 업로드하여 소비자들에게 즐거움을 주었다. 이 상자는 낮은 온도에서는 표면이 검은색으로 변하지만, 시간이 지나고 온도가 어느 정도 올라가면 "DHL is faster"라는 메시지가 보이도록 설계되었다. DHL이 아닌 UPS나 페덱스(FedEx)의 배달원은 단순히 검은 상자라고 생각하고 트럭에 실었으나, 트럭에서 꺼낼 시점이 되면 온도가 자연스럽게 올라가 DHL의 메시지가 드러나게 되고 그 결과 자연스럽게 경쟁사 DHL의 빠른 속도를 알리는 메시지를 전달하는 배달원이 되게 만들어버렸다.

〈Trojan Mailing〉이라는 제목의 이 영상은 2014년 칸 페스티벌의 프로모 & 액티베이션(Promo & Activation) 부문에서 금상을 받았고, 500만 건 이상의 유튜브 조회 수를 기록했다. 적은 비용을 투자했지만, 현장에서 지나가는 사람들이 타 브랜드의 배달원이 DHL이 더 빠르다는 메시지가 적힌 상자를 배달하는 곤란한 상황을 보는 재미를 주었으며, 이는 SNS 등을 통해서도 빠르게 확산되어 트위터에서 인기 있는 토픽으로 선

정되기도 했다.

　비교 광고는 보는 사람 입장에서는 엄격한 비교를 통해 객관적인 정보를 얻을 수도 있고, 위트 있는 비교를 통해 재미를 느낄 수 있게 한다. 하지만 비교를 당하는 상대방 입장에서는 불쾌하게 받아들일 수 있다는 단점이 있다. 비교의 대상이 된 상대방 기업이 소송을 제기하거나, 상호 비방으로 번지는 문제가 발생하기도 하고 '고름 우유 파동'처럼 소비자들의 외면으로 시장 자체가 축소되는 경우도 있다.

　2012년 커피 믹스 시장에 진출한 남양유업의 프렌치 카페 카페 믹스는 프림 속의 화학적 성분인 카제인 나트륨 대신 무지방 우유를 넣었다고 광고하며 "그녀의 몸에 카제인 나트륨이 좋을까? 무지방 우유가 좋을까?"라는 비교 메시지로 커피 믹스 시장에 카제인 나트륨 논란을 일으켰다. 이 광고를 통해 소비자들은 마치 카제인 나트륨이 인체에 해로운 것인 양 오해하게 되었고, 업체 간에 치열한 카제인 나트륨 공방이 벌어지기도 했다. 결국, 이 광고는 카제인 나트륨이 인체에 해롭지 않다는 이유로 비방 광고라는 법적 판결을 받게 되었으며, 광고 카피도 수정하기에 이르렀다. 하지만 많은 소비자는 여전히 이런 광고로 형성된 프림의 화학적 성분에 대해 부정적인 인식이 남아 있다.

비교 광고의 효과

『설득의 심리학』의 저자 로버트 치알디니는 설득을 위해서는 비교가 필요하다고 했다. 과거 경험 등에 기초하여 객관적으로 입증할 수 있는 기준이 있을 때 소비자들이 직관적으로 이해하기 쉽다는 의미다.

하지만 비교 광고의 효과를 일반화시키는 데는 한계가 있다. 많은 연구에서 선발 브랜드의 인지도를 이용하기 때문에 비교 광고가 후발 브랜드를 알리는 데 효과가 있다고 보았으나, 다른 연구에서는 상대적으로 브랜드 애호도가 높은 선발 브랜드를 이용함으로써 오히려 부정 효과(negative effect)가 강해질 수 있다고 보았기 때문이다. 사실 비교 광고는 인지도 측면에서는 효과가 있을 수 있으나, 브랜드 선호도 측면에서는 유의한 효과를 낳을 수 없는 경우도 많다. 특히 타 브랜드명을 직접적으로 드러내고 경쟁 우위를 직접적으로 보여주는 비교 광고는 해당 브랜드 애호 고객들이 메시지를 수용하기보다는 비교 광고의 내용을 부정하거나 무의식적으로 수용하지 않을 가능성이 있기 때문이다.

최근에는 객관적인 데이터의 비교를 통해 경쟁 우위를 직접적으로 알리기보다는 앞서 살펴본 DHL의 사례와 같이 위트 있는 소재를 사용

 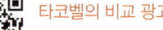 타코벨의 비교 광고   맥도날드의 대응 광고

함으로써 자연스럽게 비교가 될 수 있도록 하는 사례가 늘어나고 있다. 이런 경우에는 브랜드 인지도는 물론 선호도까지 향상시킬 가능성이 있다.

　최근 타코벨은 새로운 아침 메뉴를 출시하면서 로널드 맥도날드라는 이름을 가진 25명의 남자를 등장시켰다. 미국 패스트푸드 업계에서 아침 메뉴 시장을 주도하고 있는 맥도날드를 겨냥하여 만든 이 캠페인은 맥도날드와 그 어떤 직접적인 비교도 하지 않지만, 나이와 인종, 거주 지역 등이 다른 로널드 맥도날드가 나와 타코벨의 새로운 아침 메뉴가 좋다는 메시지(I'm Ronald McDonald and I love Taco Bell's new breakfast)를 전달함으로써 맥도날드와 자연스러운 비교를 유도했고, 소비자들은 타코벨의 재미있는 시도를 소셜미디어를 통해 확산시켰다. 맥도날드는 발끈하여 타코벨을 상징하는 치와와를 쓰다듬는 로널드 사진과 함께 '모방이 가장 진심 어린 아침'이라는 페이스북 메시지를 게재하고, 공짜 커피를 제공하는 등 적극 반박에 나섰다.

타코벨의 이 캠페인은 타코벨의 신메뉴가 맥도날드의 맥머핀에 비해 어떤 점에서 좋은지 직접 드러내지 않았지만, 소비자들에게 타코벨의 신메뉴를 인식시키는 데 확실한 효과를 거두었다. 그리고 맥도날드를 자극함으로써 이슈 메이킹에 성공하여 다양한 미디어에서 이들의 소셜 미디어 상에서의 전쟁이 다루어질 수 있게 만들었다.

타코벨이나 DHL의 비교 광고를 보면 비교 광고의 효과를 높일 수 있는 팁을 찾아볼 수 있다. 첫째, 객관적인 수치를 통한 논리적인 비교보다는 소비자들에게 재미를 느낄 수 있게 해야 한다. 기업의 입장에서 기획된 캠페인은 타 브랜드와의 비교 우위를 직접 묘사하는 것에 초점을 맞출 수밖에 없다. 예를 들면 많은 자동차 광고들이 신차를 출시하면서 마력이나 연비 등이 타 브랜드 대비 얼마나 좋은지 직접적으로 보여줌으로써 소비자들의 관심을 끌고자 한다. 하지만 소비자들은 객관적인 데이터에 기초하여 제품을 선택하는 것이 아니라 이미지나 평판 등 브랜드를 둘러싸고 있는 다양한 요소들에 의해 브랜드를 선택하기 때문에 이런 데이터가 아무리 객관적으로 좋다 하더라도 판매에 직접적인 영향을 미치지는 못하게 된다. 하지만 타코벨처럼 간접적으로 경쟁사의 연상이 떠오르도록 하는 비교 광고는 소비자들에게 새로움과 재미를 줄 수 있기 때문에 더욱 쉽게 소비자들의 관심을 끌고 메시지가 확산될 수 있다.

둘째, 긍정적인 이슈 메이킹이 될 수 있게 해야 한다. 비교 광고는 비방 광고의 선을 넘게 되기 쉽다. 비교 대상이 되는 기업을 비방하거나 지나치게 조롱하는 경우 상대 기업에서도 강력하게 대응하게 되고 자칫하면 시장 전체에 부정적인 영향을 미칠 수 있다. 하지만 위트 있게 비교하는 경우에는 상대방도 강력하게 대응하기 어렵게 된다. 만약 가볍게 한 비교 광고에 대해 지나치게 진지하게 대응한다면 소비자들이 오히려 비교 광고를 한 기업을 옹호하는 입장이 될 수 있기 때문이다. 따라서 상대 기업에서도 그냥 무시하거나 비슷한 톤앤매너로 대응하게 되고, 이렇게 가볍게 주고받는 비교 광고는 소비자들의 관심을 끌 수 있기 때문에 타코벨과 맥도날드 사례처럼 미디어에 소개될 가능성이 높다. 이럴 때에는 두 기업의 캠페인 모두 더 많은 소비자에게 더욱 쉽게 도달될 수 있어서 그 효과가 훨씬 커질 수 있다.

셋째, 비교를 통해 상대 브랜드를 깎아내리기보다는 자사 브랜드의 메시지를 진정성 있게 표현해야 한다. 앞서 언급한 에이비스 캠페인처럼 허츠와 비교하여 에이비스의 강점을 적극 호소하는 것이 아니라, 2등 기업으로서 더 열심히 노력하겠다는 기업의 자세를 보여주는 것이 소비자들에게 더 큰 공감대를 형성할 수 있고, 더 많은 지지와 격려를 받을 수 있다.

37

콘텐츠로 브랜드와
소비자의 진한 관계 맺기

■ 콘텐츠 마케팅 효과 ■

> 요즘 스페인 프로축구리그에 푹 빠져 사는 15세 영수 군은 앉으나 서나 축구 생각뿐이다. 학교에 가서도 쉬는 시간마다 운동장으로 달려가고 점심시간엔 아예 밥 먹는 시간이 아까울 정도다. 가장 좋아하는 팀은 역시 최고의 성적을 내고 있는 FC 바르셀로나이고, 가장 좋아하는 선수는 리오넬 메시다. 그런데 신기한 것은 다른 팀들의 유니폼에는 대부분 기업의 로고가 새겨져 있는데 바르셀로나 유니폼엔 유니세프라고 하는 자선단체의 로고가 표시되어 있다. '왜 그럴까?' 하고 늘 궁금해하면서도 요즘 들어서는 잘 알지도 못하는 유니세프마저 좋아지고 있는 영수군이다.

점점 격화되는 시장 경쟁 속에서 브랜드 간의 생존 경쟁은 그 어느 때보다도 치열하다. 제품 개발 능력은 평준화되고 가격 인하 경쟁은 더욱 격렬해짐에 따라 시장은 점점 더 범용상품화(commoditize)되고 있다. 이런 상황에서 브랜드 매니저들은 자사 브랜드를 차별화할 수 있는 아이디어를 찾기 위해 밤낮없이 고민하지만, 해답은 여전히 안갯속이다. 또 굉장히 영리해진 소비자들은 아무리 멋진 광고를 보여줘도 반응이 시큰둥하다. 고객들은 더욱 현실적이고 구체적인 방법으로 자신들의 욕구를 충족시켜 주길 바라고 있으며, 겉치레가 아닌 더욱 근본적인 공감대를 형성하는 진정성 있는 마케팅을 원하고 있다. 이런 매스커뮤니케이션의 한계점을 보완하고, 브랜드와 고객 간의 관계적 가치를 증대시키는 데 효과적으로 활용될 수 있는 방법이 바로 콘텐츠다. 기업은 콘텐츠 마케팅을 활용하여 고객과의 관계를 더욱 새롭게 함으로써 고객과의 진정성 있는 관계를 만들어낼 수 있다.

콘텐츠 마케팅이란 기존 고객 또는 잠재 고객과의 관계 형성을 위해 필요한 콘텐츠를 창조하고 공유하는 일련의 행위와 이와 관련된 모든 마케팅 행위를 의미한다. 콘텐츠 마케팅은 기업이나 브랜드가 보유한 가치 있는 콘텐츠(예를 들어 엔터테인먼트, 스포츠, 스페이스 등)를 더욱 효과적으로 고객에게 전달함으로써 구매를 유발하는 것을 목표로 하고 있다. 전통적 마케팅(광고, PR, 프로모션 등)의 자극에 염증을 느끼는 고객들에게 더욱 효과적으로 정보를 전달하겠다는 기업의 의도가 강조된 것이다. 마케터들은 자신의 목표 고객에 적합한 콘텐츠를 개발하고 이를 독점적으로 공유함으로써 고객들의 구매 의사결정에 영향을 미치는 새로운 설득 수단으로서 콘텐츠 마케팅을 활용할 수 있다. 결국, 콘텐츠 마케팅은 그 자체가 고객에게 맞춤화된 미디어(custom media)나 맞춤화된 콘텐츠(custom contents)의 중요성을 강조하는 일대일 마케팅 커뮤니케이션으로 볼 수 있다.

대중들이 가장 사랑하는 콘텐츠, 엔터테인먼트

콘텐츠 마케팅의 대표적 도구로 먼저 엔터테인먼트 장르를 들 수 있다. 요즘 기업들은 소비자의 관심을 끌기 위해 다양한 엔터테인먼트 장르들 속에서 더욱 효과적인 브랜드 노출 방식을 찾아 고군분투하고 있다. 대표적인 사례로 〈아메리칸 아이돌〉을 활용한 코카콜라를 들 수 있다. 〈아메리칸 아이돌〉을 활용한 코카콜라 PPL(Product Placement)은 그 브랜드가 얼마나 대중적이고 동시대적 아이콘인지를 소비자들에게 성공적으로 커뮤니케이션한 사례다.

전 세계적인 반향을 일으켰던 〈아메리칸 아이돌〉의 성공은 많은 수혜자를 탄생시켰다. 켈리 클락슨과 같이 이 프로그램을 통해 세계적인 스타가 된 출연자들이나 제작사인 폭스 TV 사가 가장 큰 수혜자라고 할 수 있겠지만, 프로그램 스폰서였던 코카콜라 역시 그에 못지않은 큰 수혜자라 할 수 있다.

2000년대에 접어들면서 코카콜라는 광고 인지도 하락이라는 문제에 직면하고 있었다. 코카콜라의 광고 인지도가 1980년대에 비해 40퍼센트 수준으로 크게 하락하면서 수십 년 동안 30초 TV 광고의 가장 큰 광고주였던 코카콜라는 마케팅 전략의 변화가 필요했다. 당시 CEO였던

스티븐 헤이어는 2000년대 초반 2억 7,000만 달러 수준이었던 TV 광고비를 과감하게 절반으로 줄이고 다양한 마케팅 기회를 모색했다. 그러던 중 〈아메리칸 아이돌〉이라는 콘텐츠를 만나게 된다. 그리고 〈아메리칸 아이돌〉의 심사 위원들 앞에 코카콜라 컵을 놓기 위해 무려 2,000만 달러(약 240억 원)의 거금을 투자했다. 결국, 평균 3,000만 명의 시청자와 부동의 시청률 1위를 가진 〈아메리칸 아이돌〉에 대한 투자가 헛되지 않았음을 증명하게 된다.

사이먼 코웰을 비롯한 심사 위원들(폴라 압둘, 랜디 잭슨)이 하는 말 한 마디 한 마디가 이슈가 되었고, 그들 앞에 항상 놓여 있던 코카콜라 컵은 〈아메리칸 아이돌〉의 상징이 되었다. 2006년 방송된 〈아메리칸 아이돌〉은 같은 시각 방송한 제48회 그래미상보다 2배 높은 시청률을 기록

아메리칸 아이돌의 심사 위원 모습과 무대 장면

했으며, 2006년 시즌 우승자인 테일러 힉스가 최종 파이널에서 획득한 표는 이전 대선에서 부시가 얻은 표보다도 많은 6,300만 표에 달했다. 이처럼 〈아메리칸 아이돌〉은 하나의 시대를 대표하는 문화적 아이콘으로 자리매김했다. 결국, 코카콜라는 광고나 세일즈 프로모션, 다이렉트 메일이나 홍보 기사가 아니라, 타깃 고객들의 니즈와 시대적 트렌드에 정확히 부합하는 엔터테인먼

트 콘텐츠를 고객과의 긍정적인 접촉의 창출에 활용했다. 고객들과 진정한 공감대를 형성하는 순간, 코카콜라는 특정 집단의 문화를 대변하는 시대적 아이콘으로서 지위를 차지하게 된 것이다.

최근에도 엔터테인먼트 콘텐츠 장르를 활용한 마케팅 사례들을 많이 찾아볼 수 있다. 세계적인 명품 업체 까르띠에(Cartier)는 2012년 3월 독일에서 〈L'Odyssée de Cartier〉라는 단편 영화를 제작·발표했다. 까르띠에의 론칭 165주년을 기념하기 위해 브루노 아벨란(Bruno Aveillan) 감독이 제작한 필름으로 오랜 헤리티지와 럭셔리 브랜드로서의 자부심을 웅장한 사운드와 멋진 영상미로 풀어냈다. 2년이라는 긴 기간 동안 제작할 정도로 심혈을 기울여 한 편의 영화처럼 높은 품질을 만들어낸 필름으로 소비자들의 높은 관심을 끌었다. 유튜브 조회 수 1,700만 건 이상을 기록했고, 2012년 칸 필름 크래프트 부문에서 금상을 받았다.

인텔 & 도시바(Intel & Toshiba)도 〈The Beauty Inside〉라는 영상을 제작·발표했다. 알렉스라는 사람이 매일 다른 국적과 외모로 살게 되면서 벌어지는 에피소드를 6편의 7분짜리 영상으로 제작하여 SNS 채널

인텔 & 도시바 〈The Beauty Inside〉

을 통해 공개했다. 페이스북을 통해 전 세계 시청자들에게 온라인 캐스팅 콜을 보냈을 뿐 아니라 소셜미디어를 통해 영상에 등장하는 메인 캐릭터들과 소통할 수 있게 했다. 이 영상은 2013년 칸 필름 사이버 등 3개 부문에서 그랑프리를 수상했다.

급부상하고 있는 인기 콘텐츠, 스포츠

콘텐츠 마케팅의 두 번째 도구로 스포츠가 있다. 여가 증가와 건강에 대한 관심 증대로 국내 스포츠 산업은 빠르게 성장하고 있으며, 이에 따라 스포츠를 통한 마케팅은 기업의 핵심 커뮤니케이션 수단으로 활용되고 있다. 일부에서는 막대한 스포츠 스폰서십 비용에 비해 그 효과가 너무 부풀려져 있다는 비판적 견해도 있지만, 스포츠는 소비자들이 가장 좋아하는 콘텐츠의 하나가 분명하다. 따라서 기업은 스포츠와 브랜드를 적절히 연결하여 브랜드에 대한 고객의 충성심과 애정을 더욱 증가시킴으로써 기업의 브랜드 가치를 제고할 수 있다.

대표적 성공 사례로 에미레이트항공이 있다. 1985년 임대 항공기 2대와 정부 지원금 1,000만 달러로 시작한 무명의 에미레이트항공이 25년 만에 142대의 항공기와 매출 100억 달러를 달성하며 '전 세계에서 가장 빠르게 성장하는 항공 회사'라는 수식어까지 얻을 수 있었던 원동력은 무엇이었을까? 모든 분야에 걸친 노력과 개선이 있었겠지만, 에미레이트항공이 펼쳤던 마케팅 활동 중에서 스포츠를 통한 고객과의 관계 맺기가 많은 주목을 받았다.

에미레이트항공은 타깃 고객의 라이프스타일을 면밀하게 살펴본 결

4 9 가 지 커 뮤 니 케 이 션 의 법 칙

과, 그들이 많이 찾는 스포츠 경기장과 선수 유니폼 등에 항공사 로고를 지속적으로 노출하는 게 에미레이트항공을 소비자들에게 친근한 항공사로 만들고 긍정적인 관계 맺기에 효과적이며, 궁극적으로 자사 항공기 이용률을 높이는 데 효과적일 것이라고 판단했다. 이런 전략하에 에미레이트항공은 전 세계 어느 항공사보다 공격적으로 스포츠 콘텐츠를 활용했다. 에미레이트항공은 영국 프리미어리그의 아스날, 국제럭비연맹의 세븐스 월드 시리즈, 12개 메이저 골프 대회, 국제크리켓연맹 등 다양한 스포츠팀이나 대회를 후원했다. 또한, 2006년에는 국제축구연맹(FIFA)과 공식 후원 계약을 맺으면서 아디다스, 현대자동차, 소니, 코카콜라, VISA에 이어 FIFA의 6번째 공식 후원사가 되었다. 에미레이트항공은 월드컵 후원 효과로 여러 지역에서 인지도가 높아지고 수익성도 좋아졌으며, 실제로 남아공 월드컵 때는 항공사로서는 유일하게 기내에서 월드컵 경기를 중계한 덕에 탑승률이 80퍼센트가 넘는 월드컵 특수를 누릴 수 있었다.

최근에는 스포츠를 통한 커뮤니케이션 기법도 단순히 스포츠 이벤트나 스포츠 선수를 후원하는 방식에서 벗어나 인간미 넘치는 스토리와 재미 요소를 함께 제공함으로써 상업적인

에미레이트항공의 스포츠 마케팅 후원 장면

광고를 능가하는 커뮤니케이션 기법들을 보여주고 있다. 즉 단순히 스포츠 결과만을 중계하는 것이 아니라, 이면에 숨겨진 성장과 노력의 스토리를 함께 제공함으로써 스포츠 마케팅에 인간미를 부여하고자 하는 것이다. 대표적인 사례로 아디다스의 〈Impossible is Nothing〉 광고를 들 수 있다. 이 캠페인에서는 리오넬 메시 등 후원 스포츠 스타들의 감동적 이야기를 광고로 제작하여 커뮤니케이션에 활용하고 있는데, 예를 들어 세계적인 축구스타 리오넬 메시가 등장한 광고에서는 다음과 같은 스토리를 들려준다.

내 이름은 리오넬 메시
내 얘기 한 번 들어볼래?

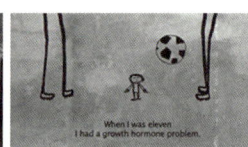
내가 열한 살 때 난
내 성장호르몬에 문제가 있다는 걸
알게 됐어

하지만 키가 작은 만큼
난 더 날쌨고

공을 절대 공중에 띄우지 않는
나만의 축구기술을 터득했어

이제 난 알아 때로는 나쁜 일이
아주 좋은 결과를 낳기도 한다는 걸

Impossible is Nothing

아디다스의 〈Impossible is Nothing〉 광고 장면

앞으로 기업은 자사의 브랜드가 소비자들의 사랑을 더욱 받을 수 있도록 브랜드와 소비자와의 브랜드 관계(Brand Relationship)를 더욱 강화해야 한다. 그러기 위해서는 기존과 같이 일방적으로 브랜드를 소비자에게 전달하는 것이 아니라, 자사 브랜드가 소비자의 마음과 생활 속 깊숙이

49가지 커뮤니케이션의 법칙

자리 잡을 수 있도록 브랜드와 관련된 다양한 콘텐츠들을 개발하는 것이 중요하다. 만약 이 콘텐츠들이 소비자가 많이 좋아하는 것들이라면 아마도 브랜드와 소비자는 콘텐츠를 매개로 더욱 쉽게 친밀한 관계를 형성할 수 있을 것이다. 앞으로 소비자들이 브랜드를 더욱 깊이 체험할 수 있는 더 좋은 콘텐츠에 대한 선점 경쟁은 더욱 뜨거워질 것이다.

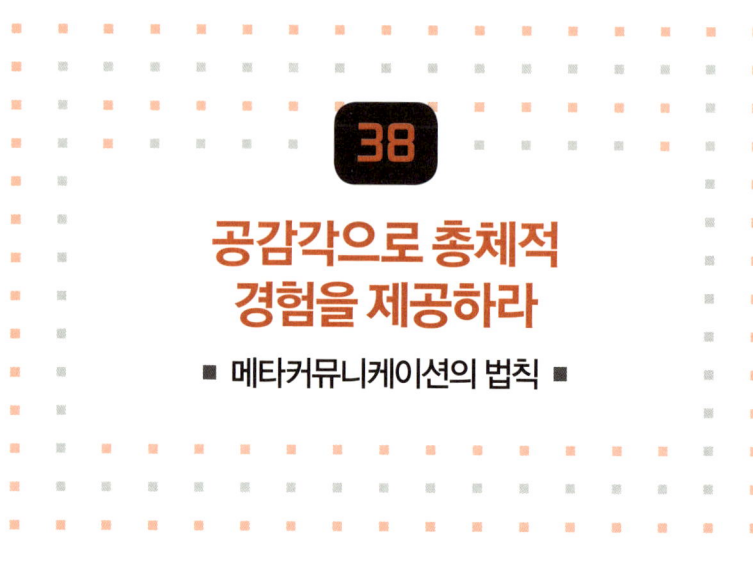

38

공감각으로 총체적 경험을 제공하라

■ 메타커뮤니케이션의 법칙 ■

> 주말이라 오랜만에 온 가족이 함께 영화를 보러 극장을 방문한 김민수 씨 가족. 영화 상영 전에 내보내는 광고 시간에 새로 출시된 그랜저 광고를 보게 되었다. 그런데 이게 단순한 광고가 아니라 가상 시승회였다. 특수 안경을 쓰고 안전띠를 매고 자리에 착석하자마자 자동차가 출발했다. 바람이 부는 장면에서 어디선가 바람이 불어오고, 와이퍼가 움직이자 물방울이 튀어나오고, 차량 거리 자동제어 장면에서는 하마터면 숨이 멎을 뻔했다. 정숙 주행으로 고속도로를 주행하자 승차감이 매우 좋을 것 같은 느낌이 들었다. 그리고 다양한 편의 장치들이 이전 모델보다 훨씬 개선되었음을 느낄 수 있었다. 실제 시승 체험을 능가하는

경험이었다. 영화를 다 보고 나온 아이들이 영화보다는 오히려 그랜저 광고 이야기를 더 많이 하는 것을 보고 김민수 씨는 오늘 자동차 매장에 한번 가봐야겠다는 결심을 한다. "

오늘날 브랜드 대부분은 광고 활동을 통해 소비자를 설득해 기존의 인식을 바꾸고자 노력한다. 하지만 미디어의 발달로 똑똑해진 소비자들은 인식을 바꾸려고 하는 소위 '설득 커뮤니케이션'에 대해 거부감을 가지고 있는 게 사실이다. 소비자는 더는 광고 메시지만으로는 움직이지 않는다. 그렇다면 소비자의 마음을 사로잡을 수 있는 대안은 무엇일까?

그 질문에 가장 적합한 대답은 바로 '공감각적 경험을 통해 행동을 유발하는 것'이다. 왜냐하면, 소비자의 경험은 확신을 만들어내며, 그 확신은 다시 인식을 변화시킬 수 있기 때문이다. 설득 커뮤니케이션에 더는 설득당하지 않는 현대 소비자에 대한 재설득과 그 소비자들의 인식을 변화시키는 가장 효과적인 방법이 바로 공감각적 경험을 통해 소비자의 행동을 유발하게 하는 것이다.

광고 회사 이노션이 2010년에 출범시킨 '커뮤니케이션 디자인센터 (communication design center)'라는 조직이 있었다. 이 조직의 가장 큰 목적은 소비자에게 공감각적인 경험을 제공할 수 있는 커뮤니케이션 캠페인을 기획하는 것이었다. 브랜드와 소비자가 만나는 모든 접점에서 소비자의 오감을 자극하는 공감각적 경험을 통한 커뮤니케이션만이 소비자를 실질적으로 움직일 수 있다는 강한 확신을 품었기 때문이다.

공감각 체험으로 감동을 전달한 현대차그룹 기업 PR

이를 가장 먼저 실천한 대표적인 캠페인이 현대자동차그룹 기업 PR이다. 2단계로 진행된 이 캠페인에서 현대자동차그룹과 이노션은 메시지 중심의 기업 PR이 아니라 소비자의 참여와 소통을 이끌어낼 수 있는 공감각적 경험을 이용한 기업 PR을 성공적으로 론칭했다.

첫 번째로 〈기프트 카(Gift Car)〉 캠페인에서는 '달리는 당신을 사랑합니다'라는 콘셉트를 가지고 네티즌의 응원 댓글이 모여 자동차가 필요한 사람들에게 기프트 카가 주어지는 이벤트 형식의 캠페인을 전개했다. 경제적 이유 등으로 도저히 차를 살 수 없는 사람들에게 많은 소비자가 인터넷으로 투표하여 이들이 차를 가질 수 있도록 해주는 따뜻하고 감동적인 프로젝트였다. 실제로 960번 만에 운전면허를 딴 차사순 할머니, 사회복지단체 승가원의 장애 아동, 강원도 평창군 진부중고 역도부 5총사 등 가난하고 어려운 분들이 차를 받고 기뻐하는 장면을 통해 많은 시청자가 공감하고 눈시울을 적셨다.

두 번째로 〈버스 콘서트〉 캠페인에서는 '달리는 당신과 함께합니다'라는 콘셉트를 가지고 유명 뮤지션들이 게릴라 형식으로 버스에 탑승하여 버스 승객을 위한 즉흥 콘서트를 개최하는 방식의 캠페인을 전개했다. 아이유, 김범수, 이승철, 설운도 등 유명 가수들이 자신의 이미지에 맞는 노선의 버스에 갑자기 올라서 즉흥적으로 벌이는 미니 콘서트에 많은 시민과 독자들이 놀라움과 함께 공감을 가질 수 있었다. 이 캠페인들을 통해서 현대자동차와 소비자의 교집합을 찾고 그 안에서 기업의 메시지를 오감을 통해 느낄 수 있는 형태로 디자인하여 소비자의 큰

차사순 할머니
960번의 도전 끝에 면허를 취득한 운전이 꿈이자 목표인 열정과 도전의 할머니

진부중고 역도부
금메달을 위해 달려가지만 시합장에 가는 길이 멀기만 한 역도부 5총사

승가원 천사들
장애가 있지만 누구보다 밝은 태호, 어디든 가고 싶고 무엇이든 하고 싶은 태호의 꿈

키프트 카에 선정된 당첨자들 스토리

호응을 얻을 수 있었다.

커뮤니케이션 디자인센터가 중요하게 생각하는 3가지 철학이 있다고 한다. 첫째는 커뮤니케이터가 아니라 브랜드 매니저를 지향한다는 것이다. 주어진 커뮤니케이션 과제에만 의존한 수동적이고 관습적인 전략은 지양하고, 더욱 능동적이고 창조적으로 브랜드를 담당하고 고객사의 입장에서 브랜드가 직면한 진짜 문제를 함께 발견하고 문제를 해결하는 통찰력을 먼저 제안하기 위해 노력한다는 의미다. 다시 말해 커뮤니케이터의 시각이 아닌 브랜더의 시각으로 프로젝트를 수행하는 것이다.

둘째는 광고가 아니라 솔루션을 제공한다. 커뮤니케이션 디자인센터는 광고에만 의존한 캠페인을 지양한다. 브랜드의 문제를 해결하는 모든 답이 언제나 광고라고 생각하지 않기 때문이다. 반면에 브랜드의 문제를 해결할 수 있는 최적의 솔루션을 지향한다. 상업적인 메시지에 강한 거부감을 보이는 이 시대의 소비자들에게 자연스럽게 호소할 수 있는 '토털 컬처 솔루션'을 제시하고 있는 것이다. 이 솔루션은 영화, 음악, 앱,

게임, 스페이스, 포럼, 바이럴 필름, 프로그램, 파티 등 그 어떤 영역에도 제한을 받지 않는다.

셋째는 소비자의 지성을 자극하는 이성적인 메시지 중심의 설득 커뮤니케이션을 지양하고, 소비자의 감성과 감정을 자극하는 공감각적인 커뮤니케이션을 지향한다. 궁극적 목표인 소비자 인식의 변화도 적절한 오감의 체험을 통해 이루어질 수 있다고 믿기 때문이다.

공감각 론칭 이벤트로 젊은이와 소통한 현대차

15일간의 〈벨로스터 론칭 쇼〉는 개성을 중시하는 젊은 고객들과의 관계를 강화시키는 것이 절실한 현대자동차가 때마침 신개념 젊은 감각의 자동차 '벨로스터'를 출시하면서 진행한 공감각적인 브랜드 솔루션의 전형이다. 일반적으로 자동차 론칭 행사는 언론 보도를 위해 하루 동안 진행하는 것이 관례였으나, 커뮤니케이션 디자인센터는 벨로스터 론칭 쇼의 주인공은 젊은이들이 되어야 한다는 판단하에, 서로 알고 매력을 느끼려면 하루로는 부족하다고 판단했다. 그래서 젊은이들과 충분히 호흡할 수 있도록 〈15일간의 론칭 쇼〉를 준비했다.

론칭 쇼에 앞서 사전 홍보를 위해 벨로스터라는 이름의 클럽을 만들고 6,000명의 젊은 고객들을 초대했다. 15일간의 론칭 쇼는 벨로스터를 차지하기 위해 9대의 벨로스터가 미션을 수행하는 경쟁 구조로 진행되었다. 모든 미션은 온라인과 SNS를 통해 젊은 고객들의 참여로 이루어졌다. 이 프로젝트의 성과를 살펴보면, 15일간 총 1만 8,104개의 미션 아이디어가 제공되었고, 전국 34개의 지역에서, 14만 80명의 젊은이

오프닝 쇼

해외 유명 DJ 축하 쇼
(옥외 건물 신축)
기자 시승회 동시 운영

릴레이 미션 쇼

9명의 명사와 고객이 함께 수행
인터넷과 SNS 연동한 고객 참여 극대화
(오프라인+온라인 통한 MC 강화)

피날레 쇼

9명의 명사 및 참여 고객 참가
(벨로스터 9대 증정 및 응모 고객 초청)
기존 클럽(ANSWER) 연계 파티 운영

벨로스터 15일간의 론칭 쇼 진행 과정

가 미션 수행에 동참했으며, 111만 8,621명이 캠페인 웹사이트를, 98만 8,072명이 벨로스터 페이스북을 방문하는 성과를 만들어냈다.

경험과 체험을 통해 소비자의 자발적 참여와 동참을 이끌어내는 공감각적인 커뮤니케이션 기법은 SNS와 모바일로 대표되는 현재의 마케팅 미디어 트렌드 속에서도 소비자에게 매우 적절한 커뮤니케이션 기법으로 볼 수 있다. 이를 입증하듯이 최근 칸을 비롯한 세계적인 권위를 자랑하는 국제 광고제에서도 소비자의 경험 창출에 주력하며 브랜드에 대한 총체적인 솔루션을 제공하는 공감각적이고 창의적인 캠페인들이 대거 수상하는 것을 심심찮게 볼 수 있다. 미래에는 또 어떤 형태의 공감각적인 커뮤니케이션 캠페인이 등장할지를 지켜보는 것만으로도 즐겁고 흥분된 일이 아닐 수 없다.

PART 5

혁신을 이용한
커뮤니케이션의 법칙
Innovation

49 가지
커뮤니케이션의 법칙

39

기술로
생생함을 전달하라

■ 리얼 타임 광고의 힘 ■

> 소치 동계 올림픽 중계를 보던 송하나 씨는 경기 중간에 나오는 삼성전자 광고를 보고 깜짝 놀랐다. 불과 몇 시간 전에 본 경기 결과가 광고에 등장했기 때문이다. 보통 광고는 사전에 촬영하는데 어떻게 이런 결과가 가능한지 신기한 생각이 들었고, 우리 선수들의 멋진 경기 장면을 다시 한 번 볼 수 있어서 삼성전자 광고가 나오면 집중해서 보았다. 일정 기간 이상 같은 영상이 방송되는 다른 광고와 비교할 때 삼성전자의 광고는 깊은 인상을 주었기 때문에 송하나 씨의 시선을 잡아끌 수 있었다.

2014년 2월 삼성전자의 갤럭시 광고는 많은 사람에게 화제였다. 불과 몇 시간 전에 있었던 실제 경기 장면을 응원하는 영상 때문이다. 김연아, 이상화 선수의 경기, 여자 쇼트트랙 계주 등 대한민국의 관심이 집중된 경기 장면과 갤럭시 응원단의 응원 장면이 결합된 이 광고는 '리얼 타임 팩션(Real Time Faction)'이라는 이름으로 불린다. 팩션이란 사실(Fact)과 허구(Fiction)의 합성어로 실제 상황에 기초하여 제작된 것을 의미한다. 삼성전자는 불과 몇 시간 전의 경기(Fact)의 감동을 더욱 생생하게 전달했을 뿐 아니라 갤럭시의 장점을 자연스럽게 드러내 소비자들에게 강한 인상을 주었다.

이런 광고가 가능했던 것은 삼성전자가 올림픽 공식 후원사였기 때문이다. 그래서 올림픽 수개월 이전부터 방송사는 물론 국제올림픽위원회(IOC)와 지속적으로 협의할 수 있었다. 소치 올림픽 개막식 직전에 소치 현장에서 박태환 선수가 백지 보드판을 들고 응원하는 모습을 사전 촬영하고 실제 경기 장면과 함께 경기 결과를 보드에 컴퓨터 그래픽으로 합성하여 시청자들에게 마치 박태환 선수가 실제 경기를 응원한 것처럼 보이도록 제작한 것이다.

다양한 리얼 타임 광고 사례

영상을 촬영하고 편집하여 필름으로 방송국에 보내야 하던 시절에는 이런 리얼 타임 광고는 상상도 못할 일이었다. 그러나 지금은 기술의 발전으로 소비자들에게 리얼 타임에 가까운 메시지를 전달할 수 있게 되었다. 2012년 런던 올림픽 기간 AT&T가 제작한 TV 광고에서도 거의 리얼 타임 콘텐츠가 등장하는 광고가 방송되어 많은 사람의 관심을 끌었다. 미국 국가대표팀을 후원하는 AT&T는 자국 선수가 금메달을 획득한 후 그 영상과 기록을 광고물에 반영한 〈The New Possible〉 캠페인을 제작했다. 당시 AT&T는 실제 경기 후 만 하루도 되지 않아 경기 결과를 광고물에 등장시킴으로써 혁신적인 광고라는 평가를 받았으며, 소셜미디어를 통해 빠르게 버즈를 일으켰다.

이 밖에 2013년 슈퍼볼 당시 오레오 광고도 실시간 광고로 소비자들의 관심을 끈 사례로 잘 알려졌다. 2013년 슈퍼볼 결승전에서는 약 35분간 정전 사태가 발생했다. 오레오는 이를 재빨리 이용, "Power out? No problem"이라는 트윗과 함께 어둠 속에서도 오레오를 먹을 수 있다는 메시지를 위트 있게 표현한 광고물을 올렸다. 이 광고물과 트윗은 1만

AT&T 〈The New Possible〉 광고

정전 중의 오레오 광고

8,000건 이상 리트윗되는 등 엄청난 화제를 불러일으켰으며, 막대한 광고비를 지출한 다른 기업들과 비교하여 큰 성공을 거두었다. 이 당시 아우디, 타이드(Tide) 등 여러 기업 역시 정전을 이용한 트윗을 내보냈다. 그런데 그중에서 오레오가 가장 성공할 수 있었던 이유는 미션 콘트롤 센터를 운영하여 실시간으로 빠르게 위트 있는 광고물을 제작하도록 의사결정을 내렸기 때문이다.

시선을 끌 수 있는 리얼 타임 커뮤니케이션

비슷한 콘셉트였음에도 AT&T와 삼성전자의 광고가 모두 소비자들과 언론에 큰 반향을 일으킨 것은 이 광고물들이 다른 광고물들과 비교하여 소비자들의 주의를 끌 수 있는 요소를 충분히 지녔기 때문이다. 사람들은 대부분 광고를 볼 때 집중하거나 주의를 기울이지 않고 다른 행동을 하거나 채널을 돌리는 것이 일반적이다. 하지만 이때 소비자들에게 특별한 자극을 제공한다면 무심결에 고개를 들어 광고에 집중하게 하는 힘을 발휘할 수 있다. 이처럼 비자발적인 주의를 끄는 요소들은 크게 2가지로 구분할 수 있다.

하나는 현저성(salience)이다. 정보 자체가 눈에 띄게 특이하거나 예상을 빗나가는 경우 소비자들은 자신도 모르게 광고에 귀를 기울이게 된다. 위에서 살펴본 사례들은 모두 경기 후 바로 리플레이 되어 머릿속에

49가지 커뮤니케이션의 법칙

각인되었을 뿐만 아니라 좋은 결과로 사람들에게 큰 감동을 일으켜 다시 보고 싶게 만드는 장면들이 프로그램이 끝났다고 생각되는 순간 광고물들 사이에 다시 한 번 등장했기 때문에 소비자들의 관심을 끌게 된 것이다. 그뿐만 아니라 하나의 콘텐츠만을 계속해서 보여주지 않고 주요 경기 이후에 소재를 바로바로 교체하여 끊임없이 광고에 변화를 주었기 때문에 계속 소비자들의 관심을 받을 수 있었다. 이처럼 리얼 타임 콘텐츠는 예상하지 못했던 새로움과 콘텐츠의 빠른 변화로 다음 광고에 대한 기대감을 줄 수 있기 때문에 다른 정보에 비해 현저성을 느낄 수 있다. 벌린(Berlyne)(1974)의 연구에서도 자극의 현저성은 즉각적인 주목을 유도할 수 있다고 밝혀진 바 있다.

다른 하나는 생생함(vividness)이다. 현저성처럼 눈길을 끄는 소구 포인트가 없다 하더라도 정보 자극 자체가 생생함을 준다면 소비자들의 관심을 끌 수 있다. 휴스턴(Huston) 등(1987)의 연구에 의하면 소비자들은 과거의 일보다 최근의 일에 더 주목하는 경향이 있는데, 리얼 타임 광고의 콘텐츠들 역시 바로 직전의 경기 결과가 반영되기 때문에 기존의 다른 광고 콘텐츠보다 차별적인 시선을 끌 수 있게 되는 것이다. 또한, 추상적으로 메시지를 표현하지 않고 올림픽 기간에 실제 경기 장면을 광고에 삽입함으로써 올림픽 중계를 시청하는 소비자들에게 더욱 연관성이 높고 구체적인 정보를 제공한 것 역시 생생함을 주는 데 기여했다고 볼 수 있다.

리얼 타임 광고가 빛을 발하기 위해서는 소비자들이 실시간으로 관심을 둘 만한 콘텐츠를 이용해야 한다. 오레오의 슈퍼볼 정전 사고를 이

현저성과 생생함을 구성하는 요소

현저성(Salience)	생생함(vividness)
자극의 새로움 독특함 빠른 콘텐츠의 변화	정보의 최신성, 근접성 구체성 관련성

용한 광고처럼 특정 사건에 발 빠르게 대응하여 광고를 제작하는 것도 효과적이지만 언제 어떻게 일어날지 모르는 천재지변을 이용하는 것보다는 스포츠 경기를 이용하면 철저한 사전 준비가 가능할 것이다. 앞으로 개최될 빅 이벤트에서 또 어떤 리얼 타임 광고가 소비자들의 관심을 끌 수 있을지 기대된다.

전통 매체에
기술을 더하라
■ 첨단 기술의 힘 ■

> 영국에 사는 존슨 씨는 피커딜리서커스(Piccadilly Circus)를 지나다가 무심코 옥외 광고판을 보고 깜짝 놀랐다. 비행기가 지나가니 옥외 광고판에 그려진 어린아이가 갑자기 일어나서 비행기의 이동 방향을 따라 손가락으로 가리키며 움직였고, 그 후로 방금 지나간 영국 항공 비행기의 편명과 출발지가 쓰였기 때문이다. 존슨 씨는 비행기가 날아가는 것을 보면 어디에서 왔을까, 어디로 가는 걸까 궁금해하며 하늘을 올려다보던 자신의 어린 시절이 오버랩되며 잠시 동심의 추억에 잠기게 되었다.

소비자의 눈길을 끄는 첨단 기술

2010년 전 세계적으로 스마트폰 보급률이 증가하기 시작한 이후 우리 주변에서 첨단 기술을 이용한 마케팅을 흔히 볼 수 있게 되었다. 불과 몇 년 전까지만 해도 QR코드를 이용한 마케팅이 아주 혁신적이었지만, 이제는 너무나 보편적인 것이 되어 소비자들의 눈길을 끌지 못하고 있다.

스마트폰을 이용하여 언제 어디서나 쉽게 정보를 접할 수 있게 되고, 다양한 인터랙티브 기술이 발달함에 따라 소비자들에게 메시지를 전달하는 방법은 나날이 새로워지고 있다. 일례로 불과 4~5년 전까지만 해도 혁신적인 마케팅 기법으로 많은 기업이 앞다투어 시도하던 3D 프로젝션 맵핑은 일방적으로 콘텐츠를 전달하는 것에서 소비자들이 게임과 같은 형태로 참여하는 것까지 매우 다양해졌다. 싱가포르에서 쌍둥이 빌딩을 이용하여 'Joy'의 메시지를 전달했던 BMW나 신차 출시로 멋진 영상을 만들어낸 현대자동차의 엑센트 3D 프로젝션 매핑은 그 당시에는 소비자들에게 혁신적인 마케팅 방법으로 놀라움을 주었다. 하지만 이후 쉐보레 소닉이나 프랑스의 생수 브랜드 콘트렉스처럼 현장에 있는 소비자들이 체험하고 즐길 수 있는 게임 형태의 콘텐츠를 제공하는 기술이 발달함에 따라 소비자들은 더 이상 3D 프로젝션 매핑의 옥외 광고판 정도에 활용되는 단순한 일방향적인 콘텐츠에는 관심을 기울이지 않고 있다.

폭스바겐 〈Eyes on the Road〉 캠페인

최근에는 점점 더 많은 기업이 소비자들에게 새로운 경험을 주기 위해 다양한 첨단 기술들을 활용하고 있다.

2014년 6월 홍콩의 폭스바겐은 지오펜스(Geo-fence)라는 GPS 기반의 가상 반경 설정 기술을 이용한 캠페인을 전개했다. 이 캠페인 영상은 유튜브와 소셜미디어를 통해 빠르게 확산되었다. 운전 중 휴대전화를 많이 사용하는 홍콩 사람들에게 경각심을 주기 위해 기획된 이 캠페인은 극장에 앉은 사람들이 마치 운전하는 것처럼 브랜드 로고가 가려진 자동차 핸들 앞에 앉아 주행하는 영상을 보여주는 것으로 시작된다. 그러다 특정 시점에 지오펜스 기술을 이용하여 극장 안에 모여 있는 사람들에게 갑자기 문자 메시지를 발송한다. 현장에 있던 소비자들이 무심결에 문자 메시지를 확인하는 동안 차는 어딘가에 부딪히는 장면으로 바뀐다. 그 후 운전 중 휴대전화 사용의 위험성에 대한 경각심을 높이는 메시지와 폭스바겐 로고가 등장하는 것으로 마무리된다. 이 엔딩 장면을 본 후에야 사람들은 폭스바겐의 공익 캠페인이었음을 인지할 수 있다. 이 바이럴 필름은 공익 메시지였음에도 약 3주 동안 2,500만 건 이상의 조회 수를 기록하는 등 빠른 속도로 소비자들 사이에 확산되고 있다.

마케팅에 첨단 기술을 적극 활용하는 이유

이처럼 첨단 기술을 이용한 마케팅은 소비자들에게 기존의 캠페인에서 보지 못했던 새로움은 물론 빠르게 발전하는 기술에 대한 놀라움을 선사한다. 과거에는 인터넷이 있다 하더라도 검색 광고와 배너 광고 위

지오펜스 기술을 이용한 폭스바겐 안전운전 캠페인

주었기 때문에 전통 매체를 이용하는 것처럼 일방적인 메시지를 송신했
다. 하지만 다양한 첨단 기술의 발달은 소비자들의 기대를 뛰어넘는 혁
신적인 커뮤니케이션을 가능하게 한다. 첨단 기술은 소비자와 진정한
양방향 커뮤니케이션을 이루게 하기 때문이다.

기업들이 첨단 기술을 마케팅 커뮤니케이션에 적극 활용하는 것은
다음과 같은 이유 때문이다. 첫째, 더욱 쉽게 소비자들의 시선을 끌 수
있다. 하루에 수없이 많은 광고 메시지를 접하는 소비자의 관심을 끌기
위해서는 새로운 자극이 필요하다. 소비자들은 일반적으로 기업이 보
내는 메시지에 큰 관심을 기울이지 않지만, 자신이 지금까지 한 번도 접
하지 못했던 새로운 경험을 제공한다면 눈을 돌리게 될 수밖에 없다. 수
정액 브랜드인 팁-엑스(Tipp-ex)는 2010년 유튜브에 새로운 기술을 접목해

A hunter shoots a bear

> Tipp-Ex | White and rewrite
> Tipp-Ex
> Pocket Mouse

> Hungry grizzl
> 32678 views
> Titan&Louie75
> 7:22

> Tod's hunting
> 34587 views
> Buzzmantheboa
> 4:13

> Polar bear in
> 123997 views
> Grangertheblac

AndyTheHunter | 17 August 2010
Huge bear attacks after being shot by a hunter!

9213586 views

팁-엑스 인터랙티브 광고

인터랙티브 바이럴 영상을 선보였다. 디지털 마케팅의 초창기에 전 세계의 이목을 사로잡았던 버거킹의 복종하는 닭과 비슷한 바이럴 영상이지만, 제품 특성에 맞게 수정 테이프로 글자를 지우고 소비자 스스로 자신이 원하는 글자를 타이핑하게 하고, 그에 따라 다양한 스토리로 펼쳐지는 콘텐츠는 많은 소비자가 직접 시도해보게 유도했고 그 결과 유튜브가 발표한 2010년 가장 많이 본 영상 4위에 올랐다.

둘째, 고객들과의 직접 커뮤니케이션을 통해 브랜드 로열티를 높일 수 있다. RFID 기술을 이용하여 지나가는 미니 운전자에게 말을 거는 인터랙티브 빌보드를 만들었던 미니는 고객들에게 특별한 경험을 선사함으로써 브랜드 충성도를 높일 수 있었다. 그동안 불특정 다수를 향해 메시지를

충성도를 높인 미니 인터랙티브 빌보드

송신하던 기업들이 첨단 기술로 실제 고객이나 자신의 브랜드에 관심이 많은 소비자에게 말을 걸 수 있게 됨으로써 기업과 소비자 간의 친밀한 관계 형성이 더욱 쉽게 이루어질 수 있게 된 것이다.

마지막으로 첨단 기술은 브랜드 커뮤니케이션뿐만 아니라 실제 매출로도 직접 연결될 수 있다. 두바이의 레드 토마토 피자는 단골을 위한 특별한 냉장고 자석을 제작했다. 고객들이 평소 즐겨 먹는 음식을 데이터베이스로 만들고, 블루투스 기술을 이용하여 자석만 누르면 평소 즐겨 먹는 피자가 해당 주소로 배달되게 하는 이 자석은 평소 피자 배달이 많은 두바이 소비자들의 특성을 고려하여 더욱 쉽게 자신의 브랜드를 계속 구매할 수 있게 한 것이다.

이처럼 첨단 기술을 활용한 마케팅은 단기적으로는 더 높은 비용이 투입되는 것처럼 보일 수 있으나 궁극적으로는 목표 타깃에게 더욱 정확하게 접근할 수 있기 때문에 비용 대비 큰 성과를 기대할 수 있다.

영국항공 〈Magic of flying〉

2014년 칸 국제 광고제 미디어(Media) 부문 그랑프리 수상

오길비 원 런던(Ogilvy One London)에서 제작한 영국항공의 피커딜리서커스 옥외 광고가 2014년 칸 국제 광고제에서 미디어 부문 그랑프리를 수상했다. 첨단 기술을 이용한 움직이는 옥외 광고가 혁신적이라는 평가를 받았기 때문이다. 비행기가 지나가면 빌보드에 그림처럼 앉아 있던 어린아이가 일어나 비행기가 가는 방향으로 따라 움직이고 어린아이가 사라진 후 항공기의 편명과 출발지에 대한 정보가 나온다. 이 인터랙티브 옥외 광고는 〈ba.com/lookup〉이라는 캠페인 URL과 '#lookup'이라는 해시태그를 기재하여 더 많은 정보를 탐색하고 싶은 소비자들의 방문을 유도했다. 유튜브에 올린 바이럴 영상 또한 업로드 일주일 만에 50만 건의 조회 수를 기록하는 등 소비자들의 관심을 끌기에 충분했다.

이 인터랙티브 빌보드는 빌보드 근처의 건물에 있는 안테나로 지나가는 비행기의 정보들을 실시간으로 추적할 수 있는 기술(Surveilance Technology)을 이용하여 소비자들에게 새로운 경험을 선사한 것이다.

41

역발상으로 위기를
기회로 만들어라

■ 역발상의 법칙 ■

    ❝ 박연정 씨는 TV를 보다가 깜짝 놀랐다. 여성 속옷 광고 모델로 소지섭이 등장했기 때문이다. 여성 속옷 광고에는 몸매가 예쁜 여성 연예인이 출현하는 게 보통인데, 낯선 모델이 등장해서 당황스러웠다. 하지만 한편으로는 신선하고 호감도 갔다. 다음날 친구들과 모여 이 이야기를 하면서 새로운 사실을 알게 되었다. 이 광고 속의 제품이 '소지섭 브래지어'라는 이름이 붙을 정도로 화제가 되고 인기를 끌고 있다고 한다. 그리고 청순 글래머 신세경이 모델이었을 때보다도 더 팔린다고 한다. 박연정 씨는 '어떤 광고는 이렇게 한다'는 공식을 깰 때 큰 효과가 있다는 사실을 알고 흥미로운 생각이 들었다. **❞**

요즘 광고계에서는 크로스 모델 기용을 흔히 볼 수 있다. 즉 남성 제품은 남성 모델이, 여성 제품은 여성 모델이 등장해야 한다는 전통적인 통념이 무너지고 있다. 예를 들면 냉장고, 밥솥, 세탁기 등과 같이 여성들과 가깝다고 할 수 있는 가전제품 광고에 반듯하고 멋있는 남자 모델이 등장하는가 하면, 남성들과 가까운 술이나 자동차 광고에는 반대로 여성 모델이 출연하는 모습을 흔히 접할 수 있다. 이런 경우를 '역발상 마케팅'이라 부른다.

역발상이란 기존 사고와 거꾸로 생각하는 것을 의미한다. 하지만 단순히 새로운 생각을 내놓았다고 해서 모두 역발상이라고 말할 수는 없다. 새로운 생각 중에서도 기존의 상식이나 관념을 깨뜨려야만 역발상이라 할 수 있다. 즉 기존에 형성되어 있던 통념, 상식, 고정관념, 편견 등에서 벗어나 새로운 시각을 가지고 발상을 전환해 남들과 차별화된 창의적인 생각과 아이디어를 내놓는 것이 바로 역발상이다.

따라서 역발상 마케팅이란 소비자들이 생각하는 기존의 통념에서 벗어나 소비자들이 전혀 예상치 못했던 부분을 새롭게 인식시켜 주어 소비자들로 하여금 자사 브랜드를 강력하게 기억하도록 돕고, 결국 이를 통해 자사 브랜드의 차별화나 독특한 포지셔닝을 성취하는 것을 의미한다.

몇 가지 기발한 역발상 마케팅 사례를 광고 캠페인, 사업 아이디어, 내부 마케팅 차원으로 나누어 살펴보자.

애국심을 마케팅에 이용한 역발상으로 성공한 롬

애국심을 마케팅에 이용하는 신선한 역발상을 통해 단순히 마케팅

성과뿐만 아니라 여러 가지 효과를 얻어낸 루마니아의 대표 초콜릿 바 롬(ROM) 의 〈아메리칸 롬(American Rom) 〉 프로모션 광고가 있다.

2011년 칸 국제 광고제 수상작인 롬(ROM) 은 루마니아의 대표적인 초콜릿 바다. 루마니아를 연상시키는 'ROM'이란 상표와 루마니아 국기를 사용한 포장으로 롬은 1964년에 등장한 이후로 국민 초콜릿 바로 자리 매김했다. 그러나 루마니아와 연결된 모든 것들을 촌스럽고 진부한 것으로 치부하는 루마니아 젊은이들에게 한결같은 롬 초콜릿 바는 식상하기 짝이 없었다. 특히 루마니아의 젊은 소비자들에게 가장 문제가 됐던 부분은 바로 포장에 있는 루마니아 국기였다. 젊은이들은 루마니아 국기에 대한 특별한 애정이 없었다. 포장을 변화시키는 것이 시급한 과제였다.

이런 상황에서 롬은 마치 기습 공격을 하듯 어느 날 롬의 포장을 루마니아 국기에서 미국 국기인 성조기로 바꾸어 버렸다. TV 광고에서도 건방진 표정과 제스처를 사용하는 인사가 나와서 미국식 영어로 "너희가 싫어해서 아예 미국 성조기로 멋지게 포장했어"라고 말하며 이것을 루마니아어 자막으로 처리했다. 광고 이후 루마니아는 나라 전체가 큰 혼란에 빠졌다. 루마니아에 대한 모독이라며 기존에 사용하던 루마니아 국기로 다시 바꾸라는 움직임이 강하게 일어났다. 루마니아 소비자들은 스스로 팬 카페를 만들고, 청원 운동을 하며 페이스북, 블로그 등의 SNS를 통해 소비자 운동을 크게 벌여 나갔다. 결국, 롬은 못 이기는 척하고 일주일 만에 원래의 포장으로 돌아갔고, 루마니아 국민은 자신들의 국기와 대표 초콜릿 바를 지켜냈음에 안심하며 애국심에 고취되었

49가지 커뮤니케이션의 법칙

루마니아 국기에서 미국 성조기로 바뀐 롬　　SNS에서 기존의 루마니아 롬으로 되돌아오라는 국
　　　　　　　　　　　　　　　　　　　　　　　　민의 열띤 토론 장면

다. 또한, 소비자들이 전에 느끼지 못했던 롬 초콜릿 바에 대한 충성심과
애정이 자연스럽게 높아져 마케팅에도 큰 효과를 얻을 수 있었다.

　이렇게 역발상적인 시도를 통해 국가 전체를 뒤흔든 루마니아의 롬 초
콜릿 바 사례는 많은 것을 시사한다. 먼저 관심을 끌지 못하던 진부하고
재미없던 초콜릿 바가 광고 하나만으로 국민의 애국심과 자존심을 건드
리며 단 일주일 만에 엄청난 움직임을 만들어냈다는 것, 그리고 단 한 번
의 신선한 시도로 모든 국민의 관심을 끄는 데 성공했을 뿐만 아니라 뛰
어난 마케팅 성과까지 달성했다는 점이다.

역발상 아이디어로 사업 역전에 성공한 탄자니아 동물원

　두 번째 사례는 역발상 아이디어가 비즈니스에 미치는 긍정적 영향을
확인할 수 있는 좋은 계기가 된다. 동물이 사람을 구경하는 곳, 탄자니
아 동물원이 역발상 마케팅의 두 번째 사례다. 우리는 평소 동물원을 철
창에 갇힌 동물들을 구경하는 곳으로 생각한다. 하지만 탄자니아 동물
원에서는 역발상을 통해 동물원에 대한 인식을 새롭게 바꾸어 큰 인기
를 얻었다. 당시 탄자니아에서는 이리의 잦은 습격으로 큰 피해를 겪고

있었다. 가장 큰 문제는 외출 시 아이들의 안전이었는데, 이를 걱정한 한 여인이 아이를 철창 속에 넣어 놓고 외출을 다녀왔는데, 어느 날 집에 와 보니 이리 한 마리가 철창 주위를 맴돌고 있었다고 한다. 이 이야기는 탄자니아에서 기사화되어 널리 알려지게 되었다. 마침 이 기사를 본 동물원 직원이 기발한 아이디어를 하나 냈다. 바로 '사람과 동물의 역할을 바꿔보면 어떨까?'라는 발상이었다. 그래서 동물원의 콘셉트를 사람이 주가 아닌 동물이 주가 되는 동물원으로 정하고, 사람이 철창에 갇힌 채로 차에 실려 이동하면 동물들이 다가와 사람을 구경하는 방식으로 변화시켰다. 사람들은 사파리의 철창 차에 갇혀 어슬렁거리는 사자, 먹이를 얻기 위해 차에 달려드는 호랑이, 무리를 지어 걸어가는 코끼리, 초원을 달리는 야생마, 철창 위에서 기지개를 켜는 원숭이들을 생생하게 쳐다보면서 마치 대자연 속에 들어온 듯한 짜릿한 경험을 할 수 있었다.

탄자니아 동물원을 벤치마킹하여 운영하고 있는 뉴질랜드 동물원

결국, 탄자니아 동물원에 대한 소문은 전 세계 관광객들의 호기심을 자극하여 세계 각지로부터 많은 관광객을 불러 모을 수 있었으며, 이와 함께 많은 동물원의 벤치마킹 대상이 되었다. 이처럼 역발상 아이디어는 평범한 비즈니스도 특별하게 만드는 힘을 가지고 있다.

고객이 아닌 직원을 최우선시하는 내부 마케팅

세 번째 사례는 역발상적인 시도를 광고나 사업 모델에 적용하는 것을 넘어 기업 내부까지 확장한 경우다. 본질적으로 기업은 고객 최우선을 목표로 삼는데, 이것을 직원 최우선을 내세우는 구조로 바꾼 것이다. 이는 이른바 내부 마케팅에 관한 것이라 할 수 있다.

고객보다 직원을 최우선으로 존중한다는 철학을 통해 큰 성공을 거둔 스타벅스의 역발상 경영을 살펴보자. 세계적인 커피 기업인 스타벅스의 하워드 슐츠 회장은 작은 원두커피 판매점에 불과했던 스타벅스를 크게 성장시킨 위대한 CEO다. 그런데 스타벅스의 성공에는 슐츠 회장의 각별한 직원 존중 철학이 원동력으로 작용했다고 한다. 모든 기업이 너무나 당연하게 생각하고 있는 '주주→고객→종업원'의 우선순위를

내부 마케팅(internal marketing)
기업이 외부의 고객을 대상으로 하는 것을 외부 마케팅이라고 한다면, 내부 마케팅은 종업원을 고객으로 생각하고 기업이 종업원에게 적절한 보상과 동기를 제공함으로써 궁극적으로 외부 고객들에게 더욱 양질의 서비스를 제공하려는 기업 활동을 의미한다.

'종업원→고객→주주'로 바꾸는 역발상을 한 것이다.

1988년부터 파트타임 직원을 포함한 모든 직원에게 종합적인 의료 혜택을 제공했으며, '원두 주식(Beans Stock)'이라는 스톡옵션을 주었다. 슐츠 회장의 직원 사랑은 종업원을 파트너라고 부르는 호칭만 봐도 알 수 있다.

스타벅스는 한국에서 직원들의 일과 개인의 행복한 삶을 돕기 위해 전문 심리 상담 서비스 PAP(Partner Assistance Program)를 도입했다. 이는 직원들의 인생 전반에 대한 라이프 코칭을 통해 스트레스를 없앰으로써 업무 효율을 향상시키고 고객 서비스도 강화하고 있다. 이처럼 직원을 존중하는 정책과 기업 문화는 곧 이직률의 감소로 나타났다. 비록 파트타임 직원일지라도 가볍게 여기지 않고 진심으로 대우해주는 회사를 떠나고 싶은 사람은 없을 것이다. 결국, 회사의 관심과 인정을 받은 종업원들은 자신의 사업처럼 열심히 일했고, 스타벅스는 세계를 석권할 수 있었다. 직원을 회사의 자산이나 이용해야 하는 대상으로 생각하지 않고 오히려 가장 소중히 여기고 떠받드는 존재로 생각한 슐츠 회장의 사고의 전환이 스타벅스의 오늘을 가능케 한 것이다.

스타벅스와 하워드 슐츠 회장, 직원을 위한 전문 심리 상담 서비스 운영 장면

보편적이고 일반적인 사고를 뒤집어 생각해보는 것, 문제의식을 품고 기존의 것을 무너뜨리는 역발상은 식상하고 뻔한 마케팅에 지루함을 느끼는 소비자들의 시선을 사로잡는 데 매우 효과적인 커뮤니케이션이다. 특히 최근처럼 고객들 간의 전파 속도가 빠른 바이럴 환경하에서 상황을 역전시키는 기발한 역발상은 엄청난 홍보 효과를 발휘할 수 있다. 늘 대세를 따르기만 하지 말고 남들이 가지 않는 길을 과감히 선택하는 능력과 용기가 마케터에게 필요하다.

42

전형을 파괴하라
■ 신선한 충격의 효과 ■

> **"** 평범한 것을 싫어하는 장세현 씨는 미국 여행을 가면 꼭 버진아메리카항공(Virgin America)을 이용하겠다는 꿈을 가지고 있다. 경영학과 수업 시간에 버진그룹의 아이덴티티와 리처드 브랜슨의 철학에 대한 사례 연구를 한 후 생긴 꿈이다. 버진항공에서는 다른 승객에게 음료나 스낵을 보낼 수 있는 〈Seat to Seat〉 서비스 같은 엉뚱한 서비스가 있다는 이야기를 듣고 버진항공에 대한 관심이 더더욱 높아졌는데, 최근 우연히 유튜브에서 버진항공의 기내 안전 비디오를 보게 된 후에는 빨리 기내에서 그 영상을 직접 보고 싶다는 마음이 더 커지게 되었다. **"**

버진아메리카항공의 기내 안전 비디오

2013년 10월 말 유튜브에 특이한 영상 하나가 업로드 되었다. 그것은 바로 버진아메리카항공의 기내 안전 비디오였다. 전 세계 수많은 항공사가 기내에서 이륙 직전 안전 비디오를 틀어 소비자들에게 기내 위급 상황 발생 시 행동 요령을 알려주고 있다. 하지만 탑승객 대부분은 그 영상에 주의를 기울이지 않는 것이 현실이다.

그런데 버진은 CEO의 기이한 판단으로 지금까지 익숙한 기내 안전 비디오의 형식을 파괴한 뮤직비디오 형식의 영상을 제작함으로써 기내에서 방송을 시청하는 사람뿐만 아니라 버진항공이 취항하지 않는 나라의 사람들에게까지 관심을 끌었다. 이 영상은 온·오프라인 상의 많은 매체에서 소개되었고 블로그, 페이스북 등을 통해 빠르게 확산되었다. 유튜브 조회 수가 업로드 약 한 달 만에 800만을 넘는 기록을 세웠다.

버진항공의 기내 안전 비디오는 영화 〈스텝 업 2(Step up 2)〉와 저스틴 비버의 콘서트 필름을 연출한 영화감독 존 추(Jonhn M. Chu)와 36명의 댄서가 참여한 것만으로도 충분히 혁신적이었다. 그러나 버진은 여기서 만족하지 않고 '#VXsafetydance'라는 해시태그를 이용하여 소비자들의 참여

오디션을 통해 기내 안전 비디오를 제작한 버진아메리카 항공

를 이끌어냈다. 즉 다음에 찍을 기내 안전 비디오에 참가할 사람들을 오디션을 통해 선발한 것이다. 참가자들이 버진의 비디오를 보고 영감을 받아 자신의 댄스 영상을 찍어 인스타그램에 해시태그를 붙여 올리면 버진에서 정한 심사 위원들이 그 영상들을 보고 우승자를 선발하는 방식이다.

신선한 충격으로 허를 찌르는 마케팅

정보의 주도권이 소비자에게 넘어간 요즘 시대에는 소비자들의 관심을 끌기가 쉽지 않다. 과거처럼 제품 간의 기술력 차이가 크지 않고, 일정 수준이 평준화되어 있는 수많은 브랜드 사이에서 우리만의 특장점을 아무리 강조해도 소비자들이 쉽게 눈을 돌리지 않기 때문이다. 이런 시기에 소비자들의 관심을 끌려면 남다른 아이디어로 소비자들에게 신선한 충격을 주어야 한다.

앞서 살펴본 기내 안전 비디오의 고정관념을 뒤집은 버진아메리카나, 자기 전에 씹는 껌이라는 광고 카피로 우리나라 껌 시장을 크게 흔들었던 자일리톨 브랜드가 남다른 아이디어로 성공한 대표적인 사례들이다.

많은 기업이 소비자들의 눈에 띄기 위해 특이한 마케팅 활동을 기획하는 경우가 많다. 하지만 대부분은 공감을 얻지 못하고 사라지거나 반짝 관심을 끌었다 하더라도 빨리 잊히는 경우가 대부분이다. 이처럼 단순한 호기심으로 관심을 두었다가 금방 기억 속에서 사라지는 현상을 '회귀 효과(regression effect)'라고 한다. 심리학에서의 회귀 효과란 극단의 값을 가지는 것들이라 하더라도 결국 평균으로 환원함을 의미한다. 즉 특이한 마케팅 활동으로 폭발적인 관심을 끌었다 하더라도 일정 시간이 지나면 기억 속에서 사라지게 되는 것이다.

이와 같은 회귀 효과를 최소화하기 위해서는 단순히 마케팅 활동에 그치는 것이 아니라 브랜드의 철학 자체가 기존의 상식과 고정관념을 뛰어넘어야 한다. 버진그룹은 리차드 브랜슨이라는 CEO 자체가 스튜디오로 변신한다거나 폭포에서 번지 점프를 하는 등 상상을 초월한 기행들로 소비자들의 주목을 받아왔다. 그리고 우주여행과 같은 소비자들이 상상하지 못했던 영역으로 사업을 확대함으로써 혁신적인 기업으로서의 위상을 이어가고 있다. 이는 리처드 브랜슨의 경영 철학에 다른 기업의 철학과는 확연하게 다른 2가지 원칙, 즉 '항상 획기적으로 다른 것을 시도'하고, '즐거움을 주어야 한다'는 것이 있기 때문이다.

> **회귀 효과(Regression Effect)**
> 극단의 값을 가진다 하더라도 결국 평균으로 환원하게 된다는 심리학 용어로, 특이한 마케팅 활동으로 관심을 끌었다 하더라도 대부분 기억에서 쉽게 사라지는 현상을 의미한다.

제품·서비스 차원에서 혁신이 주는 프리미엄 이미지

우리는 흔히 혁신적이라 하면 기술적인 혁신만을 생각하기 쉽다. 하지만 혁신의 사전적인 정의는 묵은 관습이나 풍속, 조직 등을 완전히 바꾸어 새롭게 한다는 것이다. 즉 남다른 이이디어 그 자체가 혁신을 의미한다고 볼 수 있다. 지속적인 새로운 시도로 소비자들에게 앞으로 나올 제품과 서비스를 기대하게 하는 브랜드들은 기존의 여타 브랜드들과 다른 차별적이고 혁신적인 이미지를 형성하기 쉬우며, 그 결과 소비자들의 브랜드 로열티가 높아질 수 있다.

앞서 살펴본 버진아메리카의 경우 가격만을 기준으로 평가하면 저가 항공사로 분류되지만, 그들이 하는 마케팅 활동이나 고객들에게 제공하는 서비스를 기준으로 평가하면 다른 어떤 메이저 항공사 브랜드와 비교해도 명확하게 차별화되는 고유의 이미지를 가진 사랑 받는 브랜드로 분류될 수 있다. 이런 브랜드들이 오늘날 소비자들에게 프리미엄 브랜드로 인식된다. 이 시대의 소비자들은 나와 관련이 없는 브랜드가 아닌, 나와 가깝고 나에게 친근한 브랜드들에게 더욱 동질감을 느끼고 애정을 주기 때문이다.

　마케팅 전략을 기획하다 보면 시장 내 파급력을 높이기 위해 소비자들의 기대를 뛰어넘거나 상상조차 하지 못했던 아이디어를 창조해내야 하는 순간이 있다. 하지만 혁신적인 마케팅의 효과가 극대화되기 위해서는 제품·서비스 자체의 혁신성 역시 중요하다. 아래 표에서 보는 것처럼 제품·서비스와 마케팅이 모두 혁신의 정도가 높은 경우 가장 좋은 시너지를 낼 수 있다. 반면에 제품이나 서비스 자체는 차별적인 가치를 제공하지 못하면서 마케팅만 혁신적이라면 앞서 설명했던 회귀 효과가 나타나기 쉽다. 즉 반짝인기를 끌고 사람들의 기억 속에서 쉽게 사라지게 되는 것이다. 하지만 기업의 제품·서비스 자체가 소비자들이 생각해내지 못했던 잠재적인 욕구를 이끌어낼 수 있을 만큼 혁신적이라면 마케팅 커뮤니케이션이 비록 상대적으로 혁신성이 떨어진다 하더라도 꾸

제품·마케팅의 혁신 정도 매트릭스

준한 인기를 끌 수 있다. 결국, 어떠한 마케팅 활동보다 중요한 것은 소비자들을 매료시킬 수 있는 제품·서비스 자체의 혁신성이라고 할 수 있다.

마음을 움직이는
따뜻한 기술로 함께하라

■ 기술의 사회적 책임 효과 ■

" 자동차를 사려고 고민하던 강현국 씨는 집 근처에 있는 현대자동차 대리점에 들렀다. 마침 집 근처에 있는 대리점은 현대차에서 테마지점이라고 부르는 곳으로 커피빈과 자동차 매장이 함께 있어 커피도 마시면서 자동차를 구경할 수 있는 곳이다. 그곳에서 강현국 씨는 극장에 갔다가 광고 영상으로 봤던 쏘나타 터처블 시트를 보게 되었다. 광고 영상을 보면서 신기하기는 하지만 정말 소리를 진동으로 느낄 수 있을까에 의문이 생겼었는데, 소비자들도 체험해볼 수 있다는 이야기를 듣고 터처블 시트에 앉아 음악 감상을 했다. 음의 강약과 높낮이에 따라 다르게 느껴지는 진동은 너무 신기하고 새로운 경험이었고 기술의 발전이 놀랍다는 생각이 들었다. 그리고 이렇게 특별한 체험을 하게 해준 쏘나타라는 브랜드에 대해 다시 한 번 생각해보는 계기가 되었다. 어린 시절에는 중산층의 상징으로 느껴졌지만 이제는 오래되고 매력 없는 브랜드라고 생각되던 쏘나타였지만, 이 시트에 앉고 나니 한국을 대표하는 자동차 브랜드로서 소수 장애인을 위해 투자를 아끼지 않는 책임감 있는 모습에 박수를 보내고 싶어진 것이다. "

사회 공헌 활동이 아닌 소수의 약자를 배려한 브랜드 캠페인

많은 기업이 CSR에 관심을 두기 시작하면서 사회에서 소외된 사람들을 위한 기업의 활동들은 대부분 사회 공헌 활동(CSR)으로 분류되는 경우가 많았다. 그리고 그 활동들은 장애인들이나 사회적 약자들을 위한 봉사, 나무 심기와 같은 자연보호 활동 등이 대부분이었다.

하지만 최근에는 쏘나타의 〈터처블 뮤직 시트〉처럼 그들에게 특별한 경험을 제공하는 브랜드 캠페인으로 발전하고 있다. 소외되었던 사회적 약자들을 위해 기업이 나눔을 베푸는 것이 아니라 그들에게 진정성 있게 다가가는 캠페인 활동을 전개함으로써 자연스럽게 브랜드에 대한 긍정적인 감정을 가지게 하는 것이다.

청각 장애인을 위한 쏘나타 캠페인처럼 일본의 야후 재팬은 시각 장애인을 위한 캠페인을 진행했다. 야후 재팬의 〈Hands on search〉라는 이 캠페인은 음성 인식 기술과 3D프린터를 이용한 기계를 제작하여 앞을 보지 못하는 이들이 새로운 방식으로 세상을 탐색하게 도왔다. 2014년 칸 국제 광고제에서 PR 부문 은상을 받은 이 캠페인은 일반인

들처럼 키보드와 마우스를 이
용하여 원하는 정보를 검색하기
어려운 시각 장애 아동들로 하
여금 음성으로 쉽게 정보를 검
색할 수 있게 하고, 그들이 말한
것들이 3D 프린터로 출력된 입
체 조형물로 나와 손으로 만지
고 느낄 수 있게 해주는 것을 내
용으로 한다. 이 기계는 닛산, 도
쿄스카이트리(Tokyo Sky Tree) 등의

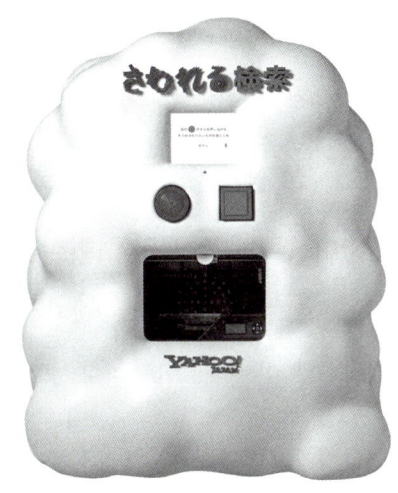

야후 재팬이 만든 시각 장애인을 위한 검색 장치

기업으로부터 3D 데이터를 받았으며, 기계에 등록되지 않은 데이터들
은 3D 데이터베이스 사이트에 정보 요청 광고를 내보내 기업과 소비자
들이 데이터 제공에 참여할 수 있게 만들었다.

이처럼 기업의 사회 공헌 활동이 아닌 브랜드 캠페인으로 소비자들
에게 다가갈 수 있게 하는 힘은 개인의 경험을 특별하게 만드는 첨단 기
술이다. 많은 브랜드가 첨단 기술을 이용한 새로운 시도를 하여 사람들
의 기억에 오래도록 남을 만한 특별한 경험을 제공하고자 하지만, 이런
기업의 활동들은 기술이 진화하면서 또 다른 새로운 기술들이 등장하
게 되는 순간 구시대적인 마케팅 활동으로 금세 기억 속에서 사라지게
되기 쉽다. 하지만 야후 재팬이나 쏘나타의 사례처럼 그 기술이 보편적
인 사람들이 체험할 수 없는 것이라 하더라도 기업이 장애를 가진 소수
를 위해 특별한 혜택을 제공하는 시도를 하게 된다면 자신이 하는 경험

보다 훨씬 더 큰 울림을 남길 수 있다. 특히 기업의 업의 개념과 밀접한 연관성이 있을 때는 CSR이 아닌 브랜드 캠페인으로 강하게 소비자의 마음속에 남을 수 있게 된다.

칸이 주목하는 사람을 향한 기술

최근 칸 국제 광고제의 경향성을 보면 새롭고 재미있는 것 자체도 고려하지만, 이 캠페인이 얼마나 사회적인 영향력이 있는가를 중요한 수상의 기준으로 삼고 있다. 앞서 언급한 야후 재팬 이외에도 2014년 칸에서 그랑프리는 물론 사이버, 다이렉트, 프로모 & 액티베이션, PR 부문에서 금상을 수상하고 전 세계적으로 큰 이슈를 만들었던 네덜란드 인권보호 단체의 성범죄자로부터의 아동 보호를 이슈화시킨 캠페인과 추적

〈Terre de Hommes Sweetie〉

2014년 칸 국제 광고제 그랑프리 포 굿(Grand Prix for Good) 외 다수의 상 수상

네덜란드의 인권 보호 단체는 전 세계적으로 계속되고 있는 아동 성범죄를 막기 위해 온라인에서 컴퓨터 그래픽을 이용하여 가상의 10대 필리핀 소녀 스위티를 만들고, 그녀의 프로필을 인터넷상에 올려 스위티에게 접근하는 성범죄자들과 자연스럽게 채팅을 진행했다. 인권 단체와 광고대행사가 약 2개월 반 정도 조사를 진행한 결과 약 70개국에서 2만 명 정도가 스위티에게 접근했고 성 매수를 요구한 사람도 1,000명에 이르는 것으로 밝혀졌다. 이 인권 단체는 1,000명의 프로필을 정부 당국에 전달하고 강력한 조사를 요구했으며, 전 세계 언론을 통해서도 캠페인 과정을 담은 영상을 공개함으로써 전 세계적으로 아동 성범죄의 심각성을 상기시키는 계기를 만들었다.

기가 달린 종이 팔찌로 미아 방지를 예방하게 해 모바일 부문에서 그랑
프리를 받은 브라질 니베아의 캠페인은 모두 자사의 제품·서비스를 자
랑하기 위해 기술력을 보여준 것이 아니라 첨단 기술을 이용하여 사회적
인 이슈들에 진정성 있게 다가간 캠페인이라는 공통점이 있다.

"The key is not in using technology for efficiency, but to
create emotion to move people."
핵심은 효율성을 위해 기술을 이용하는 것이 아니라 사람의 마음을 움
직이기 위한 감성을 창조하는 것이다.
- 야스 사사키(덴쓰(Dentsu) ECD (Executive Creative Director))

　　위의 말은 2014년 칸 국제 광고제에서 덴쓰의 ECD가 한 말이다. 이
한 문장에 광고와 마케팅 활동에서 첨단 기술이 어떠한 역할을 해야 하
는가가 잘 나타난다. 하루가 다르게 빠른 속도로 발전하는 기술을 마케
팅 활동에 발 빠르게 적용하여 다른 브랜드보다 새로운 경험의 기회를
제공하는 것도 의미 있지만, 기술을 이용하여 궁극적으로 소비자를 향
하고 있는 기업의 정신과 철학을 진정성 있게 담아내는 것이 장기적인
브랜드 관리 차원에서 필요할 것이다.

쏘나타 〈터처블 뮤직 시트(Touchable Music Seat)〉

2013 대한민국 광고대상 프로모션 부문 대상 수상

현대자동차는 서강대학교 영상대학원과 함께 소리를 듣지 못하는 청각 장애인들을 위한 쏘나타 터처블 뮤직 시트를 제작했다. 캠페인 홍보를 위해 실제 청각 장애 아동의 이야기를 이용한 바이럴 영상을 제작하여 소비자들에게 잔잔한 감동을 준 이 캠페인은 바이럴 영상만으로 그친 것이 아니라 소비자들의 참여에 따라 장애 아동들이 실제 혜택을 받을 수 있게 했다. 현대차 페이지에 1,000건의 응원이 모일 때마다 1개의 뮤직 시트를 제작하고 5,000건이 모이면 5개의 뮤직 시트와 빔프로젝터가 갖춰진 쏘나타 브릴리언트관을 만들어주는 이벤트를 진행했다. 또한, 청각 장애인 14명을 초청하여 더 브릴리언트 무빙 페스티벌이라는 콘서트를 개최함으로써 평소 콘서트에 가지 못하는 청각 장애인들에게 특별한 경험을 제공했다.

캠페인을 홍보하는 유튜브 영상은 58만 건 이상의 조회 수를 기록했으며, 소비자들이 약 4만 건가량 참여하는 성공적인 캠페인으로 기억되고 있다.

창의적 아이디어와
발상으로 승부하라

■ 창의성의 법칙 ■

" 노일수 씨는 2013년 2월 TV를 보다가 웃음을 터뜨렸다. TV 광고에서는 싸만코 아이스크림 모양의 비행선이 웅장하게 하늘을 날아다니는 장면이 나왔다. SF 영화 같은 분위기에 비장한 성우의 나레이션과 어울리지 않는 싸만코 비행선은 폭소를 자아냈다. 얼마 지나지 않아 광고본편이 나왔다. 불시착한 싸만코들이 강한 추위와 차가운 바람에 몸서리치다가 하나둘 쓰러져 아이스크림으로 변하고 이후 산골 소년들에게 발견되어 먹히는 장면은 앞의 것보다 훨씬 더 웃겼다. 노일수 씨는 이 광고가 어떻게 더 진행될지 궁금해졌다. 드라마도 아닌데 다음 편을 기다리는 처지가 된 것이다. 세 번째 광고는 더 스케일이 컸다. 복수를 다짐

한 싸만코 부대가 탑승한 비행선은 대기권을 뚫고 지구에 도착한다. 하지만 역시 매서운 추위에 아이스크림 신세가 된다는 내용이었다. 평소 아이스크림을 즐기지 않는 노일수 씨지만 유머러스한 광고를 본 후 상품 이름과 모양이 너무나 선명하게 머리에 박혔다. 그리고 마트에서 쇼핑하다가 별생각 없이 싸만코를 카트에 담는 자신을 발견하고는 입가에 웃음이 생겼다. **99**

코카콜라는 'Happiness'라는 캠페인 테마로 브랜드 아이덴티티의 대대적 변화를 추진하고 있다. 이 회사는 최근 베트남에서 기발하고도 친밀한 아이디어로 소비자들에게 잔잔한 기쁨을 제공하는 성공적인 캠페인을 전개했다. 매개체는 콜라를 마신 후에 남는 빈 페트병이다. 사람들은 대부분 이 빈 페트병을 그냥 버린다. 그렇지 않다면 기껏해야 반으로 잘라 화분으로 사용하거나 대단치 않은 물건들을 담아두는 용도로 사용한다. 그런데 코카콜라에서는 이런 페트병을 생활에 유용하게 사용하는 방법을 제안했다. 코카콜라를 마시고 나서도 계속해서 우리 주변에 코카콜라 병을 두게 하는 기발한 아이디어를 내놓은 것이다. 그 방법은 바로 코카콜라가 제공하는 16종류의 뚜껑을 빈 페트병에 끼우기만 하면 페트병이 분무기, 물총, 연필 깎기, 아령, 붓 등으로 변신하는 것이다. 〈2nd Lives〉라고 명명된 이 캠페인은 최근 마케팅 캠페인에서 필수적이라 할 수 있는 디지털 기술이나 화려한 광고를 사용하지도 않았다. 하지만 창의적 아이디어 하나가 얼마나 그 브랜드를 가치 있고 유익하게 할 수 있는가를 보여준 좋은 사례라 할 수 있을 것이다.

코카콜라의 〈2nd Lives〉

　창의적 아이디어는 새로운 브랜드에 개성을 부여하며, 낡은 제품으로 치부되던 브랜드에 활기를 부여하고 심지어 죽어 가던 브랜드를 살리는 힘을 가지고 있다. 소비자는 늘 새롭고 신선한 뭔가를 기대하고 있으며,

---

채택·적응 수준 이론(Adaption Level Theory)

마케팅이나 광고를 통해서 소비자를 자극할 때 소비자의 지각을 발생시킬 수 있는 최소한의 자극 수준(절대적 문턱: Absolute Threshold)이 있음을 설명하는 이론이다. 일반적으로 소비자들의 마음속에는 기존 자극들이 존재하므로 더 높은 자극 수준을 기대하고 있다. 그래서 이미 남들이 다 한 방식은 소비자들의 관심 밖으로 갈 가능성이 높다. 소비자는 늘 새로운 자극을 원하며, 따라서 기업은 뭐라도 새롭게 느껴지는 자극을 만들어내야 한다. 예를 들어 베네통은 올리비에 토스카니(Olivier Toscani)라는 혁신적인 사진가의 영입과 〈United Colors of Benetton〉 캠페인을 통해서 독창적 색과 충격적 광고를 선보임으로써 엄청난 사회적 반향과 인지도 향상에 성공할 수 있었다.

제품이 주는 기능적 효과 이상의 새로운 가치와 재미를 제품에서 찾기를 희망하기 때문이다. 소비자들의 이런 욕구는 광고 이론 중 하나인 채택·적응 수준 이론으로 잘 설명할 수 있다.

황당한 스토리로 신선한 충격을 주며 부활한 참붕어싸만코

2013년 초 붕어 모양 외계인이 지구를 침공했다는 황당한 이야기와 함께 거대한 붕어들이 서울 상공에 출현하는 장면이 담긴 영상이 인터넷에서 화제가 된 적이 있다. 영화 같은 화면과 웅장한 스케일을 보여준 영상의 정체는 다름 아닌 빙그레의 참붕어싸만코 티저 광고였다. 참신한 아이디어와 영상미 넘치는 티저 광고에 이어 지구에 불시착한 외계인이 추운 날씨를 견디지 못하고 참붕어싸만코가 됐다는 본편 광고도 신선한 충격을 주었다. CF 제목도 〈싸만코의 기원〉으로 지어 마치 할리우드 시리즈를 연상케 하는 유머 감각을 선보였다. 이후 후속편과 기업 SNS를 통해서 다양한 이벤트도 진행했다. 이 캠페인은 전통적이고 평범하기만 했던 싸만코가 갑자기 대변신을 시도하고 있다는 인식을 소비자에게 주기에 충분했다.

참붕어싸만코의 〈싸만코의 기원〉 인쇄 광고물

1991년에 처음 출시되어 20년 넘는 전통을 가진 참붕어싸만코는 겨울철의 대표적 국민 간식으로 불린다. 붕어빵 모양의 과자 속에 바닐라 아이스크림과 통팥 시럽이 들어 있는 제품으로 출시 당시부터 맛과 모양 덕택에 아이디어 상품으로 큰 인기를 끌었다. 그런데 시간이 지나면서 제품의 이미지가 점점 노후화되었다. 빙그레 입장에서는 뭔가 새로운 계기를 마련해야 하는 시점을 맞이한 것이다. 다시 말해 이 캠페인의 목표는 붕어싸만코에 젊음(Youngness)을 부여함으로써, 젊은이들과 공감할 수 있는 브랜드로 새롭게 태어나고 그들의 구매를 증대시키는 것이었다. 따라서 이 캠페인의 전략 방향은 신선함이 느껴지는 '나에게 맞는 브랜드'로 젊은 층의 마음을 사로잡는 쪽으로 정해졌다. 그래서 통합적 마케팅 커뮤니케이션의 전체적인 프레임도 이에 맞추어 구성했다. 슬로건으로 '별난 모양 맛난 붕어'라는 독특한 USP(Unique Selling Proposition)를 사용했고, 포장 디자인도 신선하고 새롭게 했으며, 유통 파트너와의 관계도 강화했고, 다양한 제품 유형을 동시에 출시함으로써 소비자에게 강한 인상을 심어줄 수 있었다.

　기발한 마케팅 캠페인을 시행한 결과, 제과형 아이스크림 시장에서 부동의 1위를 지키고 있는 참붕어싸만코의 총매출은 2011년 320억 원에서 2013년 360억 원으로 12.5퍼센트나 증가했다. 또한, 출시 초기보다 양도 많아져 출출한 오후 시간 공복감을 달래기 안성맞춤이어서 남녀노소 구분 없이 꾸준한 인기를 끌면서 성장하고 있다. 최근에는 미국과 동남아 등지에서도 특이한 모양으로 관심을 끌면서 수출도 가파르게 증가하고 있다고 한다. 참붕어싸만코는 출시 20년이 넘은 장수 브랜드

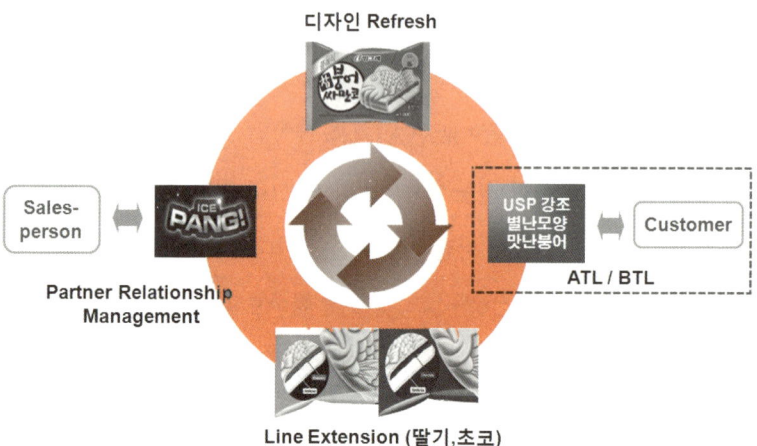

이지만 젊은 감성으로 소통하고자 하는 의미에서 새롭고 참신한 아이디어로 커뮤니케이션함으로써 다시 한 번 제과형 아이스크림의 절대 강자로서의 위상을 공고히 할 수 있었다.

창의적 발상의 마케팅 사례를 하나 더 살펴보자. 일본의 자동차 기업 스바루(Subaru)가 개발한 안전운전 지원 시스템인 〈아이사이트(Eyesight)〉의 광고 캠페인은 기발한 아이디어를 통해 입소문을 만들어낸 좋은 사례다. 아이사이트는 차량 상단과 사이드미러에 부착된 카메라가 전방의 장애물이나 보행자를 감지하면 자동으로 브레이크를 작동시켜 충돌을 막아주는 자동차 충돌 방지 기술이다.

스바루는 아이사이트의 프로모션을 위해 매우 이색적이고 크리에이티브한 영상을 제작해 공개했다. 스바루 자동차와 똑같은 모양을 한 수십 대의 미니 자동차에 실제 아이사이트에 사용되는 시스템을 그대로 적용하여 미니카가 다른 사물을 감지하여 일정 거리 안에 들어오게 되면 자동차가 멈추고 경고음을 울리도록 설계한 것이다. 수십 대의 자동차들이 각각 다른 톤의 경고음을 내도록 하여 충돌을 방지하는 시스템이 작동할 때마다 내는 소리들이 모여 마치 오케스트라의 연주곡 같은 멜로디를 만들어냈다. 실제 영상에서는 수십 대의 자동차들이 좁은 공간에서도 충돌 없이 운전이 가능한 모습을 보여주는가 하면 미니카가 실제 보도에서 충돌하지 않고 잘 운행되는 장면들을 재미있게 보여주었다. 스바루는 자사만의 독특한 자동차 안전 시스템의 성능을 증명하는 광고 영상을 단순한 시연 콘셉트로 제작한 것이 아니라 사람들의 관심과 흥미를 유발하는 크리에이티브를 통해 이슈로 띄우고 입소문을 퍼뜨렸다.

기발하고 참신한 아이디어는 무심코 넘어갈 수도 있는 제품이나 기술을 멋지고 환상적인 것으로 보이게끔 하는 힘을 가지고 있다. 제품 간 경쟁이 더욱 심해지고 광고와 브랜드의 홍수 시대를 맞은 지금 기업은 점점 더 혁신적이고 크리에이티브한 마케팅 전쟁을 치르고 있다. 한 가지

스바루 아이사이트 광고 장면

기억할 점은 이런 혁신적이고 창의적인 아이디어가 자칫 일시적 관심과 흥미만 제공하는 차원에 그쳐서는 안 된다는 것이다. 마케팅 캠페인은 반드시 해당 브랜드의 정체성과 속성에 어울려야 하며, 그 브랜드의 가치를 더욱 높여주는 역할을 해야 한다. 다시 말해 사람들의 주목과 관심을 끌어서 결국은 브랜드의 가치를 더욱 높여주는 창의적이고 계획적인 캠페인들이 준비되어야 한다.

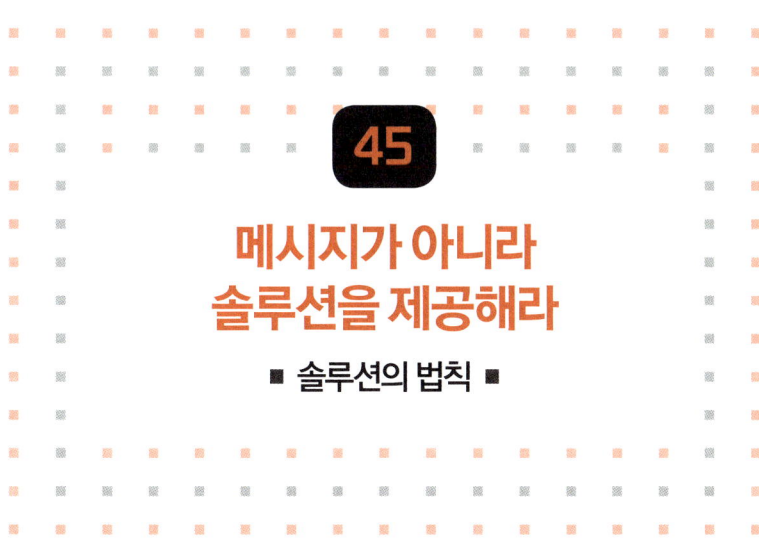

45

메시지가 아니라
솔루션을 제공해라

■ 솔루션의 법칙 ■

66 최지연 씨는 오레오 과자를 좋아한다. 특유의 달콤함에 피로가 가시는 느낌이 들 때가 있을 정도다. 그런데 2012년에 오레오가 100년이 된다고 한다. 친구들은 100년도 더 된 과자를 좋아하는 촌스런 사람이라고 최지연 씨를 놀렸다. '내 입맛이 좀 뒤처졌나?'라는 생각이 들 무렵 오레오의 100주년을 기념하는 광고가 진행되었다. 100일 동안 지난 100년의 키워드를 오레오로 표현하는 내용이었는데, 성소수자를 상징하는 무지개 오레오, 어버이날을 기념하는 오레오 등 흥미로운 것이 많이 나왔다. 이 광고를 보면서 최지연 씨는 긴 역사와 전통이 촌스러움이 아니라 장점으로 느껴졌다. 그녀의 오레오 사랑은 계속될 것 같다. 99

최근 마케팅 커뮤니케이션의 가장 큰 특징 중 하나는 광고나 프로모션이 메시지 중심의 캠페인으로 전개되지 않고 기업의 핵심 이슈나 과제를 해결하는 과정 중심의 프로젝트 방식으로 진행되는 것이다. 솔직히 광고 전략인지 기업의 경영 전략인지 분간이 안 될 정도다. 기업이 안고 있는 근본적인 문제나 기업이 해결해야 할 중요한 이슈를 풀어나가는 것, 즉 문제 해결(Problem Solving) 자체를 있는 그대로 보여주는 것이 가장 효과적인 커뮤니케이션으로 등장하고 있다. 최근 칸 국제 광고제에서 수상한 작품들을 보면 이런 경향이 두드러짐을 잘 알 수 있다.

눈에는 눈 이에는 이, 힘으로 정면승부를 한 도요타 트럭

도요타는 미국 시장에서 성공적인 성과를 보여주고 있지만, 일본산 브랜드가 가지는 태생적인 한계, 즉 '좀 약하다'라는 이미지를 가지고 있다. 특히 미국 자동차 시장에서 큰 비중을 차지하는 트럭이나 SUV 세그먼트에서는 사실상 더욱 불리한 처지에 놓여 있었다. 그래서 도요타는 미국 자동차 메이커들의 트럭보다 자사의 트럭이 힘이 약하다는 인식을 근본적으로 바꾸고 싶었다.

이에 대한 도요타의 솔루션은 바로 우주 왕복선을 도요타의 툰드라 트럭의 힘만으로 운반하는 것이었다. 우주 왕복선 인데버(ENDEAVOUR) 호 퇴역식에서 견인차로 선정된 툰드라는 150톤이 넘는 우주 왕복선을 툰드라 한 대로 끄는 장면을 실제로 보여주었다. 이후 툰드라의 판매량은 31퍼센트나 증가했다. 이 영상은 170만 이상의 유튜브 조회 수를 기록했고, 8,000만 회의 트위터 리트윗이 일어났으며, 10억 건 이상의 미디어 노

도요타의 툰드라 트럭이 우주 왕복선을 끄는 장면

출이 되는 성과를 거둘 수 있었다. 단순하지만 브랜드가 지닌 문제점을 정면으로 극복함으로써 소비자의 신뢰를 불러올 수 있었던 것이다.

행복을 실제 나눌 수 있도록 캔도 나눠버린 코카콜라

'행복을 나누세요(Share Happiness)'라는 캠페인 테마로 자판기 등을 이용해 적극적인 BTL 캠페인을 진행하고 있는 코카콜라는 행복을 나누는 다양하고 새로운 방법들을 지속적으로 제안하고 있다. 2013년에 싱가포르에서 진행한 〈캔 나누기(Sharing Can)〉도 이런 캠페인 중 하나다. 이는 실제적인 아이디어로 사람들 사이에 행복을 나누는 방법을 제시했다.

그것은 그냥 1개의 캔으로 보이는 평범한 코카콜라가 실제는 조그만 캔 2개가 겹쳐져 있는 형태로 특별하게 제작한 것이다. 실제 판매용은 아니지만 프로모션 행사를 통해서 이 캔을 받은 사람들은 의외의 결과

코카콜라 sharing can의 실제 캔 모습

에 놀라고 즐거워하면서도 자연스럽게 옆에 있는 사람들과 캔을 나누어 마시게 된다. 즐거움과 따뜻함을 동시에 느끼게 한 프로모션이었던 것이다.

실제 이 캠페인은 24시간 동안 두 번째로 많이 공유된 광고 기록을 세우기도 했다고 하니 소비자들이 코카콜라의 기발하고도 훈훈한 아이디어를 얼마나 좋아했는지를 느낄 수 있다. 심지어 소비자 중에는 이등분되는 캔이 나눠 마실 수 있어 콜라의 김이 빠지는 단점을 극복할 수 있다며 상업용 출시를 제안한 사람이 있을 정도라 하니 소비자 참여라는 측면에서 이 캠페인이 얼마나 성공적이었나를 단적으로 알 수 있다.

100주년을 100개의 아이디어로 기념한 오레오

출시한 지 100년이 된 베스트셀링 크래커 오레오는 100주년을 의미 있는 해로 만들고 이를 소비자들에게 효과적으로 알릴 수 있는 마케팅 방법을 고민하고 있었다. 100년 동안이나 소비자들의 사랑을 받았다는 것은 대단한 성공이다. 하지만 한편으로는 그만큼 식상하고 진부한 브랜드로 전락할 수도 있다는 것을 의미한다. 오레오의 솔루션은 바로 100이라는 숫자에 있었다. 그들이 생각해낸 미션은 100일 동안 하루에 하나씩 오레오를 '문화적인 콘텐츠(Cultural Contents)'로 표현해보는 것이었다. 즉 〈데일리 트위스트(Daily Twist)〉로 명명된 이 캠페인은 오레오 100주년을 기념하여 오레오를 패러디하여 컬쳐 브랜드로 만들어보는 내용이었다. 세상에서 가장 유명하고 핫한 것 100가지를 소재로 패러디하여 색다른 광고 이미지로 표현했다. 예를 들어 「강남스타일」, 엘비스 프레스리, 달착륙, 게이 등을 패러디하여 오레오로 표현한 것이다. 이렇게

오레오의 데일리 트위스트를 통해 제작된 패러디들

재미있게 형상화된 오레오를 페이스북, 핀더레스트, 트위터 등의 다양한 SNS를 통해 전달함으로써 많은 소비자의 관심과 참여를 끌어낼 수 있었다.

스포츠를 매개로 사회적 문제를 해결한 레시페 팀

브라질에서는 가족 동의를 요구하는 절차 때문에 장기 기증률이 매우 낮다고 한다. 그런데 브라질의 한 축구팀은 축구를 위해서라면 자신의 목숨도 내놓을 기세의 팬들에게 죽어서도 자기 팀의 팬이 되는 방법을 제시한다. 사회단체도 아니고 적십자사도 아닌 브라질의 레시페라는 한 프로 축구팀이 주도한 이 캠페인은 바로 사회적 문제를 축구라는 공통된 관심사를 통해 해결하는 혁신적인 방법을 보여주었다.

레시페 축구팀은 장기 기증 카드를 발급하면서 죽은 후에도 자기가 좋아하는 팀의 팬으로 남고 싶어 하는 열렬한 축구 팬에게 호소했다. 즉

자신이 장기를 기증한 환자에게 자신이 응원하는 레시페 팀에 대한 열정적인 성격이나 습관이 전해짐으로써 또 한 명의 레시페 팬으로 이어질 수 있도록 해달라는 것이었다. 하나님 다음으로 축구를 좋아하는 브라질 사람들에게는 이런 호소가 효과가 있었다.

그리고 장기 기증 홍보를 극대화하기 위해 팀의 중요한 경기 중에 장기 기증이 필요한 환자와 클럽의 선수들이 필드에서 플래카드를 통해 캠페인 메시지를 직접 전달했다. 그 결과 5만 1,000명이 장기 기증에 참여함으로써 장기 기증자가 54퍼센트나 증가했다. 이 캠페인은 사회적 문제를 해결하는 데 우리가 좋아하는 스포츠나 엔터테인먼트가 어떻게 도움을 줄 수 있는지에 대한 솔루션을 제시한 놀라운 사례로 볼 수 있다.

앞의 사례들은 가식적이고 말에 그치는 캠페인이 아니라 실질적으로 사회를 변화시키는 데 도움을 줄 수 있는 캠페인들이 얼마나 힘이 있으며 효과가 있는지를 실제로 보여준다. 사람들은 점점 더 실질적이고 참여할 수 있는 캠페인을 원하고 있다. 이는 단순히 선언적인 캠페인이 아니라, 시작과 끝이 있으며 인풋과 아웃풋이 존재하는 비즈니스 모델과 같은 캠페인이 더욱 각광받을 것임을 의

브라질 레시페 팀의 장기 기증 캠페인

49가지 커뮤니케이션의 법칙

미한다. 따라서 앞으로 마케팅 캠페인은 비즈니스와 광고를 이원론적으로 생각하지 말고 통합적 솔루션을 제시하는 캠페인으로 나아가야 한다. 브랜드의 문제를 해결하는 모든 답이 언제나 광고에 있는 것은 아니다. 브랜드의 문제를 해결할 수 있는 최적의 솔루션이 바로 마케팅이자 광고다.

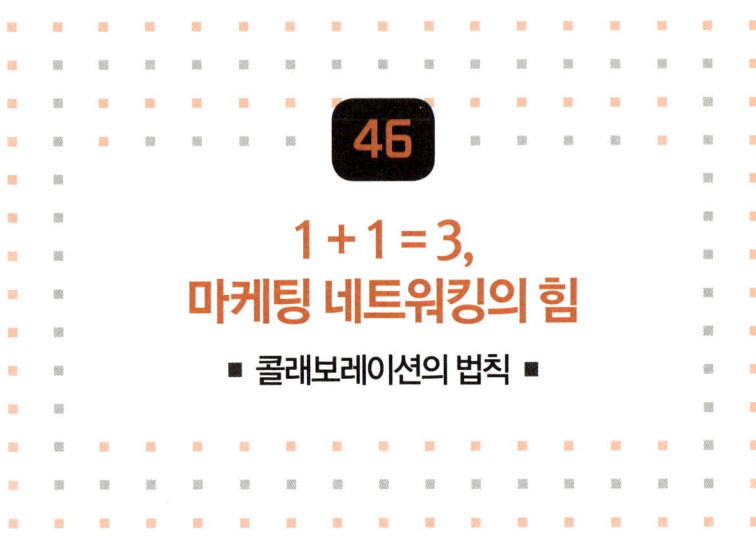

46

1+1=3,
마케팅 네트워킹의 힘

■ 콜래보레이션의 법칙 ■

❝ 오윤선 씨의 여섯 살 아들은 요즘 〈로보카 폴리〉에 푹 빠져 있다. TV 다시 보기로 프로그램을 연거푸 볼 정도다. 국내에서 제작한 애니메이션인데다 교통안전의 교육적 효과도 있어 아들을 말리지는 않는다. 그런데 재미있는 걸 하나 발견했다. 현대자동차가 〈로보카 폴리〉의 공동 제작사라는 사실이다. 그리고 어린이를 대상으로 한 현대자동차 전시장에서 〈로보카 폴리〉를 심심치 않게 볼 수 있었다. 오윤선 씨는 애니메이션과 자동차 제조사의 협력 작업이 신선하게 느껴졌다. '자동차'라는 공통점을 바탕으로 한쪽에서는 애니메이션 캐릭터의 노출을 늘리고 한쪽에서는 어린이에게 자동차 회사 브랜드를 심어줄 수 있으니 서로

효과가 있는 셈인 것 같다. 오윤선 씨의 아들 역시 현대자동차에 호감을 갖기 시작한 것 같다. 99

최근 현대자동차는 커피빈과 협업을 통해 한 자동차 전시장에 커피 전문점을 입점시켰다. 여태까지 자동차 전시 매장은 남성들만 출입하는 곳이라는 이미지가 강하고, 또 비싼 자동차들이 전시되는 곳이라 여겨 좀처럼 사람들이 들어가기 쉽지 않은 곳이었다. 현대자동차는 그러한 진입 장벽을 낮추고 다양한 연령층의 고객들을 끌어들이기 위해 커피 전문점을 유치한 것이다. 이렇게 전혀 다른 두 속성의 제품이나 서비스를 결합하여 새로운 이미지나 가치를 소비자들에게 전달하는 것을 콜래보레이션(Collaboration) 마케팅이라 할 수 있다.

기업 환경 변화에 따라 꾸준한 소비자 관리와 시장 경쟁력 유지를 위해 기업들은 타 기업 브랜드와의 협력이 필요하게 되었다. 그래서 다양한 매체를 활용하고 필요한 외부 인력을 활용하기 위해서 전략적 제휴의 일종으로 협업·협동·합작을 의미하는 콜래보레이션을 진행하고 있다. 다시 말해 같은 목표를 가진 서로 다른 두 브랜드나 매체 등이 만나 서로의 경쟁적 우위와 역량을 바탕으로 시너지를 창출해 결국 매출, 브랜드 이미지, 고객 관리 등에서 성과를 내는 것을 말한다. 최근에는 제조업, 서비스업, IT, 예술, 디자인 등과 같은 다양한 분야에서 활발한 콜래보레이션이 이뤄지고 있다.

콜래보레이션은 기존 브랜드 이미지를 새롭게 하는 것이 가장 큰 장점이다. 소비자가 그 브랜드에 대해 느끼고 있던 식상함을 새로운 브랜드와의 만남을 통해 털어낼 수 있으며, 콜래보레이션 그 자체만으로도 화제를 불러 모을 수 있다. 하지만 콜래보레이션이 항상 성공한다는 보장은 없다. 콜래보레이션이 성공했을 때는 기대 이상의 효과를 낼 수 있지만, 실패했을 경우는 단순한 실패보다 더 큰 낭패를 당할 수도 있다. 그래서 콜래보레이션의 효과를 극대화하기 위해서는 항상 소비자 입장에서 생각하는 것이 중요하다. 가령 현대자동차가 2013년에 제네시스와 명품 패션 브랜드 프라다와의 콜래보레이션을 통해 제네시스 프라다를 출시한 것은 현대자동차 고객들이 제네시스란 브랜드에 대해 가지고 있던 고정관념을 타파하고 더욱 프리미엄한 브랜드 이미지를 심어주기 위함이었다.

핀란드 대표 브랜드들이 만나 가장 핀란드적인 개성을 창출

이런 소비자의 입장을 잘 반영한 사례로 핀란드 항공사인 핀에어와 핀란드 라이프스타일 디자인 브랜드인 마리메꼬와의 협업이 있다. 핀에어는 다른 항공사와 차별화된 서비스와 경험을 고객에게 제공하기 위하여 마리메꼬와 협업하여 기내에서 사용하는 베개, 담요, 접시, 컵, 냅킨 등을 새롭게 디자인하여 선보였다. 소위 〈마리메꼬 포 핀에어〉 컬렉션은 자유로운 비행의 이미지와 핀란드의 아름다운 호수 등 자연경관에서 영감을 얻어 차분한 푸른색과 녹색, 밝은 회색 톤을 중심으로 디자인하여 시각적으로 편안하면서도 핀에어만의 독창적인 개성을 잘 드러냈다. 또한, 시각적인 즐거움에서 한 걸음 더 나아가 고급스러우면서도 가벼운 재질로 제작해 기체의 무게를 감소시켜 연료 효율을 높이고 탄소 배출

핀란드의 핀에어와 마리메꼬의 콜래보레이션

량을 줄이는 '친환경 효과'도 낼 수 있었다. 핀란드를 대표하는 두 브랜드인 핀에어와 마리메꼬의 콜래보레이션은 개별 브랜드 자체의 홍보 효과뿐만 아니라, 궁극적으로 핀란드라는 국가 브랜드 이미지 제고 효과까지 얻을 수 있었던 매우 훌륭한 사례다.

카드와 유통이 만나 스타일리시한 생활 브랜드를 창출

국내에서는 2013년 2월 신용카드사인 현대카드와 대형 유통 업체인 이마트가 만나서 '현대카드X이마트=오이스터'라는 콘셉트로 새로운 생필품 브랜드를 출시했다. 현대카드는 금융 회사답지 않게 디자인을 중요시하며 다양한 브랜드와의 협업을 통해 소비자들에게 다가가고 있는데, 이번에는 소비자의 편리와 실용성을 중요시하는 이마트와 만나서 일상에서 큰 비중을 차지하는 주방이라는 공간과 그곳에서 일어나는 일련의 과정들을 감성적으로 바꾸는 작업을 했다. 고무장갑은 빨간색이어야 한다? 주방은 여성의 전유물이다? 등의 틀을 깨고 중성적이고 본질에 가까운 모습으로 무심한 듯 공간 전체의 시각적 완성도를 만들

현대카드와 이마트의 콜래보레이션 브랜드 '오이스터' 제품들

기 위해 오렌지, 네이비, 베이지 색채를 사용했다. 결국, 오이스터는 사용자의 성별이나 나이, 살림살이의 규모를 떠나 합리적인 소비와 스타일을 동시에 추구하는 모든 이들을 위한 브랜드로 탄생했다. 이 콜래보레이션으로 2013년 2월 22일에 1차 출시된 6종의 오이스터 제품은 출시되자마자 여러 품목이 매진되었고, 2차와 3차 생산까지 이어졌다. 이로써 현대카드는 다시 한 번 소비자에게 가깝게 다가가 브랜드 가치를 알릴 수 있었고, 이마트는 값싼 생필품을 파는 소매점 이미지에서 소비자에게 삶의 가치를 제공하는 브랜드로서 한 단계 업그레이드된 이미지를 전달할 수 있었다.

이처럼 콜래보레이션은 단지 제품 브랜드들 뿐만 아니라 서비스 브랜드끼리도 훌륭한 시너지 효과를 창출하는 방법이다.

첨단 영화와 첨단 자동차의 만남은 찰떡궁합 그 자체

또한, 콜래보레이션은 단지 브랜드 간의 만남만 있는 것은 아니다. 브랜드와 스토리와의 만남도 있다. 그 예로 영화 〈아이언맨〉과 아우디 최초의 양산 슈퍼 카 R8의 만남을 들 수 있다. 주인공 로버트 다우니 주니어의 차고 속의 수많은 멋진 자동차 중에서도 단연 눈에 띄는 것은 아우디 R8이다. 2008년 개봉 이래 〈아이언맨〉은 전 세계적으로 선풍적 인기를 얻었으며, R8은 영웅의 이미지에 맞게 아이언맨이 타는 슈퍼 카로서

49가지 커뮤니케이션의 법칙

영화 〈아이언맨〉에 등장한 아우디 R8

다른 경쟁사 슈퍼 카들과 차별화할 수 있었다. 아우디는 2010년 〈아이언맨 2〉가 개봉할 때는 'R8 스파이더'를 공개했고, 최근 2013년 개봉한 〈아이언맨 3〉에서는 'R8 e-tron'을 등장시켰다. 실제 〈아이언맨 3〉는 국내에서 역대 외화 영화 관객 수 2위를 차지할 정도로 인기를 끌었고, 'R8 e-tron'을 국내에 공개할 때도 소비자들에게 친숙한 아이언맨 모형을 활용하여 효과적으로 커뮤니케이션할 수 있었다. 이처럼 스토리와 브랜드의 만남은 새로운 콜래보레이션의 유형으로 앞으로 기대되는 장르다.

그런데 콜래보레이션은 이제 더는 혁신적이고 새로운 기법이 아니다. 현명하고 새로운 것을 좋아하는 소비자들은 콜래보레이션에 대해서도 이전보다 흥미를 덜 느낀다고 한다. 그 이유는 바로 상업성에서 찾을 수 있다. 즉 상업적 마케팅을 위한 두 브랜드 간 협업은 오히려 소비자들에게 거부감을 불러일으키기 때문이다. 그래서 미래의 콜래보레이션은 더욱 한 차원 높은 방향으로 나아가야 한다. 예를 들자면 사회적 공익, 나눔의 가치, 예술적 가치 등 좀 더 새로운 가치와의 협업을 통해 소비자와 더욱 진정성 있는 방식으로 소통하는 것이 중요하다. 기업은 이제 소비자들이 가치 있게 생각하는 주제나 테마에 대해 더 고민해야 하며, 이런 가치들과 함께할 수 있는 혁신적인 콜래보레이션을 생각해볼 시점이다.

모바일과 디지털로 구현되는 디지털 커뮤니케이션

■ 디지털의 법칙 ① ■

    차광현 씨는 자동차 브랜드 아우디에서 캘린더 하나를 선물 받았다. 그런데 이 캘린더는 보통 자동차 회사의 달력과는 달랐다. 멋진 아우디 자동차 사진이 실려 있을 것이라 생각했는데 전혀 보이지 않았다. 차광현 씨는 문득 "스마트폰에 앱을 설치한 후에 캘린더에 대보라"고 한 말이 생각났다. 그래서 그대로 해보자 아우디 자동차 사진과 정보가 나타났다. 디지털과 모바일 기술을 이용한 참신한 시도에 흥미가 갔다. 그리고 이런 기술을 제공하는 회사에 대한 호감이 생겼다.

최근 마케팅 커뮤니케이션의 가장 큰 특징 중 하나를 꼽으라면 디지털 마케팅의 발전을 들 수 있다. 인터넷과 IT 기술의 발전으로 촉발된 디지털 마케팅의 성장은 최근 소셜미디어와 디지털 기술의 발전으로 한 단계 더 나아가고 있다. 또한, 이런 디지털 기술의 발전은 광고 제작 방식, 광고 기법 그리고 광고 매체에 이르는 광범위한 분야에 변화를 불러오고 있다. 전통적 광고에서는 짧은 시간에 얼마나 효과적으로 메시지를 전달할 수 있느냐가 핵심이었다. 하지만 디지털 광고에서는 특정 매체와 기술을 통해서 얼마나 효과적으로 소비자의 참여를 유도하고 소비자가 몰입하게 할 수 있느냐가 성공의 관건이다. 그런데 최근 이런 디지털 마케팅의 가장 핫한 분야로 모바일이 떠올랐다. 다양한 모바일 기기가 등장하면서 전통 매체와 모바일 기기에 동시에 사용 가능한 광고물들이 등장하는가 하면, 최근에는 모바일 기기 전용 광고들도 많이 나오고 있다. 또한 증강현실(AR), 홀로그램 등 다양한 디지털 기술들이 접목되면서 상상할 수도 없었던 마케팅과 광고들이 실현되고 있다.

'기술을 통한 진보'라는 슬로건을 디지털로 증명한 아우디

자동차 업계에서 프리미엄 브랜드로 급성장한 아우디는 2010년 AR(Augmented reality, 증강현실) 기술을 활용한 색다른 캘린더를 출시했다. 전통적으로 자동차 회사가 고객 홍보용으로 제작하는 캘린더에는 멋진 배경과 함께 자사의 자동차가 나오기 마련인데, 아우디가 제작한 캘린더에는 자동차가 아예 나오지 않았다. 고객이 자동차를 보는 방법은 따로 있었다. 바로 AR 캘린더를 위해 특수 제작된 앱을 휴대폰에 설치하는 것이다. 앱을 작동시키 고 캘린더에 스마트폰을 갖다 대면, 그제야 휴대폰 화면에 아우디 자동차가 나타났다. AR 캘린더는 새로운 방식의 브랜드 체험으로 고객들에게 좋은 평가를

아우디의 AR 캘린더 작동 장면

받았다. 더욱 중요한 것은 '기술을 통한 진보'라는 브랜드 슬로건에서도 나타나는 아우디만의 차별적인 브랜드 특성인 첨단 기술 이미지가 이 AR 캘린더 이벤트를 통해 더욱 강화될 수 있었다는 점이다.

아우디는 또한 요즘 태블릿을 통해 웹진을 보는 경우가 늘어난 잡지 구독 트렌드를 간파했다. 그래서 태블릿 PC를 이용한 새로운 광고를 시도했다. 모바일 웹진 유저들을 위해 아우디가 선택한 광고 기법은 '스크린 샷(Screen Shot)'이었다. 아우디 R8 광고 페이지가 나오면 동시에 팝업이 뜬다. 거기에는 새로운 R8을 보고 싶으면 슬립 버튼과 잠금 버튼을 동시에 눌러 사진을 캡처하라는 설명이 나온다. 플레이하는 순간 한적한 도로의 모습이 보이는데 눈 깜짝할 사이에 신형 아우디 R8이 지나간다. 그 순간에 버튼을 누르면 스크린 캡처로 찍힌 아우디의 모습을 확인할 수 있었다. 빠른 자동차의 속도를 따라잡지 못하여 일부분만 나온 사진에는 "연습 좀 해야겠군요. 다시 시도해보세요.", "아직 완벽하지 않아요. 다시 시도해보세요." 등의 메시지가 등장한다. 그리고 비로소 차의 모습이 제대로 찍히면 "새로운 아우디 R8. 아우디만의 디자인과 기술, 시속 320km에서 만나세요"라는 광고 카피가 뜬다.

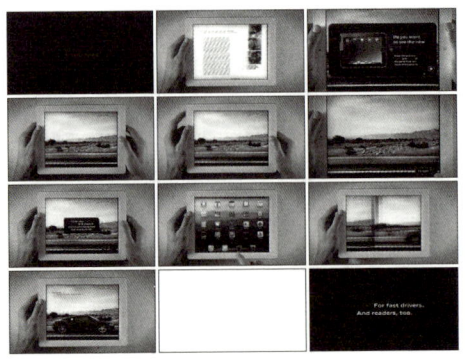
아우디 R8의 스크린 샷(Screen Shot) 광고

사람들의 승부욕을 자극해 계속 시도하게 하는 오락적 중독성의 재미와 놀라운 스피드의 드라이빙 퍼포먼스를 직접 느끼게 하여 '빠르다'는 제품의 속성을 드라마틱하게 보여준 것이다. 그리고 캡처된 이미지는 태블릿의 개인 앨범에 저장되어 나중에 기억을 환기시켜 주는 기능도 제공되었다. 이것은 미디어로서 태블릿의 특징과 아우디의 제품 특징을 절묘하게 활용한 디지털 마케팅 성공 사례다.

디지털 기술로 창의적이고 혁신적인 마케팅을 선보인 니베아

디지털을 이용한 창의적인 마케팅을 선보인 또 다른 기업으로 니베아가 있다. 니베아는 유아·가족용 화장품을 만드는 기업인데, 선크림을 홍보하기 위하여 2가지 창의적인 마케팅을 이용했다. 여름에 선크림이 가장 필요하고 많이 이용되는 곳이 해변이라는 점에 착안하여 해변에 있는 사람들을 타깃으로 정했다. 그런데 해변의 사람들을 관찰해보니 뜻밖에 해변에서 휴대폰을 이용하는 사람들이 많았고, 휴대폰 배터리가 닳으면 충전할 수 있는 곳이 마땅치 않다는 것을 발견할 수 있었다. 그래서 태양열 충전이 가능한 전단지를 만들어 해변에 배포했다. 여

기에서는 휴대폰을 충전하려고 해변을 떠나지
않아도 된다는 걸 강조하면서 니베아 선크림을
바르며 햇빛을 더 오랫동안 즐기라는 메시지를
전달했다.

　이 캠페인은 충전을 위해 태양열이라는 친환
경 에너지를 이용했을 뿐만 아니라, 전단지가
해변에 한 장도 쓰레기로 버려지지 않는 친환경적인 프로모션이었다.
종이 전단지를 충전기로 만든다는 발상이 태양열 충전기를 생각해내게
했고 태양열판과 충전기가 결합한 디지털 기술을 선보여 소비자들이 흥
미를 갖게 했다. 게다가 친환경적인 의미까지 더해져 소비자들의 관심
을 다방면으로 이끌어낸 창의적인 마케팅이었다.

　니베아의 두 번째 창의적인 해변 마케팅은 미아 방지용 팔찌 잡지였
다. 해변에 많은 인파가 몰리면서 아이와 함께 바다를 찾은 부모들은 늘
아이를 잃어버리지 않을까 불안해한다. 니베아가 생각해낸 콘셉트는 해
변의 뜨거운 햇볕으로 아이가 걱정되면 니베아 선크림을 바르고, 해변
에서 아이를 잃어버릴 것 같으면 니베아의 미아 방지 팔찌를 채우라는
것이었다. 이 팔찌는 해변에 배포된 잡지 중 한 페이지를 세로로 길게 뜯
어 손목 밴드로 부착할 수 있는 형태였다. 이 장치에는 스마트폰과 연동
하는 블루투스 칩이 삽입되어 있었고, 부모는 니베아 전용 앱을 이용하
여 아이가 어느 위치에 있는지 GPS로 확인할 수 있었다. 니베아가 아이
의 피부도 보호해주고, 아이가 미아가 되는 것도 방지해준다는 메시지
를 전달하면서 기존 잡지 광고를 GPS, 블루투스 기술과 스마트폰이라

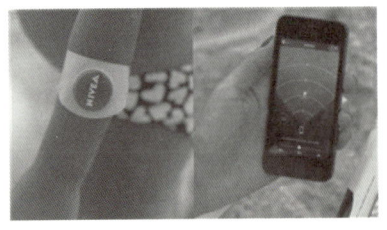

니베아 해변용 미아 방지 팔찌　　　　　　　　니베아 해변용 미아 방지 팔찌가 담긴 잡지

는 매체와 결합했다. 이 잡지 광고는 소비자들이 스마트폰을 이용해 재미있게 참여할 수 있었으며, 동시에 부모들이 해변에서 아이를 지킬 수 있게 도와줌으로써 많은 소비자의 찬사를 받을 수 있었다.

디지털 기술로 늘 즐거움과 재미를 제공하는 하이네켄

모션 센서와 LED 라이트만으로 성공적인 마케팅을 한 사례도 있다. 주인공은 늘 즐겁고 의외성 있는 캠페인들로 소비자를 놀라게 하는 하이네켄이다. 이 회사는 빛이 나는 병인 하이네켄 이그나이트(Heineken Ignite)를 이용한 프로모션을 전개했다. 병 안에는 모션 센서와 LED 라이트가 내장되어 있어 맥주병이 부딪칠 때마다 내장된 센서가 작동되어 빛이 나도록 제작되었다. 파티에서 사람들이 건배할 때 불이 들어오고, 맥주를 마실 때마다 반짝이며 불빛이 들어왔다. 또한, DJ는 리듬에 맞게 병 속의 LED를 원격 조정할 수 있었다. 이 병은 파티의 하나가 되었고 클럽 내에서 특별한 조명 없이도 화려한 분위기와 즐거움을 살릴 수 있게 됐다. 하이네켄은 단순한 음주를 넘어 파티 분위기를 더 흥겹게 만들어 줄 수 있는 도구를 제공함으로써 젊은이들의 시선을 끌 수 있었다. 단

하이네켄 이그나이트와 파티 모습

순한 디지털 기술이 맥주병과 만나면서 효과적으로 소비자들의 흥미를 불러일으켰다. 특히 기술이 접목된 맥주병 하나가 젊은이들의 문화에 스며드는 모습이 하이네켄의 브랜드 콘셉트와 잘 맞아떨어졌다.

디지털의 발전은 광고 분야에 새로운 흐름을 만들어가고 있다. 그런데 아이러니한 것은 디지털이 발전할수록 사람들 간의 연결과 만남이 중요시되는 아날로그적 감성이 더욱 두드러진다는 점이다. 디지털과 소셜미디어의 발전은 다시 한 번 인간 대 인간의 커뮤니케이션이 기업 대 인간의 커뮤니케이션을 압도하는 현상을 불러오고 있다. 미디어와 광고 기법이 디지털화되면 될수록 거기에 표현되는 콘텐츠와 광고 콘셉트는 더욱 아날로그적으로 접근해야만 성공할 수 있다는 것을 의미한다. 광고와 프로모션을 통한 아날로그와 디지털의 본격적인 만남이 이제 시작되고 있다.

디지털 사이니지로 디지털
체험을 제공하라
■ 디지털의 법칙 ② ■

      요즘 유은수 씨가 아파트 엘리베이터를 탈 때마다 눈길을 끄는 게 있다. 바로 엘리베이터 안에 설치된 광고 스크린이다. 거기에는 오늘 날짜와 날씨 정보와 함께 자신이 살고 있는 지역의 광고가 나온다. 유은수 씨는 요즘 기술로 이런 게 가능하겠다고 생각하긴 했지만, 광고 내용이 자신의 지역과 밀접한 것이 이상했다. 한 지역만을 서비스하기 위해서 이런 광고를 하려면 전문 인력과 비용이 많이 들 것인데, 과연 어떻게 하는지 궁금해졌다. 그리고 지역에 특화된 이런 디지털 정보 제공이 마케팅에 효과적이라 생각했다.

영화 〈마이너리티 리포트〉를 보면 주인공 톰 크루즈가 어떤 쇼핑 스트리트를 걸어가는데 주변의 광고판에서 홍채 등으로 사람을 알아보고 그에게 필요한 맞춤형 광고를 제공하는 장면이 나온다. 예를 들어 20대 여성이 길을 가는데 주변의 광고판에서 그녀가 좋아하는 화장품 광고가 나온다면 기분이 어떨까? 물론 먼 미래의 이야기이겠지만 요즘 광고 시장에서 주목받는 디지털 사이니지는 이런 공상 과학 영화에 나올법한 이야기를 점점 현실화하고 있다. 과연 디지털 사이니지는 무엇이고 그 발전 사례는 어디까지 왔을까?

디지털 사이니지(Digital Signage)

디지털 정보 디스플레이(DID: Digital Information Display)를 이용한 옥외 광고로, 관제 센터에서 통신망을 통해 내용을 제어할 수 있는 광고판을 말한다. 지하철 역사, 버스 정류장, 아파트 엘리베이터, 은행 등 유동 인구가 많은 곳에서 흔히 볼 수 있다. 현재는 단순히 동영상 형태에 소리를 곁들인 광고를 시간대별로 번갈아 노출하는 형식이 대부분이지만, 앞으로는 모션 인식이나 NFC(근거리무선통신) 등을 이용해 사용자와 쌍방향으로 통신하는 형식으로 점차 옮겨갈 전망이다.(출처: 네이버 백과사전)

다양한 형태로 활용 중인 아웃도어 디지털 사이니지

서울역 앞에 있는 서울스퀘어빌딩은 건물 전체를 하나의 대형 디스플레이로 활용하는 디지털 사이니지의 일종인 미디어 파사드(Media Façade)를 운영하고 있다. 서울스퀘어빌딩은 기존의 오래된 빌딩을 리뉴얼하면서 미디어 파사드 기술을 도입하여 다양한 기업들의 광고를 내보

서울스퀘어빌딩의 미디어 파사드 장면

내면서 건물 자체를 명소화하는 데 성공했다. 일례로 최근 하이네켄에서 새로 출시하는 뉴캔의 이미지를 형상화함으로써 많은 화제를 불러오기도 했다.

한편 프랑스의 생수 브랜드인 콘트렉스는 건물의 외벽을 이용해 여성들을 위한 기발한 옥외 광고를 실행했다. 야외에 설치된 헬스 기구인 사이클을 돌리면 건물 외벽에 연결된 LED 선을 따라 전기가 통하고, 이와 동시에 노래가 흐르며 건물 외벽에 춤추는 남자의 이미지가 등장한다. 이때 남자가 추는 춤은 일종의 스트립댄스다. 사이클을 타는 여성들과 지켜보는 사람들은 모두 함박웃음을 짓는다. 그리고 마지막 장면에서 주인공 남성은 "지금까지 당신이 소모하신 열량은 2,000칼로리"라고 알려준다. 그러면 사람들은 미리 준비된 콘트렉스 생수를 마시

며 흩어지게 된다. 이 이벤트를 통해 다이어트는 어렵지 않으며 콘트렉스가 다이어트의 파트너가 될 수 있다는 점을 알린 것이다. 실제로 콘트렉스 생수에는 미네랄이 함유되어 있어서 다이어트에 도움이 된다고 한다. 소비자에게 특별하고 즐거운 경험을 제공함과 동시에 제품의 장점을 알린 것이다. 콘트렉스의 바이럴 마케팅인 이 동영상은 유튜브 1,300만 건 이상의 조회 수를 올리며 전 세계 소비자에게 효과적으로 전달되었다.

 강남역 인근에 설치된 미디어 폴(media pole)은 디지털 사이니지를 활용한 거리의 형태를 잘 보여주는 사례다. 강남역에서 교보타워 사거리까지 약 760미터 구간에 줄지어 서 있는 높다란 사각기둥의 미디어 폴

강남역 미디어 폴 모습

은 총 22개로 높이는 약 11미터이며, 강남구에서 IT 기반의 최첨단 디자인 거리로 조성하는 사업의 하나로 조성되었다. 이집트의 오벨리스크를 형상화한 것 같은 미디어 폴은 단순한 정보 전달 스크린이 아닌 강남역 부근의 랜드마크 역할도 톡톡히 하고 있다. 특히 유동 인구가 많은 거리에서 미디어 폴은 광고로서 역할이 아닌 직접 사람들이 참여할 수 있는 프로그램을 통해서 특정 타깃 고객 공략에 장점이 많은 도구로 활용되고 있다. 실제 미디어 폴은 기기 하단에 설치된 키오스크를 통해 포토 메일, 디지털 신문, 지역 정보, 게임 등의 서비스를 제공하고 있으며, 중단의 터치스크린에서는 교통 정보와 뉴스 등의 공공 정보를 서비스하고 있다. 그 효과가 알려지면서 최근에 많은 기업이 이를 활용하고 있다. 현대자동차는 '2014 브라질 월드컵'에 참가하는 대한민국 축구 대표팀의 선전을 기원하는 캠페인의 하나로 미디어 폴에 월드컵 참가국 래핑 카,

49가지 커뮤니케이션의 법칙

축구공 모양의 수박 캐릭터 등 다양한 월드컵 상징물을 활용한 옥외 광고를 시행하기도 하였다.

실내에서도 유용한 매체 인도어 디지털 사이니지

쇼핑몰이나 지하철 내벽에 설치되거나 입간판 형태로 만든 인도어형의 디지털 사이니지도 최근 많이 나타나고 있다. 그 형태도 단순히 정보만 전달하던 방식에서 터치스크린 방식의 키오스크를 채용해 사용자와의 적극적인 의사소통을 이루는 구조 등으로 진화하고 있다.

CGV 화장실에 설치된 인터랙티브 미러가 좋은 예다. 화장실의 거울을 활용하여 평소에는 전체 화면에 광고 노출을 진행하다가 손님이 거울을 이용할 때는 센서를 통해 거울의 상·하단에 배너 형태의 광고를 노출하는 방식이다. 고객이 거울에 다가갔을 때 광고의 위치가 자연스럽게 바뀌면서 호기심을 자극하여 광고에 대한 주목률을 높일 수 있다. 사람들이 가장 집중할 수밖에 없는 거울이라는 매체를 광고판으로 활용한 참신한 발상이었다. 마케팅이 이렇게 발전하면 미래에는 가치 없는 공간과 벽이 하나도 남지 않을지도 모르겠다.

최근 KT 미디어허브는 새로운 디지털 사이니지 형태인 〈타운 보드〉라

CGV의 화장실 거울

는 서비스를 출시했다. 타운 보드란 전국의 아파트와 빌딩 엘리베이터 내·외부에 설치된 모니터를 통해 다양한 맞춤형 광고를 제공하는 온라인 동영상 광고 서비스다. 이 타운 보드는 실생활에 폭넓게 사용되고 있다.

그중 하나로 〈우리 동네 대표 부동산〉이라는 광고를 들 수 있다. 지역 아파트 내 엘리베이터 모니터를 통해서 다양한 지역 부동산 매물 정보를 실시간으로 소개하고 있다. 또 〈우리 지역 홍보 알림이〉라는 서비스는 시정 홍보와 행사, 축제 등 다양한 정보를 주민에게 제공하여 지방자치단체 등에서 활용할 수 있게 만든 상품이다. 타운 보드는 분할 화면을 애초 4개에서 2개로 줄임으로써 시선이 분산되고, 제공되는 정보량이 과다해 가독성이 떨어지던 단점을 개선했다. 상단의 날씨 영역은 특성에 따라 시간과 기온, 날짜 등 12가지 정보가 제공되도록 했다. KT미디어허브는 서울과 부산 등 전국의 아파트, 오피스텔, 사무실 등의 엘리베이터에 총 2만 1,000여 대에 이르는 AD 보드를 운영 중이다.

디지털 사이니지는 국내에서 법적 지위를 얻게 될 것이 확실시된다. 그래서 앞으로 큰 폭의 발전이 예상된다. 특히 일부에서는 디지털 사이니지를 디스플레이 업계의 '포스트 TV 산업'으로까지 인식하고 있다. 앞으로 미국 뉴욕 맨해튼에 있는 유명한 교차로 타임스스퀘어의 모습이 한국에서 실현될 날도 얼마 남지 않은 것 같다. 따라서 마케터들도 디지털 사이니지의 발전 추세와 이의 적절한 활용 방안에 대해 고민해보아야 한다. 특히 최근 개인 휴대용 디지털 기기가 나날이 발전하면서 디지털 사이니지와의 연결이 중요한 화두로 부상하고 있다. 사무실 밖에서 벌어질 디지털 마케팅 전쟁이 기대된다.

새로운 가치와 의미를
제공하는 공간 커뮤니케이션

■ 공간 마케팅 효과 ■

66 박중현 씨는 자동차를 좋아한다. 유치원에 다니는 그의 아들도 자동차라면 울음을 그칠 정도다. 그래서 휴일 나들이 삼아 아들과 함께 현대모토스튜디오를 방문했다. 건물 외부에서 보니 제네시스 9대가 창문에 누워 있는 특이한 광경이 연출되고 있었다. 재미있게 구경하면서 자동차의 역사와 구조 등을 살펴보고 자동차에 관한 전문 도서까지 볼 수 있어서 자동차 마니아인 박중현 씨에게는 정말 유익한 시간이었다. 그리고 스튜디오 안의 커피숍에서 쉴 수도 있어 편리했다. 세련된 공간을 구경한 박중현 씨는 그동안 국산 자동차 브랜드는 아무래도 수입 자동차에 비해 떨어질 것이라는 막연한 편견이 사라지는 듯했다. 99

마케팅의 구루 필립 코틀러는 소비자의 최종 구매 결정에서 가장 큰 영향을 미치는 요인은 쇼핑 공간에서의 경험이라고 말한 바 있다. 공간은 사람들의 오감을 채워주는 장소로, 마케터는 공간의 색상, 소리, 냄새, 감촉 등을 이용해 소비자에게 독특한 경험을 선사할 수 있으며, 이는 곧 브랜드 차별화 요소로 인식될 것이다. 그런데 최근 쇼루밍(Showrooming) 족의 등장으로 오프라인 매장에서는 상품 확인만 하고 실제 구매는 온라인에서 가장 싼 가격을 찾아서 하는 소비 행태가 확산하면서 오프라인 매장들의 대변신이 촉발되고 있다. 전통적으로 판매에만 집중되는 쇼핑 공간의 기능이 이제는 브랜드 이미지 구축, 브랜드 체험의 제공, 다양한 판매 지원 기능 실현 등으로 고차원화되고 있는 것이다. 공간을 통한 마케팅, 공간을 통한 커뮤니케이션은 차별화되고 프리미엄한 브랜드 이미지를 원하는 기업들에 가장 필수적이며 효과가 높은 도구로 인식되고 있다.

공간은 브랜드 아이덴티티를 표현하는 강력한 수단으로 활용될 수 있다. 브랜드 아이덴티티의 확립은 TV나 라디오 같은 대중매체를 통해서

스페이스 마케팅(space marketing: 공간 마케팅)

공간의 가치를 활용해 소비자를 유혹하는 마케팅 기법으로, 우리 주변의 상업적 배경을 가진 모든 공간에서 이루어지는 마케팅 활동을 말한다. 스페이스 마케팅은 목표 소비자를 대상으로 해 공간을 효율적으로 관리해 의도된 목적을 달성하기 위해 다양한 마케팅 방법을 통합적으로 제공하는 행위나 일련의 과정이다.(홍성용, 2008)

도쿄의 프라다 에피 센터와 뉴욕 맨해튼의 애플 스토어

는 좀처럼 달성하기가 어렵다. 경쟁사 대비 확고한 브랜드 아이덴티티를 심어주기 위해서는 소비자가 더욱 깊이 있는 체험을 할 수 있는 매체가 필요한데, 쇼핑 공간이 바로 그 해답이 될 수 있다. 루이뷔통이나 샤넬의 매장, 뉴욕 맨해튼의 애플 스토어, 도쿄의 프라다 에피 센터, 그리고 스타벅스 매장 등을 가보면 해당 브랜드가 추구하는 가치와 철학을 한 번에 느낄 수 있다. 이른바 플래그십 스토어라 불리는 이런 매장들은 바로 브랜드의 품격과 가치를 소비자가 체험하고 공감할 수 있는 역할을 하고 있다.

브랜드 체험 공간 경쟁이 불붙은 한국의 자동차 산업

공간은 브랜드 관련 체험을 제공하는 도구로 최근 많이 활용되고 있다. 특히 브랜드 간 경쟁이 치열하고 구매 주기가 상대적으로 긴 자동차 업종에서 자동차 관련 체험 공간은 새로운 마케팅의 도구로 많이 활용되고 있다. 이미 외국에서는 자동차 테마파크, 자동차 박물관, 종합 자동차 전시장 등 다양한 자동차 관련 체험 공간이 도입되어 소비자들에게 즐거움과 감동을 전해주고 있다. 최근 국내에서도 국산 차와 수입 차 간 체험 공간 경쟁이 본격화되고 있다.

2014년 7월에 문을 연 영종도 〈BMW 드라이빙센터〉는 고객을 위한 시승과 체험의 종합 문화 공간이라 할 수 있다. 먼저 그중에서도 핵심 시설인 트랙은 최장 2.6킬로미터로 다목적, 다이내믹, 원 선회, 가속과 제동, 핸들링, 오프로드의 총 6가지 코스로 구성돼 있다. 트랙에서는 BMW, 미니 고객뿐만 아니라 일반 방문객 모두 사전 예약 또는 현장 발권을 통해 다양한 드라이빙 체험 프로그램을 바탕으로 BMW와 미니를 시승할 수 있다. 드라이빙센터 내에 마련된 '안전교육 주행시설'은 BMW 그룹 역사상 최초로 조성되었으며, 14명의 드라이빙 전문 트레이너가 안전한 주행 교육을 실시한다.

브랜드 체험 센터는 가족과 함께 다양한 자동차 문화를 몸소 경험할 수 있는 전시와 체험 공간으로 구성되어 있다. BMW와 미니, BMW 모토라드 각각의 신차 전시 공간과 BMW 그룹의 모든 브랜드를 체험할 수 있는 문화 전시 공간 '드라이빙 갤러리', BMW 그룹의 역사와 전통을 한눈에 볼 수 있는 '헤리티지 갤러리', 드라이빙 프로그램을 이용하는 고객들을 대상으로 한 '드라이빙 익스피리언스 라운지' 등이 들어서 있다.

또 브랜드 체험 센터 2층에는 어린이들을 위한 과학 창의 교육 프로그램 '주니어 캠퍼스'와 체험형 안전운전 교육 프로그램 '키즈 드라이빙 스쿨'이 준비되어 있다. 그 외에도 직원들을 위한 트레이닝 아카데미, 공식 딜러가 운영하는 서비스 센터 등이 있다.

BMW드라이빙센터 전경과 체험 전시장 모습

　현대자동차도 고객들이 자연스럽게 브랜드를 경험할 수 있도록 문화 예술과 자동차를 주제로 1층부터 5층까지 층마다 독특한 테마를 가진 공간으로 구성한 〈현대모터스튜디오〉라는 자동차 복합 문화 공간을 운영하고 있다. 현대모터스튜디오는 단순히 차량을 판매하는 전시장에서 나아가 현대차의 브랜드 방향성이 반영된 예술 작품, 현대차만의 콘텐츠, 자동차 전문 도서관, 새로운 고객 응대 서비스 등을 담아 고객이 직접 현대차와 자동차에 대한 구체적 경험을 할 수 있는 새로운 '고객 소통 공간'을 목표로 하고 있다.

　층별 구성을 보면, 1층엔 영국 출신 세계적 미디어 아티스트 그룹 UVA가 현대차의 브랜드 방향성 '모던 프리미엄'에서 영감을 얻어 제작한 조형물을 전시하고 있다. 2층 자동차 전문 도서관에는 2,500여 권에 달하는 국내외 자동차 관련 서적이 갖추어져 있다. 3~5층은 기존 매장과는 다른 테마형 전시장으로 콘셉트카 '에쿠스 바이 에르메스', 'i20 WRC카' 등이 전시돼 있다. 프리미엄 라운지, 키즈 라운지, 튜익스 라운지 등 차별화된 테마형 고객 공간도 조성되어 있다. 그리고 직원과 고객을 위한 다양한 교육 프로그램과 맞춤 이벤트들도 상설 개설 중이다.

　현대차가 이런 공간을 조성한 이유는 고객이 현대차 브랜드에 대해 더

현대모터스튜디오 전경과 내부 모습

욱 폭넓고 깊이 있게 체험하는 기회를 제공하고, 고객과 더욱 다양한 접점을 통해서 소통하고자 하는 데 있다고 한다.

임시형과 이동형의 새로운 체험 공간도 자주 등장

최근에는 홍보관, 팝업 스토어 등 새로운 콘셉트의 공간들이 등장하면서 이제는 체험 매장이 고객이 있는 곳으로 찾아가는 경우도 늘어나고 있다.

런던 올림픽을 맞아 코카콜라는 소비자들이 코카콜라를 만날 수 있는 올림픽 파빌리온이라는 일종의 홍보 공간을 주 경기장 근처에 설치했다. 코카콜라는 런던 올림픽에서 음악, 젊음, 스포츠를 결합해 '무브 투 더 비트(Move to the Beat)'라는 주제로 올림픽 캠페인을 전개했고, 이 콘셉트와 연계해 홍보관을 설치한 것이다.

코카콜라 파빌리온은 스포츠의 각종 소리를 주제로 빨간 모티브의 친환경적 건축물로 만들어졌다. 이곳은 멀리서도 금방 눈에 띄는 독특한 건축물이었다. 밖에서 나선형의 건물에 올라가면서 다양한 소리를

런던 올림픽의 코카콜라 파빌리온

경험하는 구조로 되어 있다. 올라가면서 옆에 있는 북 같은 걸 만지면 탁구 하는 소리, 양궁 활 날아가는 소리, 태권도 소리, 복싱 등의 소리가 난다. 이렇게 다양한 소리를 경험하며 옥상에 오르면 런던 올림픽 성화를 들고 사진을 찍을 수 있다. 다시 내려오면서 홍보관 안으로 들어가면 다양한 오브제를 통해 조명과 함께 음악과 소리를 즐기면서 특별히 만들어진 병에 담긴 코카콜라를 마실 수 있었다.

이렇게 코카콜라는 고객이 즐기고 노는 스포츠 현장에 접점을 설치하여 소비자와의 공감의 폭을 넓혔다. 이는 코카콜라가 지속적으로 추구해온 재미(Fun), 즐거움(Enjoy) 등의 콘셉트를 스포츠와 연결하면서 자연스럽게 소비자와 교감한 것이다.

노스페이스는 국내에서 팝업 스토어를 이용해 고객에게 자사 브랜드의 강점을 이색적으로 전달했다. 2013년 10월 22일 노스페이스의 〈북극

49가지 커뮤니케이션의 법칙

한파 몰래 카메라〉 캠페인이 공개됐다. 노스페이스는 '아직은 겨울 추위를 체감하기 어려운 가을에 어떻게 하면 소비자들에게 북극의 추위와 아웃도어의 유용성을 미리 체험시킬 수 있을까?'라는 질문에서 캠페인을 기획했다. 솔루션은 바로 소비자들이 북극 한파와 같은 추위 속에서 브랜드를 경험할 수 있도록 영등포 타임스퀘어 광장에 평범해 보이는 팝업 스토어 매장을 설치한 것이다. 이 매장을 방문한 소비자들이 다운 재킷을 입어보기 위해 탈의실에 들어갔다가 나오는 순간, 밖은 완전히 북극과 같은 한파가 몰아치는 공간으로 바뀐다. 그리고 소비자는 여기서 주어진 미션을 직접 수행하면서 극한 추위 속에서 노스페이스 제품의 유용성을 확실히 체험할 수 있도록 했다. 노스페이스의 바이럴 비디오 〈북극 한파 몰래 카메라〉는 재미있고 신선한 아이디어라는 호평을 받으며, 2030 소비자뿐만 아니라 3040 소비자들에게도 효과적으로 전파될 수 있었다. 노스페이스는 팝업 스토어를 통해 독특한 겨울을 만들어냄으로써 소비자에게 브랜드 체험과 구매 욕구를 효과적으로 제공할 수 있었다.

어쩌면 멋있고 화려한 광고를 1년 내내 보는 것보다 한 번의 매장 방문에서 잊을 수 없는 독특한 감성적 체험을 하는 것이 소비자에게는 훨씬 더 인상적일 수 있다. 공간을 통한 커뮤니케

노스페이스의 〈북극 한파 몰래 카메라〉

이션은 디지털과 IT 기술이 지배하는 하이테크 시대에도 여전히 가장 강력한 브랜드 커뮤니케이션 도구로 활용되고 있다. 그런데 편리하고 간편한 구매를 선호하는 미래의 소비자들에게는 더욱 독특하고 섬세한 체험을 제공할 수 있는 공간의 기획과 조성이 필요하다. 고인이 된 애플의 전CEO 스티브 잡스가 애플 스토어를 구상하면서 가장 원했던 바는 바로 '한번 우리 매장을 방문한 고객들에게 잊히지 않는 애플 제품에 대한 체험과 감동을 주는 것'이었다. 과연 오늘 우리 매장을 방문한 고객들은 다시 우리 매장을 방문하고 싶을 정도의 깊은 감동과 체험을 하고 있을까?

49가지 커뮤니케이션의 법칙

1판 1쇄 인쇄 | 2014년 11월 15일
1판 1쇄 발행 | 2014년 11월 20일

지은이 정연승, 김나연
펴낸이 김기옥

프로젝트 디렉터 기획1팀 모민원, 권오준
영업 박진모
경영지원 고광현, 이봉주, 김형식, 임민진

디자인 투에스, 네오북
인쇄 서정문화인쇄 **제본** 서정바인텍

펴낸곳 한스미디어(한즈미디어(주))
주소 121-839 서울시 마포구 서교동 392-34 강원빌딩 5층
전화 02-707-0337 | **팩스** 02-707-0198 | **홈페이지** www.hansmedia.com
출판신고번호 제 313-2003-227호 | **신고일자** 2003년 6월 25일

ISBN 978-89-5975-757-2 13320